Realschulabschluss

Original-Prüfungsaufgaben und Training

W0046779

Hessen

Mathematik

LÖSUNGEN

STARK

Inhalt

Abschlussprüfung 2023 ....**www.stark-verlag.de/mystark**
Sobald die Original-Prüfungsaufgaben 2023 freigegeben sind, können sie als PDF auf der Plattform MyStark heruntergeladen werden (Zugangscode vgl. Umschlaginnenseite).

Vorwort

Liebe Schülerin, lieber Schüler,

dies ist das Lösungsheft zu dem Band **Original-Prüfungen und Training Realschulabschluss Mathematik Hessen** (Best.-Nr.: D06100). Es enthält zu allen Aufgaben von unserer Autorin und unserem Autor ausgearbeitete Lösungen, die jeden Rechenschritt ausführlich erklären.

Versuche stets, jede Aufgabe zunächst selbstständig zu lösen, und sieh nicht gleich in der Lösung nach. Solltest du nicht weiterkommen, helfen dir die grau markierten ⏁ **Hinweise und Tipps** vor der jeweiligen Lösung, die dir den Lösungsansatz zeigen. Rechne dann unbedingt selbstständig weiter. Am Schluss solltest du deine Lösung in jedem Fall mit der Lösung in diesem Buch vergleichen. Hast du eine Aufgabe nicht richtig gelöst, ist es ganz wichtig, diese zu einem später nochmals durchzurechnen.

Durch das Üben wirst du sicher und kannst ruhig die Prüfung beginnen!

Wir wünschen dir viel Erfolg!

Autorin und Autor: Simone Studebaker und Siegfried Koch

1. a)
```
    2 5 3 7 8
  + 3 6 7 5 5
    6 2 1 3 3
```

b)
```
      3 0 6 7 0 3
  +   7 8 9 0 9 6
    1 0 9 5 7 9 9
```

2. a)
```
    7 5 8 5 2
  - 1 3 6 6 3
    6 2 1 8 9
```

b)
```
    1 0 3 8 6 9
  -   3 1 6 7 7
      7 2 1 9 2
```

3. a)
```
  5 2 3 · 4 7
  2 0 9 2
    3 6 6 1
  2 4 5 8 1
```

b)
```
  6 8 9 · 1 5 4
    6 8 9
  3 4 4 5
    2 7 5 6
  1 0 6 1 0 6
```

4. a)
```
  1 9 6 0 8 : 5 7 = 3 4 4
  1 7 1
    2 5 0
    2 2 8
      2 2 8
      2 2 8
          0
```

b)
```
  3 1 3 0 4 : 4 3 = 7 2 8
  3 0 1
    1 2 0
      8 6
      3 4 4
      3 4 4
          0
```

5. $23 \cdot 68 - 708 : 12 = 1564 - 59 = 1505$

6. $[(236 + 379) - 117] \cdot 9 = [615 - 117] \cdot 9 = 498 \cdot 9 = 4482$

7. a) $\dfrac{63}{29} = 2\dfrac{5}{29}$ 　　　 b) $\dfrac{109}{26} = 4\dfrac{5}{26}$

　 c) $\dfrac{319}{39} = 8\dfrac{7}{39}$ 　　　 d) $\dfrac{237}{44} = 5\dfrac{17}{44}$

8. a) $1\dfrac{27}{35} = \dfrac{1 \cdot 35 + 27}{35} = \dfrac{62}{35}$

b) $2\dfrac{3}{17} = \dfrac{2 \cdot 17 + 3}{17} = \dfrac{34 + 3}{17} = \dfrac{37}{17}$

c) $12\dfrac{2}{3} = \dfrac{3 \cdot 12 + 2}{3} = \dfrac{36 + 2}{3} = \dfrac{38}{3}$

d) $9\dfrac{7}{8} = \dfrac{9 \cdot 8 + 7}{8} = \dfrac{72 + 7}{8} = \dfrac{79}{8}$

9. a) $\dfrac{2}{3} = \dfrac{2 \cdot 13}{3 \cdot 13} = \dfrac{26}{39}$

b) $\dfrac{13}{24} = \dfrac{13 \cdot 7}{24 \cdot 7} = \dfrac{91}{168}$

c) $\dfrac{6}{17} = \dfrac{6 \cdot 11}{17 \cdot 11} = \dfrac{66}{187}$

d) $\dfrac{19}{26} = \dfrac{19 \cdot 8}{26 \cdot 8} = \dfrac{152}{208}$

10. a) $\dfrac{51}{119} = \dfrac{3 \cdot 17}{7 \cdot 17} = \dfrac{3}{7}$

b) $\dfrac{104}{182} = \dfrac{2 \cdot 52}{2 \cdot 91} = \dfrac{4 \cdot 13}{7 \cdot 13} = \dfrac{4}{7}$

c) $3\dfrac{75}{135} = 3\dfrac{5 \cdot 15}{5 \cdot 27} = 3\dfrac{3 \cdot 5}{3 \cdot 9} = 3\dfrac{5}{9}$

d) $5\dfrac{84}{189} = 5\dfrac{3 \cdot 28}{3 \cdot 63} = 5\dfrac{4 \cdot 7}{9 \cdot 7} = 5\dfrac{4}{9}$

11. a) $1\dfrac{7}{8} - \dfrac{9}{8} = \dfrac{15}{8} - \dfrac{9}{8} = \dfrac{6}{8} = \dfrac{3}{4}$

b) $3\dfrac{2}{15} + 1\dfrac{7}{15} = 4\dfrac{2 + 7}{15} = 4\dfrac{9}{15} = 4\dfrac{3}{5}$

c) $1\dfrac{13}{28} + \dfrac{17}{28} = 1\dfrac{13 + 17}{28} = 1\dfrac{30}{28} = 2\dfrac{2}{28} = 2\dfrac{1}{14}$

d) $4\dfrac{2}{9} - 2\dfrac{5}{9} = 3\dfrac{11}{9} - 2\dfrac{5}{9} = 1\dfrac{6}{9} = 1\dfrac{2}{3}$

12. a) $\dfrac{2}{15}+1\dfrac{1}{6}-\dfrac{1}{4}=\dfrac{8}{60}+1\dfrac{10}{60}-\dfrac{15}{60}=$

Hauptnenner $=\text{kgV}(15;\,6;\,4)=2^2\cdot3\cdot5=60$

$=1\dfrac{18}{60}-\dfrac{15}{60}=1\dfrac{3}{60}=1\dfrac{1}{20}$

b) $5\dfrac{6}{7}-2\dfrac{13}{14}-1\dfrac{8}{21}=5\dfrac{36}{42}-2\dfrac{39}{42}-1\dfrac{16}{42}=$

Hauptnenner $=\text{kgV}(7;\,14;\,21)=2\cdot3\cdot7=42$

$=2\dfrac{36-39-16}{42}=1\dfrac{42+36-39-16}{42}=1\dfrac{23}{42}$

c) $1\dfrac{3}{8}+2\dfrac{5}{6}+3\dfrac{1}{4}=1\dfrac{9}{24}+2\dfrac{20}{24}+3\dfrac{6}{24}=6\dfrac{9+20+6}{24}=$

Hauptnenner $=\text{kgV}(8;\,6;\,4)=2^3\cdot3=24$

$=6\dfrac{35}{24}=7\dfrac{11}{24}$

d) $3\dfrac{2}{5}-1\dfrac{7}{22}+1\dfrac{7}{10}=3\dfrac{44}{110}-1\dfrac{35}{110}+1\dfrac{77}{110}=$

Hauptnenner $=\text{kgV}(5;\,22;\,10)=2\cdot5\cdot11=110$

$=3\dfrac{44-35+77}{110}=3\dfrac{86}{110}=3\dfrac{43}{55}$

13. a) $\dfrac{7}{18}\cdot\dfrac{24}{35}=\dfrac{\not7\cdot\not2\cdot2\cdot2\cdot\not3}{\not2\cdot\not3\cdot3\cdot5\cdot\not7}=\dfrac{4}{15}$

b) $\dfrac{144}{145}:\dfrac{18}{29}=\dfrac{144\cdot29}{145\cdot18}=\dfrac{8\cdot18\cdot29}{5\cdot29\cdot18}=\dfrac{8}{5}=1\dfrac{3}{5}$

c) $\dfrac{22}{51}\cdot\dfrac{34}{77}=\dfrac{2\cdot\not{11}\cdot2\cdot\not{17}}{3\cdot\not{17}\cdot7\cdot\not{11}}=\dfrac{4}{21}$

d) $\dfrac{3}{14}:\dfrac{9}{49}=\dfrac{3\cdot49}{14\cdot9}=\dfrac{\not3\cdot\not6\cdot7}{2\cdot\not7\cdot\not3\cdot3}=\dfrac{7}{6}=1\dfrac{1}{6}$

14. a) $\left(1\dfrac{5}{6}-\dfrac{7}{12}+2\dfrac{2}{9}\right)\cdot\dfrac{63}{125}=\left(1\dfrac{30}{36}-\dfrac{21}{36}+2\dfrac{8}{36}\right)\cdot\dfrac{63}{125}$

$$=\left(3\dfrac{30-21+8}{36}\right)\cdot\dfrac{63}{125}$$

$$=3\dfrac{17}{36}\cdot\dfrac{63}{125}$$

$$=\dfrac{125}{36}\cdot\dfrac{63}{125}$$

$$=\dfrac{63}{36}=\dfrac{7}{4}=1\dfrac{3}{4}$$

b) $\left(2\dfrac{7}{15}-1\dfrac{5}{6}\right):\left(2\dfrac{3}{7}+\dfrac{1}{4}\right)=\left(2\dfrac{14}{30}-1\dfrac{25}{30}\right):\left(2\dfrac{12}{28}+\dfrac{7}{28}\right)$

$$=\left(1\dfrac{44}{30}-1\dfrac{25}{30}\right):\left(2\dfrac{19}{28}\right)$$

$$=\dfrac{19}{30}:2\dfrac{19}{28}$$

$$=\dfrac{19}{30}:\dfrac{75}{28}$$

$$=\dfrac{19\cdot28}{30\cdot75}=\dfrac{19\cdot14}{15\cdot75}=\dfrac{266}{1\,125}$$

c) $\left(3\dfrac{7}{26}\cdot1\dfrac{9}{17}\right):\left(2\dfrac{4}{13}:1\dfrac{2}{3}\right)=\left(\dfrac{85}{26}\cdot\dfrac{26}{17}\right):\left(\dfrac{30}{13}:\dfrac{5}{3}\right)$

$$=5:\left(\dfrac{30\cdot3}{13\cdot5}\right)$$

$$=5:\dfrac{6\cdot3}{13}$$

$$=\dfrac{5\cdot13}{6\cdot3}=\dfrac{65}{18}=3\dfrac{11}{18}$$

15. a) $(-137,2)+(-83,5)=-137,2-83,5=-220,7$

b) $(-29,7)-(-26,8)=-29,7+26,8=-2,9$

c) $105,8-(+17,6)+(-28,7)=105,8-17,6-28,7=59,5$

d) $(-37,9)-(+18,6)-(-12,8)=-37,9-18,6+12,8=-43,7$

e) $23,7+(+36,1)-(-9,2)=23,7+36,1+9,2=69$

16. a) $(-12,87) \cdot (+3,6) = -12,87 \cdot 3,6 = -46,332$

b) $(-9,2) \cdot (-17,8) = +9,2 \cdot 17,8 = 163,76$

c) $(-1,2) \cdot (-3,8) \cdot (-4,2) = -1,2 \cdot 3,8 \cdot 4,2 = -19,152$

d) $(-12,6) : (+4,2) = -12,6 : 4,2 = -3$

e) $(-299,72) : (-12,7) = 299,72 : 12,7 = 23,6$

17. a) $(-17,2) - (8,6) \cdot (-2,3) = -17,2 + 8,6 \cdot 2,3 = -17,2 + 19,78 = 2,58$

b) $(-16,4) : (+4,1) + (-22,79) : (-5,3) = -16,4 : 4,1 + (+22,79 : 5,3)$
$$= -4 + 4,3$$
$$= 0,3$$

c) $(-2,8) \cdot (-7,5) + (-41,6) : (-5,2) = 2,8 \cdot 7,5 + 41,6 : 5,2 = 21 + 8 = 29$

d) $282,2 - (-3,7) \cdot (-5,8) + (+25,5) : (-5,1) = 282,2 - (3,7 \cdot 5,8) + (-25,5 : 5,1)$
$$= 282,2 - 21,46 - 5$$
$$= 255,74$$

e) $[(+17,3) - (-9,8)] \cdot [(+10,4) : (-1,3)] = [17,3 + 9,8] \cdot [-10,4 : 1,3]$
$$= 27,1 \cdot (-8) = -216,8$$

18. a) $\left(-\dfrac{6}{7}\right) \cdot \left(1\dfrac{1}{6}\right) = -\dfrac{6}{7} \cdot \dfrac{7}{6} = -1$

b) $\left(-1\dfrac{7}{33}\right) : \left(-2\dfrac{2}{3}\right) = +\dfrac{40}{33} : \dfrac{8}{3} = \dfrac{40 \cdot 3}{33 \cdot 8} = \dfrac{5}{11}$

c) $\left(-\dfrac{3}{14}\right) \cdot \left(-\dfrac{7}{18}\right) : \left(-\dfrac{7}{24}\right) = -\dfrac{3 \cdot 7}{14 \cdot 18} \cdot \dfrac{24}{7} = -\dfrac{3 \cdot 7 \cdot 24}{14 \cdot 18_6 \cdot 7} = -\dfrac{24}{14 \cdot 6} = -\dfrac{4}{14} = -\dfrac{2}{7}$

d) $\dfrac{2}{3} - \left(-\dfrac{13}{17}\right) \cdot \left(1\dfrac{8}{9}\right) = \dfrac{2}{3} - \left(-\dfrac{13}{17} \cdot \dfrac{17}{9}\right) = \dfrac{2}{3} + \dfrac{13 \cdot 17}{17 \cdot 9} = \dfrac{6}{9} + \dfrac{13}{9} = \dfrac{19}{9} = 2\dfrac{1}{9}$

e) $13\frac{1}{2}+\left(2\frac{1}{5}\right)\cdot\left(-3\frac{1}{3}\right)=13\frac{1}{2}+\left(-\frac{11}{5}\cdot\frac{10}{3}\right)=13\frac{1}{2}-\frac{11\cdot\overset{2}{\cancel{10}}}{\cancel{5}\cdot3}$

$$=13\frac{1}{2}-\frac{22}{3}$$

$$=13\frac{1}{2}-7\frac{1}{3}$$

$$=6\frac{3}{6}-\frac{2}{6}=6\frac{1}{6}$$

19. a) $0,5^3=0,125$ b) $0,02^4=0,00000016$

    c) $2,1^2=4,41$ d) $0,001^2=0,000001$

    e) $\sqrt{0,04}=0,2$ f) $\sqrt[4]{0,0256}=0,4$

    g) $\sqrt[3]{0,027}=0,3$ h) $\sqrt[5]{0,00032}=0,2$

20. a) $3,75\cdot10^{11}$ b) $8,392\cdot10^{13}$

    c) $1,207\cdot10^{15}$ d) $1,23\cdot10^{-7}$

    e) $2,705\cdot10^{-6}$ f) $1,2\cdot10^{-8}$

21. a) $(a^7b^2c^4)\cdot(b^6a^9c^4)=a^{7+9}b^{2+6}c^{4+4}=a^{16}b^8c^8$

   b) $(x^2y^4)\cdot(xy^7x^6)=x^{2+1+6}y^{4+7}=x^9y^{11}$

   c) $(uv^3w)\cdot(vw^8)=uv^{3+1}w^{1+8}=uv^4w^9$

22. a) $(x^7y^2)^3=x^{7\cdot3}y^{2\cdot3}=x^{21}y^6$

   b) $(a^2bc^3)^4\cdot(a^2b)^3=(a^{2\cdot4}b^4c^{3\cdot4})\cdot(a^{2\cdot3}b^3)$

$$=(a^8b^4c^{12})\cdot(a^6b^3)$$

$$=a^{8+6}b^{4+3}c^{12}$$

$$=a^{14}b^7c^{12}$$

c) $(u^4vw^3)^2 \cdot (3u^2)^3 = (u^{4 \cdot 2}v^2w^{3 \cdot 2}) \cdot (3^3u^{2 \cdot 3})$

$\qquad\qquad\qquad\quad = (u^8v^2w^6) \cdot (27u^6)$

$\qquad\qquad\qquad\quad = 27u^{8+6}v^2w^6$

$\qquad\qquad\qquad\quad = 27u^{14}v^2w^6$

d) $(2a^3b^2)^4 \cdot (5ab^3)^3 = (2^4a^{3 \cdot 4}b^{2 \cdot 4}) \cdot (5^3a^3b^{3 \cdot 3})$

$\qquad\qquad\qquad\quad = (16a^{12}b^8) \cdot (125a^3b^9)$

$\qquad\qquad\qquad\quad = 16 \cdot 125a^{12+3}b^{8+9}$

$\qquad\qquad\qquad\quad = 2\,000a^{15}b^{17}$

23. a) $(r^3s^{-1}t^2)^{-2} : (r^2t)^{-3} = (r^{3 \cdot (-2)}s^{(-1) \cdot (-2)}t^{2 \cdot (-2)}) \cdot (r^2t)^3$

$\qquad\qquad\qquad\qquad\quad = (r^{-6}s^2t^{-4}) \cdot (r^{2 \cdot 3}t^3)$

$\qquad\qquad\qquad\qquad\quad = (r^{-6}s^2t^{-4}) \cdot (r^6t^3)$

$\qquad\qquad\qquad\qquad\quad = r^{-6+6}s^2t^{-4+3}$

$\qquad\qquad\qquad\qquad\quad = r^0s^2t^{-1} = s^2t^{-1} = \dfrac{s^2}{t}$

b) $(ab^3c^2)^2 \cdot (a^{-3}b^5c^{-2})^5 = (a^2b^{3 \cdot 2}c^{2 \cdot 2}) \cdot (a^{(-3) \cdot 5}b^{5 \cdot 5}c^{(-2) \cdot 5})$

$\qquad\qquad\qquad\qquad\quad = (a^2b^6c^4) \cdot (a^{-15}b^{25}c^{-10})$

$\qquad\qquad\qquad\qquad\quad = a^{2-15}b^{6+25}c^{4-10}$

$\qquad\qquad\qquad\qquad\quad = a^{-13}b^{31}c^{-6} = \dfrac{b^{31}}{a^{13}c^6}$

c) $\left(\dfrac{a^2b^{-1}c^3}{c^{-2}a^3b^2}\right)^2 = \dfrac{a^{2 \cdot 2}b^{(-1) \cdot 2}c^{3 \cdot 2}}{c^{(-2) \cdot 2}a^{3 \cdot 2}b^{2 \cdot 2}} = \dfrac{a^4b^{-2}c^6}{c^{-4}a^6b^4} = a^{4-6}b^{-2-4}c^{6-(-4)}$

$\qquad\qquad\qquad\qquad\qquad\qquad\qquad\qquad = a^{-2}b^{-6}c^{10} = \dfrac{c^{10}}{a^2b^6}$

d) $\left(\dfrac{x^2y^{-3}}{xz^{-2}}\right)^{-2} : \left(\dfrac{y^3z^{-4}}{x^3}\right)^2 = \left(\dfrac{x^{2 \cdot (-2)}y^{(-3)(-2)}}{x^{-2}z^{(-2) \cdot (-2)}}\right) \cdot \left(\dfrac{y^3z^{-4}}{x^3}\right)^{-2}$

$\qquad\qquad\qquad\qquad\quad = \left(\dfrac{x^{-4}y^6}{x^{-2}z^4}\right) \cdot \left(\dfrac{y^{3 \cdot (-2)}z^{(-4) \cdot (-2)}}{x^{3 \cdot (-2)}}\right)$

$\qquad\qquad\qquad\qquad\quad = \left(\dfrac{x^{-2}y^6}{z^4}\right) \cdot \left(\dfrac{y^{-6}z^8}{x^{-6}}\right) = \dfrac{x^{-2}y^6 \cdot y^{-6}z^8}{z^4x^{-6}}$

$\qquad\qquad\qquad\qquad\quad = \dfrac{x^{-2}z^8}{z^4x^{-6}} = x^{-2-(-6)}z^{8-4} = x^4z^4$

e) $\left[\left(\dfrac{a^{-2}b}{c^4d^{-3}}\right)^5\right]^{-2} = \left(\dfrac{a^{-2}b}{c^4d^{-3}}\right)^{-10} = \dfrac{a^{(-2)\cdot(-10)}\cdot b^{-10}}{c^{4\cdot(-10)}d^{(-3)\cdot(-10)}} = \dfrac{a^{20}b^{-10}}{c^{-40}d^{30}}$

$$= a^{20}b^{-10}c^{40}d^{-30}$$

$$= \dfrac{a^{20}c^{40}}{b^{10}d^{30}}$$

24. a) $(16a^4b^{12}c^{-8})^{\frac{1}{4}} = (2^4a^4b^{12}c^{-8})^{\frac{1}{4}} = 2^{4\cdot\frac{1}{4}}a^{4\cdot\frac{1}{4}}b^{12\cdot\frac{1}{4}}c^{-8\cdot\frac{1}{4}}$

$$= 2^1a^1b^3c^{-2} = 2ab^3c^{-2} = \dfrac{2ab^3}{c^2}$$

b) $(729c^{15}d^{-6}e^{12})^{-\frac{1}{3}} = (3^6c^{15}d^{-6}e^{12})^{-\frac{1}{3}} = 3^{6\cdot(-\frac{1}{3})}c^{15\cdot(-\frac{1}{3})}d^{-6\cdot(-\frac{1}{3})}e^{12\cdot(-\frac{1}{3})}$

$$= 3^{-2}c^{-5}d^2e^{-4} = \dfrac{d^2}{3^2c^5e^4}$$

c) $\sqrt[4]{256a^{16}b^{-20}c^{24}} = \sqrt[4]{2^8a^{16}b^{-20}c^{24}} = (2^8a^{16}b^{-20}c^{24})^{\frac{1}{4}}$

$$= 2^{8\cdot\frac{1}{4}}a^{16\cdot\frac{1}{4}}b^{-20\cdot\frac{1}{4}}c^{24\cdot\frac{1}{4}}$$

$$= 2^2a^4b^{-5}c^6 = 4a^4b^{-5}c^6 = \dfrac{4a^4c^6}{b^5}$$

d) $\sqrt[5]{243r^{-5}s^{15}\cdot 32t^{-20}} = \sqrt[5]{3^5r^{-5}s^{15}\cdot 2^5\cdot t^{-20}} = (3^5r^{-5}s^{15}\cdot 2^5t^{-20})^{\frac{1}{5}}$

$$= 3^{5\cdot\frac{1}{5}}r^{-5\cdot\frac{1}{5}}s^{15\cdot\frac{1}{5}}\cdot 2^{5\cdot\frac{1}{5}}t^{-20\cdot\frac{1}{5}}$$

$$= 3^1r^{-1}s^3\cdot 2^1t^{-4} = 3\cdot 2r^{-1}s^3t^{-4}$$

$$= 6r^{-1}s^3t^{-4} = \dfrac{6s^3}{rt^4}$$

25.

	Kilometerzahl	Verbrauch	
: 100	100 km	11,3 ℓ	: 100
· 34	1 km	0,113 ℓ	· 34
	34 km	3,842 ℓ	

26.

	Anzahl der Tafeln	Preis	
: 4	4 Tafeln	2,76 €	: 4
· 15	1 Tafel	0,69 €	· 15
	15 Tafeln	10,35 €	

27. Da Frau Mayer und Herr Werner beide gleich viel Orangen kaufen, ist der Unterschied der beiden Zahlbeträge gleich dem Preis von 5 kg − 2 kg = 3 kg Äpfeln. Differenz der Zahlbeträge: 10,78 € − 6,31 € = 4,47 €.

Menge der Äpfel	Preis
3 kg	4,47 €
1 kg	1,49 €
2 kg	2,98 €

:3 (3 kg | 4,47 €) :3
·2 (1 kg | 1,49 €) ·2
      2 kg | 2,98 €

Der Preis für 1 kg Äpfel beträgt also 1,49 €. Damit ergibt sich der Preis für 3 kg Orangen aus dem Einkauf von Frau Mayer:
6,31 € − 2 · 1,49 € = 6,31 € − 2,98 € = 3,33 €

Menge der Orangen	Preis
3 kg	3,33 €
1 kg	1,11 €

:3 (3 kg | 3,33 €) :3
      1 kg | 1,11 €

1 kg Orangen kostet also 1,11 €.

28.

Anzahl der Maschinen	Betriebszeit	Anzahl der Stanzteile
3 Maschinen	8 Std.	8 352
1 Maschine	8 Std.	2 784
1 Maschine	1 Std.	348
7 Maschinen	1 Std.	2 436
7 Maschinen	9 Std.	21 924

:3 (...):3
·7 (...):8
        :8 (...):7
        ·9 (...):9

7 Maschinen stellen in 9 Stunden 21 924 Stanzteile her.

29. Da in den beiden ersten Tagen jeweils 8 Arbeiter*innen am Werk waren, brauchen diese beiden Tage nicht berücksichtig werden. Zu betrachten sind also nur noch die danach verbleibenden 4 Arbeitstage.

Anzahl der Arbeiter*innen	Anzahl der Tage	Arbeitsstunden
8 Arbeiter*innen	4	8
1 Arbeiter*in	32	8
1 Arbeiter*in	256	1
6 Arbeiter*innen	$\frac{256}{6}$	1
6 Arbeiter*innen	$\frac{256}{6 \cdot 9} \approx 4,74$	9

:8 (...) ·8
·6 (...) ·8
        :6 (...) :8
        :9 (...) ·9

Die Fertigstellung des Rohbaus dauert noch knapp 5 Tage.

9

30. Für die Berechnung kommt es wieder nicht auf die drei ersten Stunden an, sondern auf die restliche Zeit, die 3 Pumpen benötigen.

	Anzahl der Pumpen	Zeit	
:2 (	2 Pumpen	12,5 h − 3 h = 9,5 h	) · 2
· 3 (	1 Pumpe	19 h	) : 3
	3 Pumpen	$6\frac{1}{3}$ h = 6 h 20 min	

Alle drei Pumpen zusammen brauchen also noch 6 h 20 min.

31. Gesamtbetrag: 6,40 € + 39,90 € = 46,30 €

	Prozent	Preis	
: 100 (	100 %	46,30 €	) : 100
· 3 (	1 %	0,463 €	) · 3
	3 %	1,39 €	

Frau Wagner spart 1,39 €. Sie muss nur 46,30 € − 1,39 € = 44,91 € bezahlen.

32.

	Prozent	Preis	
: 119 (	119 %	761,60 €	) : 119
· 100 (	1 %	6,40 €	) · 100
	100 %	640,00 €	

Die Waschmaschine kostet ohne Mehrwertsteuer 640,00 €.

33.

	Prozent	Preis	
: 2 (	2 %	152,60 €	) : 2
· 100 (	1 %	76,30 €	) · 100
	100 %	7 630,00 €	

Der Rechnungsbetrag war 7630,00 €.

34. a) Preisunterschied: 495 € − 334 € = 161 €

	Preis	Prozent	
: 495 (	495,00 €	100 %	) : 495
· 161 (	1,00 €	$\frac{100}{495}$ %	) · 161
	161,00 €	≈ 32,5 %	

Der Endpreis im Januar betrug nur noch etwa 100 % − 32,5 % = 67,5 % des ursprünglichen Preises.

b)

	Preis	Prozent	
: 100	495,00 €	100 %	) : 100
· 90	4,95 €	1 %	) · 90
	445,50 €	90 %	

Ende Dezember kostete der Mantel noch 90 % des ursprünglichen Preises, das waren 445,50 €.

c) Grundwert ist jetzt der Dezemberpreis, also 445,50 €. Die Preissenkung beträgt 445,50 € − 334,00 € = 111,50 €.

	Preis	Prozent	
: 445,50	445,50 €	100 %	) : 445,50
· 111,50	1,00 €	$\frac{100}{445,50}$ %	) · 111,50
	111,50 €	≈ 25 %	

Der Dezemberpreis wurde um etwa 25 % gesenkt.

35. a)

Nr.	Wahllokal	Wahlberechtigte	Wähler
1	Grundschule	1218	527
2	Haus des Gastes	1248	635
B 1	Briefwahl	–	258
	gesamt	2466	1 420

Wahlbeteiligung:

	Personen	Prozent	
: 2 466	2 466 P.	100 %	) : 2 466
· 1 420	1 P.	$\frac{100}{2\,466}$ %	) · 1 420
	1 420 P.	≈ 57,6 %	

b)

Partei	Prozent	Sitze
CDU	39,8 %	9
SPD	12,6 %	3
FDP	8,0 %	2
Freie Wähler	37,8 %	9
Sonstige	1,8 %	0

CDU: $23 \cdot \frac{39,8}{100} \approx 9$

SPD: $\qquad 23 \cdot \dfrac{12,6}{100} \approx 3$

FDP: $\qquad 23 \cdot \dfrac{8,0}{100} \approx 2$

Freie Wähler: $\quad 23 \cdot \dfrac{37,8}{100} \approx 9$

Sonstige: $\qquad 23 \cdot \dfrac{1,8}{100} \approx 0$

c) Gesamtzahl der Wahlberechtigten: 2 466

Briefwähler: 258

Prozentzahl der Briefwähler: $\dfrac{258}{2\,466} \cdot 100\,\% \approx 10,46\,\%$

Gesamtzahl der Wähler: 1 420

Prozentzahl der Briefwähler: $\dfrac{258}{1\,420} \cdot 100\,\% \approx 18,17\,\%$

Von allen Wahlberechtigten wählten 10,46 % per Briefwahl.
Dies waren 18,17 % aller Wähler.

d)

Parteien	CDU	SPD	FDP	Freie Wähler	Sonstige
Stimmen	4 287	1 417	671	4 011	220
Prozent	40,4 %	13,4 %	6,3 %	37,8 %	2,1 %

CDU: $\qquad \dfrac{40,4}{100} \cdot 10\,611 \approx 4\,287$

SPD: $\qquad \dfrac{1\,417}{10\,611} \cdot 100\,\% \approx 13,4\,\%$

FDP: $\qquad \dfrac{671}{10\,611} \cdot 100\,\% \approx 6,3\,\%$

Freie Wähler: $\quad \dfrac{37,8}{100} \cdot 10\,611 \approx 4\,011$

Sonstige: $\qquad \dfrac{220}{10\,611} \cdot 100\,\% \approx 2,1\,\%$

Bei den angegebenen Prozentzahlen handelt es sich um auf eine Stelle nach dem Komma gerundete Werte. Daher kann sich bei einem Grundwert um 10 000 eine Differenz von etwa 5 nach oben oder unten als Abweichung vom tatsächlichen Wert (also von der tatsächlichen Stimmenanzahl) geben.

36. Kapital $\quad 2\,300\ € \ \hat{=}\ 100\ \%$

$$1\ € \ \hat{=}\ \frac{100}{2\,300}\ \%$$

$$28,75\ € \ \hat{=}\ \frac{100 \cdot 28,75}{2\,300}\ \% = 1,25\ \%$$

Die Bank gibt 1,25 % Zinsen.

37. $\quad 100\ \% \ \hat{=}\ 1\,850\ €$

$$1\ \% \ \hat{=}\ 18,50\ €$$

$$1,75\ \% \ \hat{=}\ 18,50\ € \cdot 1,75 = 32,38\ €$$

Janis bekommt 32,38 € Zinsen.

38. $\quad 1,4\ \% \ \hat{=}\ 31,50\ €$

$$1\ \% \ \hat{=}\ \frac{31,50}{1,4}\ € = 22,50\ €$$

$$100\ \% \ \hat{=}\ 22,50\ € \cdot 100 = 2\,250\ €$$

Leonies Spareinlage beträgt 2 250 €.

39. $\quad 100\ \% \ \hat{=}\ 3\,500\ €$

$$1\ \% \ \hat{=}\ 35,00\ €$$

$$2\ \% \ \hat{=}\ 70,00\ €$$

Nach einem Jahr hat sich das Kapital auf 3 500 € + 70 € = 3 570 € erhöht.

Neuer Grundwert: 3 570 €

$$100\ \% \ \hat{=}\ 3\,570\ €$$

$$1\ \% \ \hat{=}\ 35,70\ €$$

$$3\ \% \ \hat{=}\ 107,10\ €$$

Nach dem zweiten Jahr hat sich das Kapital auf 3 570 € + 107,10 € = 3 677,10 € erhöht.

Neuer Grundwert: 3 677,10 €

$$100\ \% \ \hat{=}\ 3\,677,10\ €$$

$$1\ \% \ \hat{=}\ 36,77\ €$$

$$4\ \% \ \hat{=}\ 147,08\ €$$

Nach drei Jahren ist das Kapital auf 3 677,10 € + 147,08 € = 3 824,18 € angewachsen.

40. a) $1{,}23\ \text{m} = 123\ \text{cm} = 1\ 230\ \text{mm}$

  b) $2{,}72\ \text{dm} = 27{,}2\ \text{cm}$

  c) $437{,}5\ \text{m} = 0{,}4375\ \text{km}$

  d) $0{,}3568\ \text{km} = 356{,}8\ \text{m} = 3\ 568\ \text{dm}$

  e) $17\ \text{cm} = 170\ \text{mm}$

  f) $0{,}0052\ \text{m} = 0{,}052\ \text{dm} = 0{,}52\ \text{cm} = 5{,}2\ \text{mm}$

  g) $2\ 019\ \text{mm} = 201{,}9\ \text{cm} = 20{,}19\ \text{dm} = 2{,}019\ \text{m}$

  h) $127{,}6\ \text{dm} = 12{,}76\ \text{m}$

41. a) $0{,}01\ \text{km}^2 = 1\ \text{ha} = 100\ \text{a} = 10\ 000\ \text{m}^2$

  b) $6{,}906\ \text{dm}^2 = 690{,}6\ \text{cm}^2 = 69\ 060\ \text{mm}^2$

  c) $626\ \text{m}^2 = 6{,}26\ \text{a} = 0{,}0626\ \text{ha}$

  d) $9{,}7\ \text{mm}^2 = 0{,}097\ \text{cm}^2$

  e) $3\ 027\ \text{a} = 302\ 700\ \text{m}^2$

  f) $0{,}0027\ \text{ha} = 0{,}27\ \text{a} = 27\ \text{m}^2$

  g) $17\ 665\ \text{cm}^2 = 176{,}65\ \text{dm}^2 = 1{,}7665\ \text{m}^2$

  h) $0{,}023\ \text{m}^2 = 2{,}3\ \text{dm}^2 = 230\ \text{cm}^2 = 23\ 000\ \text{mm}^2$

42. a) $0{,}063\ \text{m}^3 = 63\ \text{dm}^3 = 63\ \ell$

  b) $3\ m\ell = 0{,}003\ \ell = 0{,}003\ \text{dm}^3$

  c) $12{,}06\ h\ell = 1\ 206\ \ell = 1\ 206\ \text{dm}^3 = 1{,}206\ \text{m}^3$

  d) $728{,}6\ \text{cm}^3 = 0{,}7286\ \text{dm}^3 = 0{,}7286\ \ell = 0{,}007286\ h\ell$

  e) $3{,}2\ \text{cm}^3 = 0{,}0032\ \text{dm}^3$

  f) $1{,}024\ \text{m}^3 = 1\ 024\ \text{dm}^3$

  g) $825{,}6\ \text{dm}^3 = 0{,}8256\ \text{m}^3$

  h) $12\ 829\ \text{cm}^3 = 12{,}829\ \text{dm}^3 = 0{,}012829\ \text{m}^3$

43. a) $3{,}25\ \text{h} = 3\dfrac{1}{4}\ \text{h} = \dfrac{13}{4} \cdot 60\ \text{min} = 195\ \text{min}$

b) $6 \mathrm{d}\ 7 \mathrm{h} = 6 \cdot 24 \mathrm{h} + 7 \mathrm{h} = 144 \mathrm{h} + 7 \mathrm{h} = 151 \mathrm{h}$

c) $7,6 \min = 7 \cdot 60 \mathrm{s} + \dfrac{6}{10} \cdot 60 = 420 \mathrm{s} + 36 \mathrm{s} = 456 \mathrm{s}$

d) $2 \mathrm{h}\ 24 \min = 2 \cdot 60 \min + 24 \min = (120 + 24) \min = 144 \min$
$$= 144 \cdot 60 \mathrm{s} = 8\,640 \mathrm{s}$$

e) $17 \mathrm{h}\ 12 \min = 17\dfrac{12}{60} \mathrm{h} = 17\dfrac{1}{5} \mathrm{h} = 17,2 \mathrm{h}$

f) $37\,653 \mathrm{s} = 36\,000 \mathrm{s} + 1\,653 \mathrm{s} = 10 \mathrm{h} + \dfrac{1\,653}{3\,600} \mathrm{h} = 10\dfrac{1\,653}{3\,600} \mathrm{h} \approx 10,46 \mathrm{h}$

g) $8\,280 \mathrm{s} = 8\,280 : 60 \min = 138 \min = 2 \mathrm{h}\ 18 \min = 2\dfrac{18}{60} \mathrm{h} = 2\dfrac{3}{10} \mathrm{h} = 2,3 \mathrm{h}$

h) $187\,200 \mathrm{s} = 187\,200 : 60 \min = 3\,120 \min = (3\,120 : 60 \mathrm{h}) = 52 \mathrm{h}$

44. a) $23 \mathrm{g} = 0,023 \mathrm{kg}$

b) $0,0672 \mathrm{kg} = 67,2 \mathrm{g}$

c) $738 \mathrm{g} = 0,738 \mathrm{kg}$

d) $6,7 \mathrm{kg} = 0,067 \mathrm{dt}$

e) $72,5 \mathrm{kg} = 0,0725 \mathrm{t}$

f) $0,032 \mathrm{t} = 32 \mathrm{kg}$

g) $52,3 \mathrm{g} = 52\,300 \mathrm{mg}$

h) $327\,865 \mathrm{mg} = 327,865 \mathrm{g} = 0,327\,865 \mathrm{kg}$

45. a) $17x + (27 - 3y + 6x) - 29x = 17x + 27 - 3y + 6x - 29x = -6x + 27 - 3y$

b) $-(25a + 11b - 7c) + 13a - (19c - 8b) = -25a - 11b + 7c + 13a - 19c + 8b$
$$= -12a - 3b - 12c$$

c) $-20x - (19y - 37x) + (3x - 5y) = -20x - 19y + 37x + 3x - 5y = 20x - 24y$

d) $133a - 37b - (-28c + 43a - 17b) = 133a - 37b + 28c - 43a + 17b$
$$= 90a - 20b + 28c$$

15

46. a) $2(3x-5y)+3(8y-7x)=6x-10y+24y-21x=-15x+14y$

b) $27a-6\cdot(2a-b-2c)+3\cdot(b-c)=27a-(12a-6b-12c)+3b-3c$
$$=27a-12a+6b+12c+3b-3c$$
$$=15a+9b+9c$$

c) $2\cdot(1,5x-7,5y)-6\cdot(0,5x-y-2,5)=3x-15y-(3x-6y-15)$
$$=3x-15y-3x+6y+15$$
$$=15-9y$$

d) $133a-7\cdot(32a-18b)+105b=133a-(224a-126b)+105b$
$$=133a-224a+126b+105b$$
$$=-91a+231b$$

47. a) $(3x-4y)\cdot(2y-6x)=6xy-8y^2-18x^2+24xy=-18x^2+30xy-8y^2$

b) $(3a-b)\cdot(5b-3a+2)=15ab-9a^2+6a-5b^2+3ab-2b$
$$=-9a^2+6a-2b+18ab-5b^2$$

c) $(6x-3y+4z)\cdot(x-2y-3z)$
$$=6x^2-12xy-18xz-3xy+6y^2+9yz+4xz-8yz-12z^2$$
$$=6x^2-15xy+6y^2-14xz+yz-12z^2$$

d) $(a-b-c)\cdot(7a-3b-2c)=7a^2-3ab-2ac-7ab+3b^2+2bc-7ac+3bc+2c^2$
$$=7a^2+3b^2+2c^2-10ab-9ac+5bc$$

48. a) $27x-18y-54z=9(3x-2y-6z)$

b) $26ax^2-39a^2x+169a^3=13a(2x^2-3ax+13a^2)$

c) $x^3y^4z^2+5x^2yz^3-7x^4y^3z^4=x^2yz^2(xy^3+5z-7x^2y^2z^2)$

d) $-21r^5t^6-35r^2t^4-28r^3t^3=-7r^2t^3(3r^3t^3+5t+4r)$

49. a) $(x-3y)^2=x^2-2\cdot x\cdot 3y+(3y)^2=x^2-6xy+9y^2$

b) $(4x+3y)^2=(4x)^2+2\cdot 4x\cdot 3y+(3y)^2=16x^2+24xy+9y^2$

c) $(2,5x-y)(2,5x+y)=(2,5x)^2-y^2=6,25x^2-y^2$

d) $(0,5a - 5b)^2 = (0,5a)^2 - 2 \cdot 0,5a \cdot 5b + (5b)^2 = 0,25a^2 - 5ab + 25b^2$

e) $\left(\dfrac{1}{3}r + \dfrac{1}{5}s\right)^2 = \left(\dfrac{1}{3}r\right)^2 + 2 \cdot \dfrac{1}{3}r \cdot \dfrac{1}{5}s + \left(\dfrac{1}{5}s\right)^2 = \dfrac{1}{9}r^2 + \dfrac{2}{15}rs + \dfrac{1}{25}s^2$

f) $\left(2\dfrac{2}{3}u - \dfrac{3}{4}v\right) \cdot \left(2\dfrac{2}{3}u + \dfrac{3}{4}v\right) = \left(\dfrac{8}{3}u - \dfrac{3}{4}v\right) \cdot \left(\dfrac{8}{3}u + \dfrac{3}{4}v\right)$

$$= \left(\dfrac{8}{3}u\right)^2 - \left(\dfrac{3}{4}v\right)^2$$

$$= \dfrac{64}{9}u^2 - \dfrac{9}{16}v^2$$

$$= 7\dfrac{1}{9}u^2 - \dfrac{9}{16}v^2$$

50. a) $49a^2 + 112ab + 64b^2 = 7^2a^2 + 2 \cdot 7 \cdot 8ab + 8^2b^2$

$$= (7a)^2 + 2 \cdot 7a \cdot 8b + (8b)^2$$

$$= (7a + 8b)^2$$

b) $1,21x^2 - 1,44y^2 = 1,1^2x^2 - 1,2^2y^2$

$$= (1,1x)^2 - (1,2y)^2$$

$$= (1,1x - 1,2y)(1,1x + 1,2y)$$

c) $0,16u^2 + 0,56uv + 0,49v^2 = 0,4^2u^2 - 2 \cdot 0,4 \cdot 0,7uv + 0,7^2v^2 = (0,4u + 0,7v)^2$

d) $5\dfrac{1}{16}x^2 - 1\dfrac{11}{25}y^2 = \dfrac{81}{16}x^2 - \dfrac{36}{25}y^2$

$$= \left(\dfrac{9}{4}\right)^2 x^2 - \left(\dfrac{6}{5}\right)^2 y^2$$

$$= \left(\dfrac{9}{4}x - \dfrac{6}{5}y\right)\left(\dfrac{9}{4}x + \dfrac{5}{6}y\right)$$

e) $1,69a^2 - 15,6ab + 36b^2 = 1,3^2a^2 - 2 \cdot 1,3 \cdot 6ab + 6^2b^2 = (1,3a - 6b)^2$

f) $\dfrac{4}{9}x^2 - 2xy + 2\dfrac{1}{4}y^2 = \dfrac{4}{9}x^2 - 2xy + \dfrac{9}{4}y^2 = \left(\dfrac{2}{3}\right)^2 x^2 - 2 \cdot \dfrac{2}{3} \cdot \dfrac{3}{2}xy + \left(\dfrac{3}{2}\right)^2 y^2$

$$= \left(\dfrac{2}{3}x - \dfrac{3}{2}y\right)^2$$

51. a)
$$2x - 7 - 3x = 5 \cdot (3 - 2x) - 4 \qquad | \text{ zusammenfassen und ausmultiplizieren}$$
$$-x - 7 = 15 - 10x - 4 \qquad | + 10x$$
$$9x - 7 = 11 \qquad | + 7$$
$$9x = 18 \qquad | : 9$$
$$x = 2$$
$$L = \{2\}$$

b)
$$1,3(0,4x + 3) = 2,2 - (x - 1,7) \qquad | \text{ Klammern auflösen}$$
$$0,52x + 3,9 = 2,2 - x + 1,7 \qquad | \text{ zusammenfassen}$$
$$0,52x + 3,9 = 3,9 - x \qquad | -3,9 + x$$
$$1,52x = 0 \qquad | : 1,52$$
$$x = 0$$
$$L = \{0\}$$

c)
$$1\frac{1}{2}x - 2\frac{2}{5} + \frac{2}{3}x = 2x - 3\frac{3}{4} \qquad | \text{ auf Hauptnenner bringen}$$
$$1\frac{3}{6}x + \frac{4}{6}x - 2\frac{2}{5} = 2x - 3\frac{3}{4} \qquad | \text{ zusammenfassen}$$
$$2\frac{1}{6}x - 2\frac{2}{5} = 2x - 3\frac{3}{4} \qquad | -2x + 2\frac{2}{5}$$
$$\frac{1}{6}x = 2\frac{2}{5} - 3\frac{3}{4} \qquad | \text{ auf Hauptnenner bringen}$$
$$\frac{1}{6}x = 2\frac{8}{20} - 3\frac{15}{20}$$
$$\frac{1}{6}x = -1\frac{7}{20} \qquad | \text{ in Bruch umwandeln}$$
$$\frac{1}{6}x = -\frac{27}{20} \qquad | \cdot 6$$
$$x = -\frac{27 \cdot 6}{20}$$
$$x = -\frac{81}{10}$$
$$x = -8\frac{1}{10}$$
$$L = \left\{ -8\frac{1}{10} \right\}$$

52. a) $x^2 - 7x + 6 = 0$

Mit der Lösungsformel ergibt sich

$$x_{1/2} = \frac{7}{2} \pm \frac{1}{2}\sqrt{49 - 4 \cdot 6}$$

$$x_{1/2} = \frac{7}{2} \pm \frac{1}{2}\sqrt{25}$$

$$x_{1/2} = \frac{7}{2} \pm \frac{5}{2}$$

$$x_1 = 6, \quad x_2 = 1 \qquad\qquad L = \{1; 6\}$$

b) $0,4x^2 - 2,4x = 0$ $\qquad$ | Ausklammern von $0,4x$
$0,4x(x - 6) \quad = 0$

Ein Produkt ist genau dann null, wenn einer der Faktoren null ist. Damit gilt:
$x_1 = 0, \quad x_2 = 6 \qquad\qquad L = \{0; 6\}$

c) $0,7x^2 - 4,9x + 8,4 = 0$

Mit der Lösungsformel ergibt sich

$$x_{1/2} = \frac{4,9}{2 \cdot 0,7} \pm \frac{1}{2 \cdot 0,7} \cdot \sqrt{4,9^2 - 4 \cdot 8,4 \cdot 0,7}$$

$$x_{1/2} = \frac{7}{2} \pm \frac{10}{14} \cdot \sqrt{24,01 - 23,52}$$

$$x_{1/2} = \frac{7}{2} \pm \frac{5}{7} \cdot \sqrt{0,49}$$

$$x_{1/2} = \frac{7}{2} \pm \frac{5}{7} \cdot 0,7$$

$$x_{1/2} = \frac{7}{2} \pm \frac{1}{2}$$

$$x_1 = 4; \quad x_2 = 3 \qquad\qquad L = \{3; 4\}$$

d) $\frac{1}{3}x^2 + \frac{2}{7}x + 2 = 0$

Aus der Lösungsformel folgt

$$x_{1/2} = -\frac{\frac{2}{7}}{2 \cdot \frac{1}{3}} \pm \frac{1}{2 \cdot \frac{1}{3}} \sqrt{\left(\frac{2}{7}\right)^2 - 4 \cdot \frac{1}{3} \cdot 2}$$

Betrachte den Ausdruck unter der Wurzel:

$$\left(\frac{2}{7}\right)^2 - 4 \cdot \frac{1}{3} \cdot 2 = \frac{4}{49} - \frac{8}{3} < 0,\ \text{d. h. die Wurzel ist nicht definiert.}$$

Somit ist $L = \{\ \}$.

53. a)

$$
\begin{array}{llll}
\text{I} & 2x - 3y & = 5 & |\cdot 2 \\
\text{II} & 5x + 6y & = -1 &
\end{array}
$$

$$
\begin{array}{llll}
\text{I'} & 4x - 6y & = 10 & \\
\text{II} & 5x + 6y & = -1 & \\
\hline
\text{I'} + \text{II} & 9x & = 9 & |:9 \\
& x & = 1 &
\end{array}
$$

in I eingesetzt: $2 \cdot 1 - 3y = 5 \quad |-2$

$$-3y = 3 \quad |:(-3)$$
$$y = -1$$

$L = \{(1;\,-1)\}$

b)

$$
\begin{array}{lll}
\text{I} & -5x + 2y & = 17 \\
\text{II} & y & = 1{,}5 - x
\end{array}
$$

II in I eingesetzt: $-5x + 2 \cdot (1{,}5 - x) = 17$

$$
\begin{array}{ll}
-5x + 3 - 2x = 17 & |\text{ zusammenfassen} \\
-7x + 3 = 17 & |-3 \\
-7x = 14 & |:(-7) \\
x = -2 &
\end{array}
$$

in II eingesetzt: $y = 1{,}5 - (-2) = 3{,}5$

$L = \{(-2;\,3{,}5)\}$

c)

$$
\begin{array}{lll}
\text{I} & x = 2y + 3 \\
\text{II} & x = 4 - y
\end{array}
$$

Gleichsetzungsverfahren I = II: $2y + 3 = 4 - y \quad |+y-3$

$$3y = 1 \quad |:3$$
$$y = \frac{1}{3}$$

in II: $x = 4 - \dfrac{1}{3}$

$$x = 3\frac{2}{3} \qquad L = \left\{\left(3\frac{2}{3};\,\frac{1}{3}\right)\right\}$$

d) $\begin{array}{rl} \text{I} & -x + 3y = 6 \\ \text{II} & 2x - 6y = 0 \end{array}$ $\Big| \cdot 2$

$\begin{array}{rl} \text{I'} & -2x + 6y = 12 \\ \text{II} & 2x - 6y = 0 \end{array}$

$\begin{array}{rl} \text{I'} + \text{II} & 0 = 12 \end{array}$ Widerspruch!

Das Gleichungssystem ist also nicht lösbar.
$L = \{\ \}$

e) $\begin{array}{rl} \text{I} & 1,2x + 3,6y = 4,8 \\ \text{II} & 2,3x + 6,9y = 9,2 \end{array}$ $\begin{array}{l} \big| : 1,2 \\ \big| : 2,3 \end{array}$

$\begin{array}{rl} \text{I'} & x + 3y = 4 \\ \text{II} & x + 3y = 4 \end{array}$

Wegen I' = II' ist die Lösungsmenge die Menge $L = \{(x\,|\,y)\,|\,x + 3y = 4\}$.
Geometrisch betrachtet ist dies die Menge aller Punkte der Geraden
$y = -\dfrac{1}{3}x + \dfrac{4}{3}$.

54. a) Zeichnung:

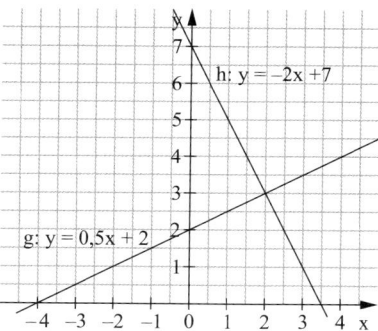

b) Gerade g:
Schnittpunkt mit der y-Achse: $S_1(0\,|\,2)$

Schnittpunkt mit der x-Achse:
$0,5x + 2 = 0$
$x = -4 \quad \Rightarrow \quad N_1(-4\,|\,0)$

Gerade h:
Schnittpunkt mit der y-Achse: $S_2(0\,|\,7)$

Schnittpunkt mit der x-Achse:
$-2x + 7 = 0$
$x = 3,5 \quad \Rightarrow \quad N_2(-3,5\,|\,0)$

c) Schnittpunkt S von g und h:
Gleichsetzen der beiden Gleichungen

$$0,5x + 2 = -2x + 7 \qquad | +2x$$
$$2,5x + 2 = 7 \qquad | -2$$
$$2,5x = 5 \qquad | :2,5$$
$$x = 2$$

z. B. in Gleichung von g eingesetzt:
$$y = 0,5 \cdot 2 + 2 = 3 \quad \Rightarrow \quad S(2\,|\,3)$$

55. a) Die Steigung m der Geraden erhält man als Quotienten der Differenzen der
y- und der x-Werte:

$$m = \frac{y_Q - y_P}{x_Q - x_P}, \quad \text{also}$$

$$m = \frac{3 - (-2)}{5 - (-3)} = \frac{5}{8}$$

Die Gerade hat also eine Gleichung der Form $y = \frac{5}{8}x + b$. Um b zu bestimmen, setzt man einen Punkt, z. B. Q, in die Gleichung ein:

$$3 = \frac{5}{8} \cdot 5 + b \quad \Leftrightarrow \quad 3 = \frac{25}{8} + b \quad \Leftrightarrow \quad b = -\frac{1}{8}$$

Damit ist g: $y = \frac{5}{8}x - \frac{1}{8}$

b) Schnittpunkt mit der y-Achse: $S\left(0\;\middle|\;-\frac{1}{8}\right)$

Schnittpunkt mit der x-Achse: $\frac{5}{8}x - \frac{1}{8} = 0$

$$x = \frac{1}{5} \quad \Rightarrow \quad N\left(\frac{1}{5}\;\middle|\;0\right)$$

c) Diese Gerade hat dieselbe Steigung wie g, aber den Achsenabschnitt $b = 0$.
Daher hat sie die Gleichung $y = \frac{5}{8}x$.

d) Punkt R in die Gleichung von g eingesetzt:

$$\frac{5}{8} \cdot 6 - \frac{1}{8} = 8$$

$$\Leftrightarrow \quad \frac{29}{8} = 8 \quad \text{Widerspruch}$$

Daher liegt $R(6\,|\,8)$ nicht auf g.

Punkt S in die Gleichung von g eingesetzt:

$$\frac{5}{8} \cdot 7 - \frac{1}{8} = 4,25$$

$$\frac{34}{8} = 4,25 \quad \text{wahr}$$

$\Rightarrow$ S(7 | 4,25) liegt auf g.

56. $y = 2x^2 - 4x - 6$

a) Wertetabelle:

x	−2	−1	0	1	2	3	4
y	10	0	−6	−8	−6	0	10

Zeichnung:

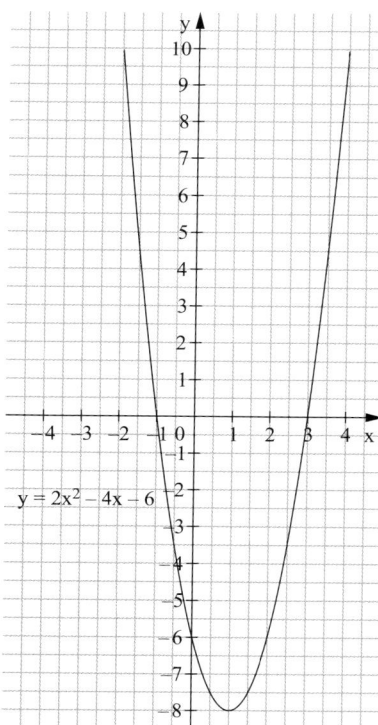

b) Nullstelle: $2x^2 - 4x - 6 = 0$

Lösungsformel: $x_{1/2} = -\dfrac{b}{2a} \pm \dfrac{1}{2a}\sqrt{b^2 - 4ac}$ $\qquad | a = 2;\ b = -4;\ c = -6$

$$x_{1/2} = \dfrac{4}{2 \cdot 2} \pm \dfrac{1}{2 \cdot 2}\sqrt{(-4)^2 - 4 \cdot 2 \cdot (-6)}$$

$$x_{1/2} = 1 \pm \dfrac{1}{4}\sqrt{64}$$

$$x_{1/2} = 1 \pm 2$$

$$x_1 = 3,\ x_2 = -1$$

Nullstellen $x_1 = -1,\ x_2 = 3$

Schnittpunkte mit der x-Achse:

$N_1(-1\,|\,0),\ N_2(3\,|\,0)$

c) Scheitel:
$$\begin{aligned} y &= 2x^2 - 4x - 6 \\ &= 2(x^2 - 2x) - 6 \\ &= 2(x^2 - 2x + 1 - 1) - 6 \\ &= 2(x^2 - 2x + 1) - 2 - 6 \\ &= 2(x-1)^2 - 8 \end{aligned}$$

$\Rightarrow$ Scheitel $S(1\,|\,-8)$

57. a) Scheitel $(1\,|\,-1)$; Punkt $(3\,|\,-3)$

Scheitelform $y = a \cdot (x - x_S)^2 + y_S$

also hier $\qquad y = a \cdot (x-1)^2 - 1$

Zur Bestimmung von a wird der Punkt $(3\,|\,-3)$ eingesetzt:

$-3 = a \cdot (3-1)^2 - 1$

$-3 = 4a - 1 \qquad\qquad | +1$

$-2 = 4a \qquad\qquad\quad | : 4$

$a = -0{,}5$

Die Parabelgleichung lautet daher $y = -0{,}5(x-1)^2 - 1 \Rightarrow y = -0{,}5x^2 + x - 1{,}5$

b) Wegen $a < 0$ ist die Parabel nach unten geöffnet. Da sie den Scheitel $(1\,|\,-1)$ hat, besitzt sie keine Nullstellen. Wegen $|a| < 1$ ist der Graph flacher als der der Normalparabel.

c) Wertetabelle:

x	−2	−1	0	1	2	3	4
y	−5,5	−3	−1,5	−1	−1,5	−3	−5,5

Zeichnung:

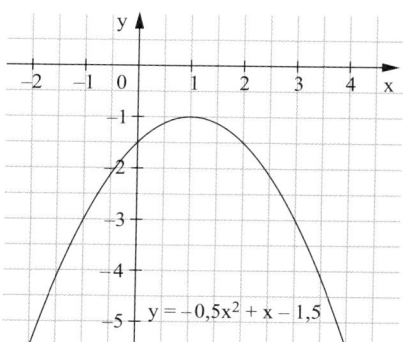

$$y = -0,5x^2 + x - 1,5$$

58. a) Wertetabelle (teilweise gerundet):

x	−2	−1,5	−1	−0,5	0	0,5	1	1,5	2
y	64	11,39	1	0,016	0	0,016	1	11,39	64

Zeichnung:

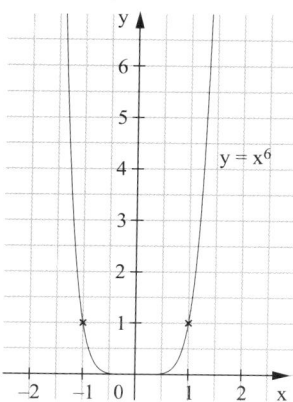

$$y = x^6$$

b) *Tipp:* Nutze aus, dass eine der Funktionen aus der Spiegelung der anderen an der y-Achse hervorgeht.

Wertetabelle (teilweise gerundet):

x	−4	−3	−2	−1	0	1	2	3	4
$y = 3^x$	0,012	$0,\overline{037}$	$0,\overline{1}$	$0,\overline{3}$	1	3	9	27	81
$y = \left(\frac{1}{3}\right)^x$	81	27	9	3	1	$0,\overline{3}$	$0,\overline{1}$	$0,\overline{037}$	0,012

Zeichnung:

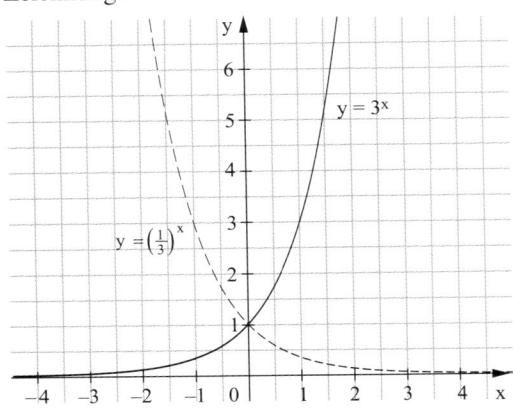

59. a) *Hinweis:* Kapital nach n Jahren: $K_n = K_0 \cdot q^n$ mit Anfangskapital $K_0 = 500$
und Wachstumsfaktor $q = 1 + \frac{p}{100} = 1 + \frac{3}{100}$ (Zinssatz $p\,\% = 3\,\%$).

Wertetabelle (teilweise gerundet):

Jahre x	0	1	2	3	4	5	6
Kapital y	500	515	530,45	546,36	562,75	579,64	597,03

b) Zeichnung:

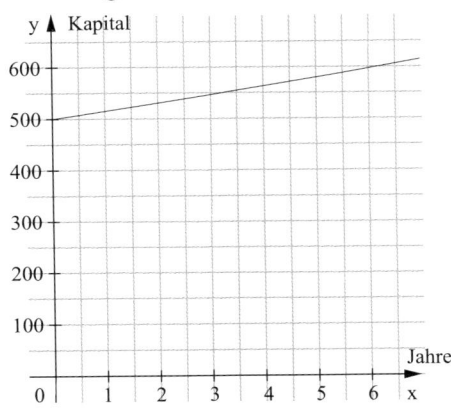

60. a) Wertetabelle:

Tage x	0	8	16	24	32	40
Iod 131 y	200	100	50	25	12,5	6,25

26

b) Zeichnung:

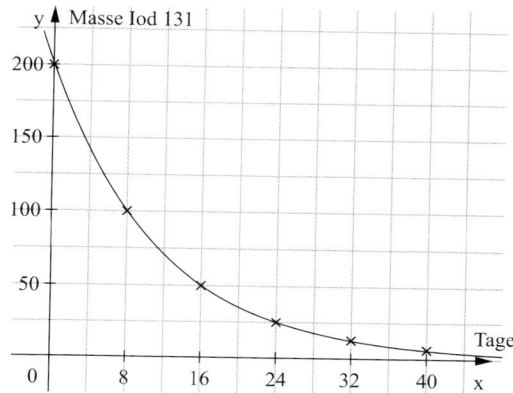

c) Anfangswert: $k = 200$
Wachstumsfaktor: $a = 0,5$ (Halbierung)
nach 8 Tagen: $T = 8$ (Halbwertszeit in Tagen)
z. B. $y = k \cdot a^{\frac{x}{T}} = 200 \cdot 0,5^{\frac{x}{8}}$

61. a) $A = \frac{1}{2} \cdot c \cdot h_c = \frac{1}{2} \cdot 7\,\text{cm} \cdot 2,8\,\text{cm} = 9,8\,\text{cm}^2$

b) $A = \frac{1}{2} \cdot a \cdot h_a \qquad \left| \cdot \frac{2}{a} \right.$

$h_a = \frac{2A}{a}$

$h_a = \frac{2 \cdot 9,8\,\text{cm}^2}{5\,\text{cm}}$

$h_a = 3,92\,\text{cm}$

62. a) $\alpha + \beta + \gamma = 180° \qquad \left| -(\alpha + \beta) \right.$
$\gamma = 180° - (\alpha + \beta)$
$\gamma = 180° - (58° + 47°)$
$\gamma = 75°$

b) Angenommen, α und β sind stumpfe Winkel, d. h. $\alpha > 90°$, $\beta > 90°$. Dann wäre aber $\alpha + \beta + \gamma > 2 \cdot 90° = 180°$ im Widerspruch zur Winkelsumme von $180°$ im Dreieck.

63. c = 6,5 cm; a = 2,5 cm

a) $b^2 = c^2 - a^2$
$b^2 = (6,5 \text{ cm})^2 - (2,5 \text{ cm})^2$
$b^2 = 42,25 \text{ cm}^2 - 6,25 \text{ cm}^2$
$b^2 = 36 \text{ cm}^2 \qquad |\sqrt{}$
$b = 6 \text{ cm}$

b) $A = \dfrac{1}{2} a \cdot b$
$A = \dfrac{1}{2} \cdot 2,5 \cdot 6 \text{ cm}^2 = 7,5 \text{ cm}^2$

c) $A = \dfrac{1}{2} \cdot c \cdot h_c \qquad \Big| \cdot \dfrac{2}{c}$
$h_c = \dfrac{2A}{c}$
$h_c = \dfrac{2 \cdot 7,5 \text{ cm}^2}{6,5 \text{ cm}}$
$h_c \approx 2,3 \text{ cm}$

d) $a^2 = c \cdot p \;\Rightarrow\; p = \dfrac{a^2}{c} = \dfrac{(2,5 \text{ cm})^2}{6,5 \text{ cm}} \approx 0,96 \text{ cm}$

$b^2 = c \cdot q \;\Rightarrow\; q = \dfrac{b^2}{c} = \dfrac{(6 \text{ cm})^2}{6,5 \text{ cm}} \approx 5,54 \text{ cm}$

64. a) u = 42 cm; a = 2b
$u = 2(a + b) = 2(2b + b) = 6b$
$42 \text{ cm} = 6b \;\Rightarrow\; b = 7 \text{ cm}, \; a = 14 \text{ cm}$

b) $A = a \cdot b = 7 \text{ cm} \cdot 14 \text{ cm} = 98 \text{ cm}^2$

c) $d^2 = a^2 + b^2$
$d^2 = (7 \text{ cm})^2 + (14 \text{ cm})^2$
$d^2 = 49 \text{ cm}^2 + 196 \text{ cm}^2$
$d^2 = 245 \text{ cm}^2 \qquad |\sqrt{}$
$d \approx 15,65 \text{ cm}$

65. a) $u = 4a$

$44\ \text{cm} = 4a \quad \Rightarrow \quad a = 11\ \text{cm}$

$A = a^2 = 11^2\ \text{cm}^2 = 121\ \text{cm}^2$

 b) $A = a^2$

$a^2 = 90,25\ \text{cm}^2 \quad | \sqrt{}$

$a = 9,5\ \text{cm}$

$u = 4a$

$u = 4 \cdot 9,5\ \text{cm} = 38\ \text{cm}$

66. a) $A = \dfrac{1}{2} \cdot a \cdot h_a \qquad \Big| \cdot \dfrac{2}{a}$

$h_a = \dfrac{2A}{a}$

$h_a = \dfrac{20\ \text{cm}^2}{5\ \text{cm}}$

$h_a = 4\ \text{cm}$

 b) $u = 2a + 2b$

$u = 2 \cdot 5\ \text{cm} + 2 \cdot 4,5\ \text{cm} = 19\ \text{cm}$

67. a) $A = \dfrac{1}{2}(a + c) \cdot h$

$A = \dfrac{1}{2}(7\ \text{cm} + 3\ \text{cm}) \cdot 2,5\ \text{cm} = \dfrac{1}{2} \cdot 10\ \text{cm} \cdot 2,5\ \text{cm} = 12,5\ \text{cm}^2$

 b) $A = \dfrac{1}{2}(a + c) \cdot h \qquad \Big| \cdot \dfrac{2}{h}$

$a + c = \dfrac{2A}{h} \qquad\qquad\qquad | - a$

$c = \dfrac{2A}{h} - a$

$c = \dfrac{2 \cdot 24\ \text{cm}^2}{4\ \text{cm}} - 8\ \text{cm}$

$c = 4\ \text{cm}$

68. a) Mit dem Satz des Pythagoras gilt:

$$b^2 = h^2 + x^2 \qquad \vert + h^2$$
$$x^2 = b^2 - h^2$$
$$x^2 = (7\,\text{cm})^2 - (6\,\text{cm})^2$$
$$x^2 = 49\,\text{cm}^2 - 36\,\text{cm}^2$$
$$x^2 = 13\,\text{cm}^2 \qquad \vert \sqrt{}$$
$$x = 3{,}6\,\text{cm}$$

Wegen $a = 2x + c$ ergibt sich $c = a - 2x$, also
$c = 10\,\text{cm} - 2 \cdot 3{,}6\,\text{cm} = 10\,\text{cm} - 7{,}2\,\text{cm} = 2{,}8\,\text{cm}$
Umfang $u = a + b + c + d = a + 2b + c$
$u = 10\,\text{cm} + 2 \cdot 7\,\text{cm} + 2{,}8\,\text{cm} = 26{,}8\,\text{cm}$

b) $A = \dfrac{1}{2}(a + c) \cdot h$

$A = \dfrac{1}{2}(10\,\text{cm} + 2{,}8\,\text{cm}) \cdot 6\,\text{cm} = 38{,}4\,\text{cm}^2$

69. a) $u = 2r\pi$

$u = 2 \cdot 4{,}5\,\text{cm} \cdot \pi \approx 28{,}3\,\text{cm}$

$A = r^2\pi = (4{,}5\,\text{cm})^2 \cdot \pi \approx 63{,}6\,\text{cm}^2$

b) $A = r^2\pi \qquad \vert : \pi$

$r^2 = \dfrac{A}{\pi} \qquad \vert \sqrt{}$

$r = \sqrt{\dfrac{A}{\pi}}$

$r = \sqrt{\dfrac{26{,}6\,\text{cm}^2}{\pi}}$

$r \approx 2{,}9\,\text{cm}$

$u = 2 \cdot r \cdot \pi \approx 2 \cdot 2{,}9\,\text{cm} \cdot \pi \approx 18{,}3\,\text{cm}$

c) $u = 2r\pi \qquad \vert : (2\pi)$

$r = \dfrac{u}{2\pi}$

$r = \dfrac{12{,}8\,\text{cm}}{2 \cdot \pi}$

$r \approx 2{,}0\,\text{cm}$

$A = r^2\pi = (2{,}0\,\text{cm})^2 \cdot \pi \approx 13{,}0\,\text{cm}^2$

70. a) $O = 6a^2$
$O = 6 \cdot (7 \text{ cm})^2 = 294 \text{ cm}^2$
$V = a^3$
$V = (7 \text{ cm})^3 = 343 \text{ cm}^3$

b) $O = 6a^2 \qquad\qquad |:6$

$a^2 = \dfrac{O}{6} \qquad\qquad |\sqrt{}$

$a = \sqrt{\dfrac{O}{6}}$

$a = \sqrt{\dfrac{121,5 \text{ cm}^2}{6}}$

$a = 4,5 \text{ cm}$

$V = a^3 = (4,5 \text{ cm})^3 = 91,125 \text{ cm}^3$

c) $V = a^3 \qquad\qquad |\sqrt[3]{}$

$a = \sqrt[3]{V}$

$a = \sqrt[3]{3,375 \text{ cm}^3}$

$a = 1,5 \text{ cm}$

$O = 6 \cdot a^2$

$O = 6 \cdot (1,5 \text{ cm})^2 = 13,5 \text{ cm}^2$

71. a) $O = 2(a \cdot b + a \cdot c + b \cdot c)$
$O = 2 \cdot (2,5 \text{ cm} \cdot 7 \text{ cm} + 2,5 \text{ cm} \cdot 4 \text{ cm} + 7 \text{ cm} \cdot 4 \text{ cm})$
$O = 2 \cdot (17,5 \text{ cm}^2 + 10 \text{ cm}^2 + 28 \text{ cm}^2)$
$O = 111 \text{ cm}^2$
$V = a \cdot b \cdot c$
$V = 2,5 \text{ cm} \cdot 7 \text{ cm} \cdot 4 \text{ cm} = 70 \text{ cm}^3$

b) $V = a \cdot b \cdot c \qquad\qquad |:(a \cdot b)$

$c = \dfrac{V}{a \cdot b}$

$c = \dfrac{144 \text{ cm}^3}{9 \text{ cm} \cdot 2,5 \text{ cm}}$

$c = 6,4 \text{ cm}$

$$O = 2(a \cdot b + a \cdot c + b \cdot c)$$
$$O = 2(9\,\text{cm} \cdot 2,5\,\text{cm} + 9\,\text{cm} \cdot 6,4\,\text{cm} + 2,5\,\text{cm} \cdot 6,4\,\text{cm})$$
$$O = 2(22,5\,\text{cm}^2 + 57,6\,\text{cm}^2 + 16\,\text{cm}^2)$$
$$O = 192,2\,\text{cm}^2$$

c)
$$O = 2(a \cdot b + a \cdot c + b \cdot c) \qquad | : 2$$
$$a \cdot b + b \cdot c + a \cdot c = \frac{O}{2} \qquad | - a \cdot c$$
$$b \cdot (a + c) = \frac{O}{2} - a \cdot c \qquad | : (a + c)$$
$$b = \frac{\dfrac{O}{2} - a \cdot c}{a + c}$$
$$b = \frac{\dfrac{148\,\text{cm}^2}{2} - 4\,\text{cm} \cdot 5\,\text{cm}}{4\,\text{cm} + 5\,\text{cm}}$$
$$b = \frac{54\,\text{cm}^2}{9\,\text{cm}}$$
$$b = 6\,\text{cm}$$

$$V = a \cdot b \cdot c$$
$$V = 4\,\text{cm} \cdot 6\,\text{cm} \cdot 5\,\text{cm} = 120\,\text{cm}^3$$

72. Grundfläche:
$$A_T = \frac{1}{2}(a + c) \cdot h_T = \frac{1}{2}(8\,\text{cm} + 4,2\,\text{cm}) \cdot 5\,\text{cm} = \frac{1}{2} \cdot 12,2\,\text{cm} \cdot 5\,\text{cm} = 30,5\,\text{cm}^2$$

Mantelfläche:
Dazu muss zuerst die Länge der beiden
gleich langen Schenkel b und d berechnet
werden. Dabei ist

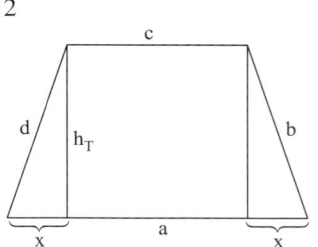

$$x = \frac{1}{2}(a - c) = \frac{1}{2}(8\,\text{cm} - 4,2\,\text{cm}) = 1,9\,\text{cm}.$$

Mit dem Satz des Pythagoras:
$$b^2 = h_T^2 + x^2$$
$$b^2 = (5\,\text{cm})^2 + (1,9\,\text{cm})^2$$
$$b^2 = 25\,\text{cm}^2 + 3,61\,\text{cm}^2$$
$$b^2 = 28,61\,\text{cm}^2 \qquad | \sqrt{}$$
$$b \approx 5,3\,\text{cm}$$

$u = a + b + c + d$

$u = 8\,\text{cm} + 5,3\,\text{cm} + 4,2\,\text{cm} + 5,3\,\text{cm} = 22,8\,\text{cm}$

$M = u \cdot h$

$M = 22,8\,\text{cm} \cdot 3\,\text{cm} = 68,4\,\text{cm}^2$

Oberfläche:

$O = 2 \cdot A_T + M$

$O = 2 \cdot 30,5\,\text{cm}^2 + 68,4\,\text{cm}^2 = 129,4\,\text{cm}^2$

Volumen:

$V = A_T \cdot h$

$V = 30,5\,\text{cm}^2 \cdot 3\,\text{cm} = 91,5\,\text{cm}^3$

73. a) $\quad V = \dfrac{1}{3} G \cdot h$

$\quad V = \dfrac{1}{3} \cdot 6\,\text{cm} \cdot 8\,\text{cm} \cdot 7\,\text{cm} = \dfrac{1}{3} \cdot 48\,\text{cm}^2 \cdot 7\,\text{cm} = 112\,\text{cm}^3$

b) Die Mantelfläche setzt sich aus zwei Dreiecken mit der Grundseite 6 cm (Dreieck I) und zwei Dreiecken mit der Grundseite 8 cm (Dreieck II) zusammen.

Dreieck I:
Berechnung der Höhe h_I mit dem Satz des Pythagoras:

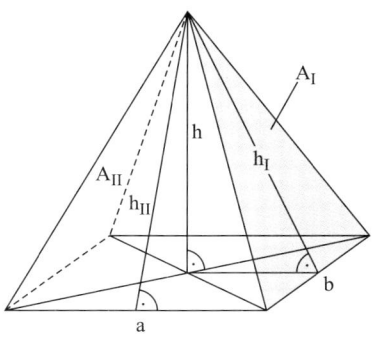

$h_I{}^2 = h^2 + \left(\dfrac{1}{2}a\right)^2$

$h_I{}^2 = (7\,\text{cm})^2 + \left(\dfrac{1}{2} \cdot 8\,\text{cm}\right)^2$

$h_I{}^2 = 49\,\text{cm}^2 + 16\,\text{cm}^2$

$h_I{}^2 = 65\,\text{cm}^2 \qquad |\sqrt{\ }$

$h_I \approx 8,1\,\text{cm}$

$A_I = \dfrac{1}{2} \cdot b \cdot h_I$

$A_I = \dfrac{1}{2} \cdot 6\,\text{cm} \cdot 8,1\,\text{cm} \approx 24,3\,\text{cm}^2$

Dreieck II:

Berechnung der Höhe h_{II} mit dem Satz des Pythagroas:

$$h_{II}^2 = h^2 + \left(\frac{1}{2}b\right)^2$$

$$h_{II}^2 = (7\text{ cm})^2 + \left(\frac{1}{2}\cdot 6\text{ cm}\right)^2$$

$$h_{II}^2 = 49\text{ cm}^2 + 9\text{ cm}^2$$

$$h_{II}^2 = 58\text{ cm}^2 \qquad |\sqrt{}$$

$$h_{II} \approx 7,6\text{ cm}$$

$$A_{II} = \frac{1}{2}\cdot a\cdot h_{II}$$

$$A_{II} = \frac{1}{2}\cdot 8\text{ cm}\cdot 7,6\text{ cm} \approx 30,5\text{ cm}^2$$

Mantelfläche:

$$M = 2\cdot(A_I + A_{II})$$

$$M = 2\cdot(24,3\text{ cm}^2 + 30,5\text{ cm}^2) \approx 109,6\text{ cm}^2$$

c) $O = G + M$

$$O = 48\text{ cm}^2 + 109,6\text{ cm}^2 = 157,6\text{ cm}^2$$

74. a) $V = \pi r^2 h$

$$V = \pi\cdot(1,6\text{ cm})^2\cdot 5\text{ cm} = \pi\cdot 12,8\text{ cm}^3 \approx 40,2\text{ cm}^3$$

$$O = 2\pi\cdot r^2 + 2\pi rh$$

$$O = 2\pi\cdot(1,6\text{ cm})^2 + 2\pi\cdot 1,6\text{ cm}\cdot 5\text{ cm} \approx 66,35\text{ cm}^2$$

b) $V = a\cdot b\cdot c \qquad |:(\pi h)$

$$r^2 = \frac{V}{\pi h} \qquad |\sqrt{}$$

$$r = \sqrt{\frac{V}{\pi h}}$$

$$r = \sqrt{\frac{36,6\text{ cm}^3}{\pi\cdot 4\text{ cm}}}$$

$$r \approx 1,7\text{ cm}$$

$$O = 2\pi r^2 + 2\pi rh$$

$$O = 2\pi[(1,7\text{ cm})^2 + 1,7\text{ cm}\cdot 4\text{ cm}] \approx 60,88\text{ cm}^2$$

c) $V = a \cdot b \cdot c \qquad |:(2\pi h)$

$r = \dfrac{M}{2\pi h}$

$r = \dfrac{14,8\,\text{cm}^2}{2\pi \cdot 1,6\,\text{cm}}$

$r \approx 1,47\,\text{cm}$

$V = \pi \cdot r^2 \cdot h$

$V = \pi \cdot (1,47\,\text{cm})^2 \cdot 1,6\,\text{cm} \approx 10,89\,\text{cm}^3$

75. a) $V = \dfrac{1}{3}\pi r^2 h$

$V = \dfrac{1}{3}\pi \cdot (2,4\,\text{cm})^2 \cdot 4,5\,\text{cm} \approx 27,14\,\text{cm}^3$

Mantellinie:

$s^2 = h^2 + r^2$

$s^2 = (4,5\,\text{cm})^2 + (2,4\,\text{cm})^2$

$s^2 = 26,01\,\text{cm}^2 \qquad |\sqrt{}$

$s = 5,1\,\text{cm}$

$O = \pi \cdot r \cdot s + \pi r^2$

$O = \pi \cdot 2,4\,\text{cm} \cdot 5,1\,\text{cm} + \pi \cdot (2,4\,\text{cm})^2 \approx 56,55\,\text{cm}^2$

b) $M = \pi r s \qquad |:(\pi \cdot r)$

$s = \dfrac{M}{\pi \cdot r}$

$s = \dfrac{42,8\,\text{cm}^2}{\pi \cdot 3,5\,\text{cm}}$

$s \approx 3,9\,\text{cm}$

Höhe:

$h^2 = s^2 - r^2$

$h^2 = (3,9\,\text{cm})^2 - (3,5\,\text{cm})^2 \quad |\sqrt{}$

$h \approx 1,7\,\text{cm}$

$V = \dfrac{1}{3}\pi r^2 h$

$V \approx \dfrac{1}{3}\pi \cdot (3,5\,\text{cm})^2 \cdot 1,7\,\text{cm} \approx 21,85\,\text{cm}^3$

76. a) $O = 4\pi r^2$

$O = 4 \cdot \pi \cdot (2,2 \text{ cm})^2 \approx 60,82 \text{ cm}^2$

$V = \dfrac{4}{3}\pi \cdot (2,2 \text{ cm})^3 \approx 44,60 \text{ cm}^3$

b) $O = 4\pi r^2 \qquad\qquad | : (4\pi)$

$r^2 = \dfrac{O}{4\pi} \qquad\qquad | \sqrt{}$

$r = \sqrt{\dfrac{O}{4\pi}}$

$r = \sqrt{\dfrac{62,8 \text{ cm}^2}{4\pi}}$

$r \approx 2,24 \text{ cm}$

$V = \dfrac{4}{3}\pi r^3$

$V = \dfrac{4}{3}\pi (2,24 \text{ cm})^3 \approx 46,796 \text{ cm}^3$

c) $V = \dfrac{4}{3}\pi r^3 \qquad\qquad | \cdot \dfrac{3}{4\pi}$

$r^3 = \dfrac{3V}{4\pi} \qquad\qquad | \sqrt[3]{}$

$r = \sqrt[3]{\dfrac{3V}{4\pi}}$

$r = \sqrt[3]{\dfrac{3 \cdot 122,8 \text{ cm}^3}{4 \cdot \pi}}$

$r \approx 3,08 \text{ cm}$

$O = 4\pi r^2$

$O = 4\pi \cdot (3,08 \text{ cm})^2 \approx 119,477 \text{ cm}^2$

77. a) $\tan \alpha = \dfrac{a}{b}$

$\tan \alpha = \dfrac{9,9 \text{ cm}}{13,2 \text{ cm}}$

$\alpha = 36,87°$

$$\tan \beta = \frac{b}{a}$$

$$\tan \beta = \frac{13,2 \text{ cm}}{9,9 \text{ cm}}$$

$$\beta = 53,13°$$

(Alternative Berechnung über die Winkelsumme im Dreieck)

b) Satz des Pythagoras:

$$c^2 = a^2 + b^2$$

$$c^2 = (9,9 \text{ cm})^2 + (13,2 \text{ cm})^2$$

$$c^2 = 98,01 \text{ cm}^2 + 174,24 \text{ cm}^2$$

$$c^2 = 272,25 \text{ cm}^2 \qquad | \sqrt{}$$

$$c = 16,5 \text{ cm}$$

Alternative Berechnung:

$$\sin \alpha = \frac{a}{c} \quad \Leftrightarrow \quad c = \frac{a}{\sin \alpha}$$

c) $\quad \sin \alpha = \dfrac{h_c}{b} \qquad \qquad | \cdot b$

$$h_c = b \cdot \sin \alpha$$

$$h_c = 13,2 \text{ cm} \cdot \sin 36,87°$$

$$h_c = 7,92 \text{ cm}$$

Alternative Berechnung über den Flächeninhalt:

$$\frac{1}{2} \cdot a \cdot b = \frac{1}{2} \cdot c \cdot h_c \quad \Leftrightarrow \quad h_c = \frac{a \cdot b}{c}$$

78. a) $\quad \sin \alpha = \dfrac{a}{c}$

$$\sin \alpha = \frac{4,2 \text{ cm}}{9,2 \text{ cm}}$$

$$\alpha = 27,2°$$

$$\Rightarrow \beta = 180° - 90° - 27,2° = 62,8°$$

b) $\quad \sin \beta = \dfrac{h_c}{a} \qquad \qquad | \cdot a$

$$h_c = a \cdot \sin \beta$$

$$h_c = 4,2 \text{ cm} \cdot \sin 62,8°$$

$$h_c \approx 3,74 \text{ cm}$$

c) Satz des Pythagoras:

$$b^2 = c^2 - b^2$$
$$b^2 = (9,2\text{ cm})^2 - (4,2\text{ cm})^2$$
$$b^2 = 84,64\text{ cm}^2 - 17,64\text{ cm}^2$$
$$b^2 = 67\text{ cm}^2 \qquad |\sqrt{}$$
$$b \approx 8,2\text{ cm}$$

Alternative Berechnung:

$$\cos\alpha = \frac{b}{c} \quad \Leftrightarrow \quad b = c \cdot \cos\alpha$$

79. $\gamma = 180° - (\alpha + \beta)$
$\gamma = 180° - (68° + 42°)$
$\gamma = 70°$

Sinussatz:

$$\frac{a}{\sin\alpha} = \frac{b}{\sin\beta} \qquad |\cdot\sin\beta$$
$$b = \frac{a \cdot \sin\beta}{\sin\alpha}$$
$$b = \frac{7,6\text{ cm} \cdot \sin 42°}{\sin 68°}$$
$$b \approx 5,48\text{ cm}$$

Sinussatz:

$$\frac{a}{\sin\alpha} = \frac{c}{\sin\gamma} \qquad |\cdot\sin\gamma$$
$$c = \frac{a \cdot \sin\gamma}{\sin\alpha}$$
$$c = \frac{7,6\text{ cm} \cdot \sin 70°}{\sin 68°}$$
$$c \approx 7,7\text{ cm}$$

$$A = \frac{1}{2} a \cdot c \cdot \sin\beta$$

$$A = \frac{1}{2} \cdot 7,6\text{ cm} \cdot 7,7\text{ cm} \cdot \sin 42° \approx 19,59\text{ cm}^2$$

80. Kosinussatz: $b^2 = a^2 + c^2 - 2ac \cdot \cos \beta$

$b^2 = a^2 + c^2 - 2ac \cdot \cos \beta$

$b^2 = (4,2 \text{ cm})^2 + (8,4 \text{ cm})^2 - 2 \cdot 4,2 \text{ cm} \cdot 8,4 \text{ cm} \cdot \cos 53°$

$b^2 = 17,64 \text{ cm}^2 + 70,56 \text{ cm}^2 - 70,56 \text{ cm}^2 \cdot \cos 53°$

$b^2 \approx 45,736 \text{ cm}^2$ $| \sqrt{\ }$

$b \approx 6,76 \text{ cm}$

Sinussatz:

$\dfrac{\sin \alpha}{a} = \dfrac{\sin \beta}{b}$ $| \cdot a$

$\sin \alpha = \dfrac{a \cdot \sin \beta}{b}$

$\sin \alpha = \dfrac{4,2 \text{ cm} \cdot \sin 53°}{6,76 \text{ cm}}$

$\alpha = 29,7°$

$\gamma = 180° - \alpha - \beta$

$\gamma = 180° - (29,7° + 53°) = 97,3°$

Flächeninhalt:

$A = \dfrac{1}{2} a \cdot c \cdot \sin \beta$

$A = \dfrac{1}{2} \cdot 4,2 \text{ cm} \cdot 8,4 \text{ cm} \cdot \sin 53° \approx 14,09 \text{ cm}^2$

81. $A = \dfrac{1}{2} \cdot a \cdot b \cdot \sin \gamma$ $| \cdot \dfrac{2}{a \cdot \sin \gamma}$

$b = \dfrac{2A}{a \cdot \sin \gamma}$

$b = \dfrac{2 \cdot 164,8 \text{ cm}^2}{12,4 \text{ cm} \cdot \sin 82°}$

$b \approx 26,84 \text{ cm}$

Kosinussatz: $c^2 = a^2 + b^2 - 2ab \cdot \cos \gamma$

$c^2 = a^2 + b^2 - 2ab \cdot \cos \gamma$

$c^2 = (12,4 \text{ cm})^2 + (26,84 \text{ cm})^2 - 2 \cdot 12,4 \text{ cm} \cdot 26,84 \text{ cm} \cdot \cos 82°$

$c^2 \approx 781,601 \text{ cm}^2$ $| \sqrt{\ }$

$c \approx 27,96 \text{ cm}$

Sinussatz:

$$\frac{\sin\alpha}{a} = \frac{\sin\gamma}{c} \qquad |\cdot a$$

$$\sin\alpha = \frac{a\cdot\sin\gamma}{c}$$

$$\sin\alpha = \frac{12,4\,\text{cm}\cdot\sin 82°}{27,96\,\text{cm}}$$

$$\alpha \approx 26°$$

$$\beta = 180° - \alpha - \gamma$$

$$\beta = 180° - 26° - 82° = 72°$$

82.

	Maßstab	Länge im Bild	Länge in Wirklichkeit
a)	1 : 1 000	5,3 cm	**53 m**
b)	1 : 2 500 000	0,01 mm	**25 m**
c)	1 : 150	**20 cm**	30 m
d)	**1 : 200 000**	32,8 cm	65,6 km

Berechnungen:

a) Maßstab 1 : 1 000 bedeutet: 1 cm im Bild enspricht 1 000 cm in Wirklichkeit.

$$1\,\text{cm} \,\hat{=}\, 1\,000\,\text{cm}$$
$$5,3\,\text{cm} \,\hat{=}\, 5,3\cdot 1\,000\,\text{cm} = 5\,300\,\text{cm} = 53\,\text{m}$$

b) Maßstab 1 : 2 500 000 bedeutet: 1 cm im Bild enspricht 2 500 000 cm in Wirklichkeit.

Umrechnung in cm: $0,01\,\text{mm} = 0,001\,\text{cm}$

$$1\,\text{cm} \,\hat{=}\, 2\,500\,000\,\text{cm}$$
$$0,001\,\text{cm} \,\hat{=}\, 0,001\cdot 2\,500\,000\,\text{cm} = 2\,500\,\text{cm} = 25\,\text{m}$$

c) Maßstab 1 : 150 bedeutet: 1 cm im Bild enspricht 150 cm in Wirklichkeit.
Also entsprechen 150 cm in Wirklichkeit 1 cm im Bild.

Umrechnung in cm: $30\,\text{m} = 3\,000\,\text{cm}$

$$150\,\text{cm} \,\hat{=}\, 1\,\text{cm}$$
$$1\,\text{cm} \,\hat{=}\, \frac{1}{150}\,\text{cm}$$
$$3\,000\,\text{cm} \,\hat{=}\, \frac{3\,000}{150}\,\text{cm} = 20\,\text{cm}$$

d) 32,8 cm im Bild ensprechen 65,6 km = 6 560 000 cm in Wirklichkeit.

$$32,8\,\text{cm} \;\hat{=}\; 6\,560\,000\,\text{cm}$$
$$1\,\text{cm} \;\hat{=}\; 6\,560\,000\,\text{cm} : 32,8 = 200\,000\,\text{cm}$$

Somit entspricht 1 cm im Bild 200 000 cm in Wirklichkeit und der Maßstab lautet 1 : 200 000.

83. a) Ähnlichkeitsfaktor:
$$c' = k \cdot c \;\Rightarrow\; k = \frac{c'}{c} = \frac{6\,\text{cm}}{15\,\text{cm}} = 0,4$$

Seitenlängen:
$$a' = k \cdot a = 0,4 \cdot 7,5\,\text{cm} = 3\,\text{cm}$$
$$b' = k \cdot b = 0,4 \cdot 12,5\,\text{cm} = 5\,\text{cm}$$

b) Ähnlichkeitsfaktor:
$$b' = k \cdot b \;\Rightarrow\; k = \frac{b'}{b} = \frac{1,25\,\text{cm}}{2,5\,\text{cm}} = 0,5$$

Seitenlängen:
$$a' = k \cdot a = 0,5 \cdot 2\,\text{cm} = 1\,\text{cm}$$
$$c' = k \cdot c \;\Rightarrow\; c = \frac{c'}{k} = \frac{2\,\text{cm}}{0,5} = 4\,\text{cm}$$

c) Ähnlichkeitsfaktor:
$$b' = k \cdot b \;\Rightarrow\; k = \frac{b'}{b} = \frac{2\,\text{cm}}{1,6\,\text{cm}} = 1,25$$

Seitenlängen:
$$a' = k \cdot a \;\Rightarrow\; a = \frac{a'}{k} = \frac{6\,\text{cm}}{1,25} = 4,8\,\text{cm}$$
$$c' = k \cdot c = 1,25 \cdot 5,6\,\text{cm} = 7\,\text{cm}$$

d) Ähnlichkeitsfaktor:
$$c' = k \cdot c \;\Rightarrow\; k = \frac{c'}{c} = \frac{13,5\,\text{cm}}{3\,\text{cm}} = 4,5$$

Seitenlängen:
$$a' = k \cdot a \;\Rightarrow\; a = \frac{a'}{k} = \frac{9,45\,\text{cm}}{4,5} = 2,1\,\text{cm}$$
$$b' = k \cdot b \;\Rightarrow\; b = \frac{b'}{k} = \frac{18,9\,\text{cm}}{4,5} = 4,2\,\text{cm}$$

84. a) $\dfrac{\overline{ZA}}{\overline{ZC}} = \dfrac{\overline{ZB}}{\overline{ZD}}$ ist richtig.

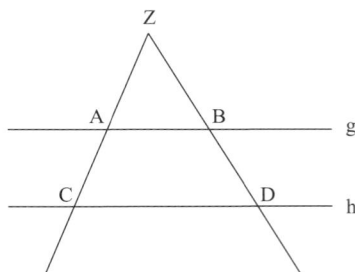

b) $\dfrac{\overline{ZD}}{\overline{ZB}} = \dfrac{\overline{AB}}{\overline{CD}}$ ist falsch.

c) $\dfrac{\overline{ZA}}{\overline{ZC}} = \dfrac{\overline{AB}}{\overline{CD}}$ ist richtig.

d) $\dfrac{\overline{ZA}}{\overline{ZA}+\overline{ZC}} = \dfrac{\overline{ZB}}{\overline{ZD}}$ ist falsch.

e) $\dfrac{\overline{ZA}}{\overline{ZA}+\overline{AC}} = \dfrac{\overline{ZA}}{\overline{ZC}} = \dfrac{\overline{AB}}{\overline{CD}}$ ist richtig.

f) $\dfrac{\overline{ZA}}{\overline{ZB}} = \dfrac{\overline{AB}}{\overline{CD}}$ ist falsch.

85. Berechnung von $\overline{AD}$ mit dem 1. Strahlensatz:

$$\dfrac{\overline{AD}}{\overline{AB}} = \dfrac{\overline{AE}}{\overline{AC}}$$

$$\dfrac{\overline{AD}}{\overline{AB}} = \dfrac{\overline{AC}-\overline{EC}}{\overline{AC}} \qquad |\cdot\overline{AB}$$

$$\overline{AD} = \overline{AB}\cdot\dfrac{\overline{AC}-\overline{EC}}{\overline{AC}}$$

$$\overline{AD} = 5\,\mathrm{cm}\cdot\dfrac{6\,\mathrm{cm}-3\,\mathrm{cm}}{6\,\mathrm{cm}}$$

$$\overline{AD} = 2,5\,\mathrm{cm}$$

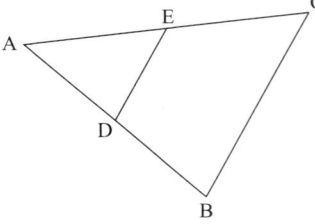

Berechnung von $\overline{DE}$ mit dem 2. Strahlensatz:

$$\dfrac{\overline{DE}}{\overline{BC}} = \dfrac{\overline{AD}}{\overline{AB}} \qquad |\cdot\overline{BC}$$

$$\overline{DE} = \overline{BC}\cdot\dfrac{\overline{AD}}{\overline{AB}}$$

$$\overline{DE} = 4,5\,\mathrm{cm}\cdot\dfrac{2,5\,\mathrm{cm}}{5\,\mathrm{cm}}$$

$$\overline{DE} = 2,25\,\mathrm{cm}$$

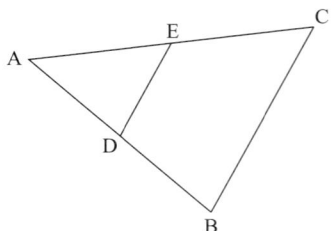

86. a) Da das Kleeblatt nur auf einer Seitenfläche abgebildet ist, ist die Wahrscheinlichkeit, Kleeblatt zu würfeln $P(\text{Kleeblatt}) = \dfrac{1}{6}$.

b) Der „rote Kreis" ist auf zwei Seitenflächen des Würfels zu finden. Daher ist $P(\text{roter Kreis}) = \dfrac{2}{6} = \dfrac{1}{3}$.

c) $P(\text{grüner Kreis}) = \dfrac{2}{6} = \dfrac{1}{3}$

Damit ist die Wahrscheinlichkeit, viermal hintereinander „grüner Kreis" zu würfeln

$P(\text{grüner Kreis; grüner Kreis; grüner Kreis; grüner Kreis})$

$= \dfrac{1}{3} \cdot \dfrac{1}{3} \cdot \dfrac{1}{3} \cdot \dfrac{1}{3} = \dfrac{1}{81}$.

d) $P(\text{Herz}) = \dfrac{1}{6}$.

$P(\text{Herz; Herz; Herz; Herz}) = \dfrac{1}{6} \cdot \dfrac{1}{6} \cdot \dfrac{1}{6} \cdot \dfrac{1}{6} = \dfrac{1}{1\,296}$

e) $P(\text{genau einmal Herz})$

$= P(\{\text{H; nH; nH; nH}); (\text{nH; H; nH; nH}); (\text{nH; nH; H; nH}); (\text{nH; nH; nH; H})\})$

$= \dfrac{1}{6} \cdot \dfrac{5}{6} \cdot \dfrac{5}{6} \cdot \dfrac{5}{6} + \dfrac{5}{6} \cdot \dfrac{1}{6} \cdot \dfrac{5}{6} \cdot \dfrac{5}{6} + \dfrac{5}{6} \cdot \dfrac{5}{6} \cdot \dfrac{1}{6} \cdot \dfrac{5}{6} + \dfrac{5}{6} \cdot \dfrac{5}{6} \cdot \dfrac{5}{6} \cdot \dfrac{1}{6} = \dfrac{500}{1\,296} \approx 38,6\,\%$

Dabei bedeutet H, dass „Herz" gewürfelt wurde und nH, dass etwas anderes gewürfelt wurde.

87. a) $P(\text{Z; Z; Z}) = \dfrac{1}{2} \cdot \dfrac{1}{2} \cdot \dfrac{1}{2} = \dfrac{1}{8}$, da $P(\text{Z}) = \dfrac{1}{2}$

b) Ergebnisse, bei denen mindestens einmal Eichenlaub erscheint:

1-Cent-Münze	2-Cent-Münze	5-Cent-Münze
E	E	E
E	E	Z
E	Z	E
Z	E	E
E	Z	Z
Z	E	Z
Z	Z	E

Jedes dieser Ergebnisse hat die Wahrscheinlichkeit $P(E) = \frac{1}{2} \cdot \frac{1}{2} \cdot \frac{1}{2} = \frac{1}{8}$.

Die Gesamtwahrscheinlichkeit beträgt also nach der Summenregel

$$P(\text{mindestens einmal Eichenlaub}) = \frac{1}{8} + \frac{1}{8} + \frac{1}{8} + \frac{1}{8} + \frac{1}{8} + \frac{1}{8} + \frac{1}{8} = \frac{7}{8}$$

c) $P((Z; Z; Z); (Z; Z; Z)) = P(Z; Z; Z) \cdot P(Z; Z; Z) = \frac{1}{8} \cdot \frac{1}{8} = \frac{1}{64}$

nach Teilaufgabe a

d) $P(((Z; E; E); (E; E; E)); ((E; Z; E); (E; E; E)); ((E; E; Z); (E; E; E));$

        1. Wurf   2. Wurf

$((E; E; E); (Z; E; E)); ((E; E; E); (E; Z; E)); ((E; E; E); (E; E; Z)))$

$$= \frac{1}{8} \cdot \frac{1}{8} + \frac{1}{8} \cdot \frac{1}{8} + \frac{1}{8} \cdot \frac{1}{8} + \frac{1}{8} \cdot \frac{1}{8} + \frac{1}{8} \cdot \frac{1}{8} + \frac{1}{8} \cdot \frac{1}{8}$$

$$= \frac{1}{64} + \frac{1}{64} + \frac{1}{64} + \frac{1}{64} + \frac{1}{64} + \frac{1}{64}$$

$$= \frac{6}{64} = \frac{3}{32} \approx 9,4\,\%$$

88. a) $P(\text{Hauptgewinn}) = \dfrac{1}{500} = 0,2\,\%$

b) $P(\text{Gewinnlos ohne Hauptgewinn}) = \dfrac{49}{500} \approx 9,8\,\%$

c) Es bedeuten G Gewinn, N Niete

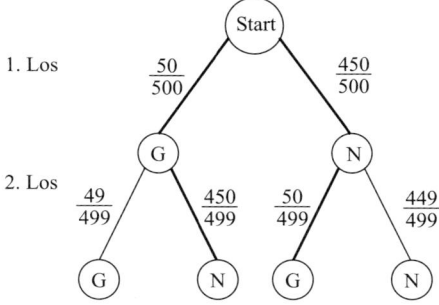

Falls das erste Los eine Niete ist, verbleiben 499 Lose, davon 50 Gewinnlose und 449 Nieten. In diesem Fall ist die Wahrscheinlichkeit, mit dem zweiten Los ein Gewinnlos zu ziehen, gleich $\frac{50}{499}$; die Wahrscheinlichkeit für eine Niete ist $\frac{449}{499}$.

Ist jedoch das erste Los ein Gewinn, so verbleiben 49 Gewinne und 450 Nieten. Daher ist die Wahrscheinlichkeit, mit dem zweiten Los ein Gewinnlos zu ziehen, gleich $\frac{49}{499}$ und die Wahrscheinlichkeit für eine Niete $\frac{450}{499}$.

Damit ist die Gesamtwahrscheinlichkeit nach den Pfadregeln (die zugehörigen Pfade sind im Baumdiagramm fett)

$$P((G; N); (N; G)) = \frac{50}{500} \cdot \frac{450}{499} + \frac{450}{500} \cdot \frac{50}{499} = \frac{45}{499} + \frac{45}{499} = \frac{90}{499} \approx 18,0\,\%$$

d) $$P((G; N); (N; G); (G; G)) = \frac{50}{500} \cdot \frac{450}{499} + \frac{450}{500} \cdot \frac{50}{499} + \frac{50}{500} \cdot \frac{49}{499} =$$

$$= \frac{90}{499} + \frac{49}{4\,990} = \frac{900}{4\,990} + \frac{49}{4\,990} =$$

$$= \frac{949}{4\,990} \approx 19\,\%$$

89. a)

Gericht	Strichliste	absolute Häufigkeit	relative Häufigkeit dezimal	relative Häufigkeit prozentual
Gyros	ⅢⱠ Ⅰ	6	0,35	35 %
Putengyros	ⅢⅠ	4	0,24	24 %
Zeusteller	ⅢⱠ	5	0,29	29 %
Wiener Schnitzel	Ⅱ	2	0,12	12 %

absolute Häufigkeit: jeweils Anzahl der Striche zählen

relative Häufigkeit $= \dfrac{\text{absolute Häufigkeit}}{\text{Gesamtzahl}}$

Gesamtzahl der bestellten Gerichte: 17

Gyros: $\qquad\qquad h(G) = \dfrac{6}{17} \approx 0,35 = 0,35 \cdot 100\,\% = 35\,\%$

Putengyros: $\qquad h(P) = \dfrac{4}{17} \approx 0,24 = 0,24 \cdot 100\,\% = 24\,\%$

Zeusteller: $\qquad h(Z) = \dfrac{5}{17} \approx 0,29 = 0,29 \cdot 100\,\% = 29\,\%$

Wiener Schnitzel: $\quad h(WS) = \dfrac{2}{17} \approx 0,12 = 0,12 \cdot 100\,\% = 12\,\%$

45

b) Gesucht ist das arithmetische Mittel $\overline{x}$ der Mittagessen-Preise. Dazu wird für jedes Gericht die bestellte Anzahl mit dem zugehörigen Preis multipliziert, die Produkte werden summiert und durch die Gesamtzahl aller Mittagessen (17) geteilt:

$$\overline{x} = \frac{6 \cdot 9,50 \, \text{€} + 4 \cdot 10,50 \, \text{€} + 5 \cdot 13,60 \, \text{€} + 2 \cdot 9,90 \, \text{€}}{17}$$

$$= \frac{186,80 \, \text{€}}{17} \approx 10,99 \, \text{€}$$

c) Die Preise werden zunächst der Größe nach geordnet:

$$\underbrace{9,50; \, 9,50; \, 9,50; \, 9,50; \, 9,50; \, 9,50; \, 9,90; \, 9,90;}_{8 \text{ Werte}}$$

10,50;

$$\underbrace{10,50; 10,50; 10,50; 13,60; 13,60; 13,60; 13,60; 13,60}_{8 \text{ Werte}}$$

Nun wird der mittlere Wert markiert. Dies ist der Zentralwert $z = 10,50 \, \text{€}$.

d) Spannweite R: Differenz zwischen dem größten und dem kleinsten Preis:
$R = 13,60 \, \text{€} - 9,50 \, \text{€} = 4,10 \, \text{€}$

e) Der Modalwert ist der in der Stichprobe am häufigsten vorkommende Wert. Dies ist hier der Preis von Gyros, also $9,50 \, \text{€}$.

f) Nach Teilaufgabe b ist $\overline{x} = 10,99 \, \text{€}$. Damit ergibt sich:

x_i	$x_i - \overline{x}$	
9,50 €	−1,49 €	(= 9,50 − 10,99 €)
9,50 €	−1,49 €	
9,50 €	−1,49 €	
9,50 €	−1,49 €	
9,50 €	−1,49 €	
9,50 €	−1,49 €	
9,90 €	−1,09 €	(= 9,90 − 10,99 €)
9,90 €	−1,09 €	
10,50 €	−0,49 €	(= 10,50 − 10,99 €)
10,50 €	−0,49 €	
10,50 €	−0,49 €	
10,50 €	−0,49 €	
13,60 €	2,61 €	(= 13,60 − 10,99 €)
13,60 €	2,61 €	
13,60 €	2,61 €	
13,60 €	2,61 €	
13,60 €	2,61 €	

Mittlere Abweichung $a = \dfrac{|x_1 - \overline{x}| + \ldots |x_{17} - \overline{x}|}{17}$

$a = \dfrac{6 \cdot |9,50 - 10,99| + 2 \cdot |9,90 - 10,99| + 4 \cdot |10,50 - 10,99| + 5 \cdot |13,60 - 10,99|}{17}$ €

$= \dfrac{6 \cdot 1,49 + 2 \cdot 1,09 + 4 \cdot 0,49 + 5 \cdot 2,61}{17}$ € $= \dfrac{26,13}{17}$ € $\approx 1,54$ €

90. a)

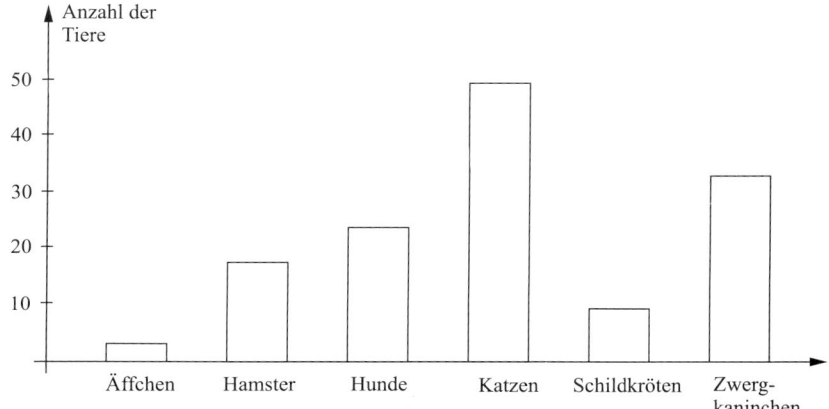

Gesamtzahl der Tiere: $48 + 23 + 17 + 32 + 9 + 3 = 132$

alle Tiere: $132 \,\hat{=}\, 100\,\% \,\hat{=}\, 360°$
Katzen: $48 \,\hat{=}\, 36,4\,\% \,\hat{=}\, 36,4 \cdot 3,6° = 131,0°$
Hunde: $23 \,\hat{=}\, 17,4\,\% \,\hat{=}\, 17,4 \cdot 3,6° = 62,7°$
Hamster: $17 \,\hat{=}\, 12,9\,\% \,\hat{=}\, 12,9 \cdot 3,6° = 46,4°$
Zwergkaninchen: $32 \,\hat{=}\, 24,2\,\% \,\hat{=}\, 24,2 \cdot 3,6° = 87,1°$
Schildkröten: $9 \,\hat{=}\, 6,8\,\% \,\hat{=}\, 6,8 \cdot 3,6° = 24,5°$
Äffchen: $3 \,\hat{=}\, 2,3\,\% \,\hat{=}\, 2,3 \cdot 3,6° = 8,3°$

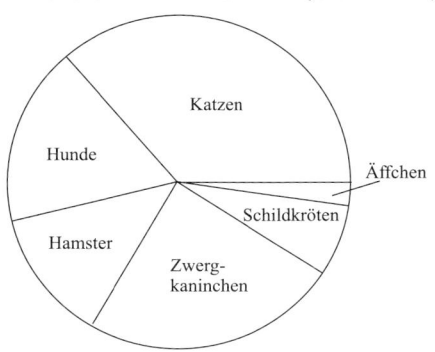

91.

Gesamtzahl aller Kinder	140	$\hat{=}$ 100 %	$\hat{=}$	10,5 cm
Muttersprache Deutsch	85	$\hat{=}$ 60,7 %	$\hat{=}$	6,4 cm
Muttersprache Griechisch	8	$\hat{=}$ 5,7 %	$\hat{=}$	0,6 cm
Muttersprache Türkisch	22	$\hat{=}$ 15,7 %	$\hat{=}$	1,6 cm
Muttersprache Spanisch	13	$\hat{=}$ 9,3 %	$\hat{=}$	1,0 cm
Muttersprache Italienisch	10	$\hat{=}$ 7,1 %	$\hat{=}$	0,75 cm
Muttersprache Arabisch	2	$\hat{=}$ 1,4 %	$\hat{=}$	0,15 cm

Muttersprache der Erstklässler*innen:

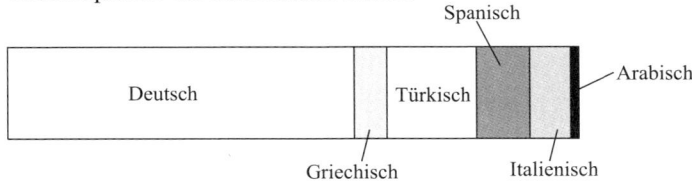

92. a) Summe aller Geräte: $62 + 95 + 88 + 72 + 64 = 381$

Diese Zahl ist fast 4-mal so groß wie die Anzahl der befragten Jugendlichen. Dies erklärt sich damit, dass viele Jugendliche mehrere elektronische Geräte besitzen.

b) $100 \% \hat{=} 95$ Jugendliche

$56,8 \% \hat{=} 95 \cdot \dfrac{56,8}{100} \approx 54$ Jugendliche

54 Jugendliche besitzen ein Fotohandy.

Aufgabe 1

a $250\,000 = \dfrac{1}{4}$ Million

b $10^3 < 10\,000$

c $2,45$ Millionen $> 2\,045\,000$

d $1,7 \cdot 10^4 < 170\,000$

e $12,4 \cdot 10^{-3} = 0,0124$

f $0,16 > 16 \cdot 10^{-4}$

Aufgabe 2

a $2\,\text{h}\;45\,\text{min} = \mathbf{165}\,\text{min}$

b $4,6\,\text{h} = \mathbf{276}\,\text{min}$

c $194\,\text{min} = \mathbf{3}\,\text{h}\;\mathbf{14}\,\text{min}$

d $2\dfrac{1}{3}\,\text{d} = \mathbf{56}\,\text{h}$

e $0,2\,\text{km} = \mathbf{200}\,\text{m}$

f $3\,\text{m}\;38\,\text{cm} = \mathbf{338}\,\text{m}$

g $6\,000\,\text{mm}^2 = \mathbf{0,6}\,\text{dm}^2$

h $3,2\,\text{g} = \mathbf{0,0032}\,\text{kg}$

Aufgabe 3

a $16 + 3 \cdot \dfrac{1}{2} - (-7)$
$= 16 + 1,5 + 7 = \mathbf{24,5}$

b $24 \cdot \dfrac{1}{2} - 6,9 \cdot \dfrac{1}{3} = 12 - 2,3$
$= \mathbf{9,7}$

c $\dfrac{4}{9} : \dfrac{7}{11} = \dfrac{4}{9} \cdot \dfrac{11}{7}$
$= \dfrac{\mathbf{44}}{\mathbf{63}}$

d $\dfrac{2}{5} : \dfrac{2}{3} + 0,2 = \dfrac{2}{5} \cdot \dfrac{3}{2} + 0,2$
$= \mathbf{0,8} = \dfrac{\mathbf{4}}{\mathbf{5}}$

e $-45,7 + 103,2 = \mathbf{57,5}$

f $127 \cdot 1,9 = \mathbf{241,3}$

g $108 : (-9) = \mathbf{-12}$

h $(-15) : (-2,5) = \mathbf{6}$

Aufgabe 4

Berechne mithilfe des Dreisatzes.

a Es handelt sich um eine proportionale Zuordnung.

kg Tomaten	€
2	3,50
1	1,75
7	**12,25**

$:2$ $\cdot 7$ (links), $:2$ $\cdot 7$ (rechts)

b Es handelt sich um eine antiproportionale Zuordnung.

Helfer*innen	Stunden
4	12
1	48
6	**8**

$:4$ $\cdot 6$ (links), $\cdot 4$ $:6$ (rechts)

Die Familie braucht 8 Stunden = **480** Minuten für den Umzug.

Aufgabe 5

a $x + a + a + x + a + a = \mathbf{2x + 4a}$

b $m + t + m + n + n + n + n + n + n + n + n = \mathbf{2m + t + 8n}$

Aufgabe 6

Berechne den Flächeninhalt des kleinen Ausschnitts und ziehe diesen vom Flächeninhalt des großen Rechtecks ab.

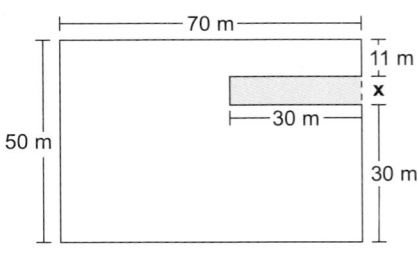

$x = 50\,\text{m} - 11\,\text{m} - 30\,\text{m} = 9\,\text{m}$

$A_{\text{Ausschnitt}} = 9\,\text{m} \cdot 30\,\text{m} = 270\,\text{m}^2$

$A_{\text{gesamt}} = A_{\text{Rechteck}} - A_{\text{Ausschnitt}}$

$A_{\text{gesamt}} = 50\,\text{m} \cdot 70\,\text{m} - 270\,\text{m}^2$

$A_{\text{gesamt}} = 3\,500\,\text{m}^2 - 270\,\text{m}^2$

$A_{\text{gesamt}} = \mathbf{3\,230\,\text{m}^2}$

Aufgabe 7

Berechne den Flächeninhalt des Rechtecks und den Flächeninhalt des Dreiecks.
Addiere beide Flächen und subtrahiere die 9,4 m² für Tür und Fenster.

$$A_{Rechteck} = 5,80 \text{ m} \cdot 10 \text{ m} = 58 \text{ m}^2$$

$$A_{Dreieck} = \frac{3,2 \text{ m} \cdot 10 \text{ m}}{2} = 16 \text{ m}^2$$

$$A_{gesamt} = A_{Rechteck} + A_{Dreieck} - 9,4 \text{ m}^2$$

$$A_{gesamt} = 58 \text{ m}^2 + 16 \text{ m}^2 - 9,4 \text{ m}^2$$

$$A_{gesamt} = \mathbf{64,6 \text{ m}^2}$$

Man benötigt für 64,6 m² Farbe.

Aufgabe 8

Die Innenwinkelsumme in einem Dreieck beträgt 180°.

a Betrachte $\triangle ABC$:   Betrachte $\triangle DBC$:
$\beta = 180° - 50° - 29° - 36° = \mathbf{65°}$ $\alpha = 180° - 36° - 65° = \mathbf{79°}$

b Nebenwinkel ergänzen sich zu 180°. $\Rightarrow$ $180° - 50° = \mathbf{130°}$
α ist ein Stufenwinkel von 130°.
α hat einen Nebenwinkel mit Winkelmaß 50° im Punkt A.

Betrachte $\triangle ABC$:
$\beta = 180° - 50° - 32° = \mathbf{98°}$

Aufgabe 9

Es sind mehrere Lösungen pro Würfelnetz denkbar. Wichtig ist, dass die zur
Augenzahl 1 gegenüberliegende Fläche die Augenzahl 6 hat.
Die anderen gegenüberliegenden Flächen müssen sich ebenfalls zu 7 ergänzen.
Folglich liegen die Augenzahlen 3 und 4 sowie die Augenzahlen 2 und 5 gegen-
über. Gegenüberliegende Flächen sind mit der gleichen Graustufe unterlegt.

a z. B.

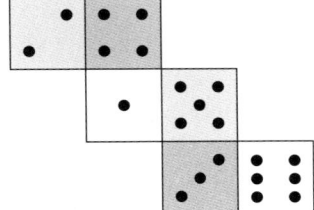

b z. B.

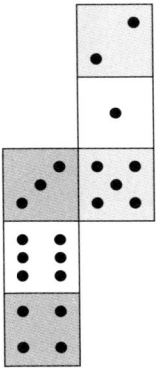

Aufgabe 10

Würfelnetz **d**

Aufgabe 11

a $V = 2 \, \text{cm} \cdot 2 \, \text{cm} \cdot 2 \, \text{cm} = \mathbf{8 \, cm^3}$

b Der gesamte Körper besteht aus 23 Würfeln.

$V_{ges} = 23 \cdot 8 \, \text{cm}^3 = \mathbf{184 \, cm^3}$

Alternative Lösungsmöglichkeit:

    Berechne das Volumen eines Quaders mit einer Länge von 4 Würfeln, einer
    Breite von 3 Würfeln und einer Höhe von 2 Würfeln. Ziehe davon das
    Volumen eines Würfels ab.

$V_{ges} = a \cdot b \cdot h = 4 \cdot 2 \, \text{cm} \cdot 3 \cdot 2 \, \text{cm} \cdot 2 \cdot 2 \, \text{cm} - 8 \, \text{cm}^3 = \mathbf{184 \, cm^3}$

Aufgabe 12

$$27 \text{ cm}^3 = a^3 \quad \Rightarrow \quad a = \sqrt[3]{27 \text{ cm}^3} = 3 \text{ cm}$$

Der Würfel hätte eine Kantenlänge von 3 cm. Berechnet man damit die zugehörige Oberfläche, so ergibt sich:

$$O = 3 \text{ cm} \cdot 3 \text{ cm} \cdot 6 = 54 \text{ cm}^2$$

Dieser Wert entspricht nicht den von Emma genannten 24 cm². Sie hat daher entweder keinen Würfel gebastelt oder etwas falsch abgemessen.

Aufgabe 13

Anzahl der Schüler*innen, die Mitglied in einem Sportverein sind:

$$30 \cdot 30\,\% = 30 \cdot 0,3 = 30 \cdot \frac{3}{10} = \mathbf{9}$$

Anzahl der Schüler*innen, die ein Musikinstrument spielen:

$$30 \cdot 40\,\% = 30 \cdot 0,4 = 30 \cdot \frac{4}{10} = \mathbf{12}$$

Aufgabe 14

Lies den y-Achsenabschnitt als Schnittpunkt des Graphen mit der y-Achse ab.
Ermittle die Steigung mithilfe eines Steigungsdreiecks.

g: $\quad y = 2x - 1$

h: $\quad y = -0,5x - 3,5$

Aufgabe 15

Um die Nullstellen zu bestimmen, setze $y = 0$ in die Funktionsgleichung ein.

a
$$0 = -1,5x + 3 \quad \big| -3$$
$$-3 = -1,5 \cdot x \quad \big| : (-1,5)$$
$$\mathbf{2} = x$$

b
$$0 = 2x + \frac{2}{3} \quad \Big| -\frac{2}{3}$$
$$-\frac{2}{3} = 2 \cdot x \quad \Big| : 2$$
$$-\frac{1}{3} = x$$

Aufgabe 16

Die Graphen von zwei linearen Funktionen verlaufen parallel, wenn die Funktionen eine identische Steigung m haben.

a $y = -2x + 5$

mögliche Lösungen:
$y = -2x + 2$ oder
$y = -2x - 7$ usw.

b $y = \frac{3}{4}x - 2,7$

mögliche Lösungen:
$y = \frac{3}{4}x + 1$ oder

$y = \frac{3}{4}x - 5$ usw.

Aufgabe 17

Für eine Spiegelung der Funktion an der y-Achse wird x in der Funktionsgleichung mit (−1) multipliziert.

a $y = x + 2$

b $y = -\frac{1}{2}x - 3$

Aufgabe 18

a Auf **65** Kilogramm wurde der Futtervorrat aufgestockt.

b Nach **6,5** Tagen ist der Vorrat aufgebraucht.

c Der Vorrat nimmt um **10** Kilogramm pro Tag ab.

d Am vierten Tag sind noch **25** Kilogramm vorrätig.

e Am **2.** Tag sind noch 45 Kilogramm vorrätig.

Aufgabe 19

Folgende Kombinationen führen zur Augensumme 7:

(1; 6)   (6; 1)   (2; 5)   (5; 2)   (3; 4)   (4; 3)

Insgesamt gibt es beim Wurf mit zwei Würfeln $6^2 = 36$ mögliche Ergebnisse.

$$P(\text{Augensumme } 7) = \frac{\text{Anzahl günstiger Ergebnisse}}{\text{Anzahl aller Ergebnisse}} = \frac{6}{36} = \frac{1}{6} = \mathbf{0,1\overline{6}}$$

Aufgabe 20

a   Anna: **3**   Luca: **6**   Meryem: **9**   Ben: **6**

b $\dfrac{3}{24} = \dfrac{1}{8} = \dfrac{125}{1\,000} = \dfrac{12,5}{100} = \mathbf{12,5\ \%}$

Aufgabe 21

a $P(\text{schwarze Kugel}) = \dfrac{\text{günstige Ereignisse}}{\text{mögliche Ereignisse}} = \dfrac{2}{5} = \dfrac{4}{10} = 0,4 = \mathbf{40\ \%}$

b   In der Urne befinden sich 5 Kugeln.
Um für neue hinzugefügte rote Kugeln
die Wahrscheinlichkeit $P = \dfrac{1}{2} = 50\ \%$
zu erhalten, muss man **5 Kugeln** hinzu-
fügen.

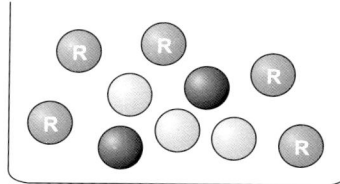

Aufgabe P 1

P 1.1
$$V = \frac{1}{3}\pi \cdot r^2 \cdot h \quad | \cdot 3$$
$$3 \cdot V = \pi \cdot r^2 \cdot h \quad | : (\pi \cdot h)$$
$$r^2 = \frac{3V}{\pi h} \quad | \sqrt{\ }$$
$$r = \sqrt{\frac{3V}{\pi \cdot h}}$$

P 1.2 gegeben: Quader   gesucht: $h \stackrel{\wedge}{=} c$
$a = 12$ cm
$b = 6$ m
$V = 136,80$ m^3

Lösung: $V = a \cdot b \cdot c \quad | : (a \cdot b)$

$$c = \frac{V}{a \cdot b}$$
$$c = \frac{136,80 \text{ m}^3}{12 \text{ m} \cdot 6 \text{ m}}$$
$$h \stackrel{\wedge}{=} c = 1,9 \text{ m}$$

Das Schwimmbecken hat eine Tiefe von 1,90 m.

P 1.3
$$\frac{\frac{4}{\cancel{5}_{1}} \cdot \cancel{15}^{\,3} - 9 \cdot 5}{\frac{5}{2} + 2,5} = \frac{12 - 45}{2,5 + 2,5} = \frac{-33}{5} = -6\frac{3}{5} = -6,6$$

Aufgabe P 2

P 2.1
$3x - 9[x - 2(2x + 3)] = 39$ | Klammern von innen nach außen auflösen
$3x - 9[x - 4x - 6] = 39$
$3x - 9x + 36x + 54 = 39$ | zusammenfassen
$30x + 54 = 39$ | -54
$30x = -15$ | $: 30$
$$x = -\frac{1}{2}$$

P 2.2 <u>Lösungsmöglichkeit 1</u>

Zinsen werden jährlich berechnet und zum Guthaben addiert.

1. Jahr

Grundwert $\quad\quad$ 5 500 €

Prozentsatz in % $\quad$ 3,25 %

Prozentwert $\quad\quad$ ist gesucht

$$:100\ \Big(\ \begin{matrix} 100\ \% \ \mathrel{\hat=}\ 5\,500\ € \\ 1\ \% \ \mathrel{\hat=}\ 55\ € \\ 3,25\ \% \ \mathrel{\hat=}\ 178,75\ € \end{matrix}\ \Big)\ \begin{matrix} :100 \\ \cdot\,3,25 \end{matrix}$$

$\cdot\,3,25$

Guthaben nach dem 1. Jahr:

5 500 € + 178,75 € = 5 678,75 €

2. Jahr

Grundwert $\quad\quad$ 5 678,75 €

Prozentsatz in % $\quad$ 3,25 %

Prozentwert $\quad\quad$ ist gesucht

$$:100\ \Big(\ \begin{matrix} 100\ \% \ \mathrel{\hat=}\ 5\,678,75\ € \\ 1\ \% \ \mathrel{\hat=}\ 56,7875\ € \\ 3,25\ \% \ \mathrel{\hat=}\ 184,56\ € \end{matrix}\ \Big)\ \begin{matrix} :100 \\ \cdot\,3,25 \end{matrix}$$

$\cdot\,3,25$

Guthaben nach dem 2. Jahr:

5 678,75 € + 184,56 € = 5 863,31 €

Nach 2 Jahren verfügt Herr Lange über ein Kapital von 5 863,31 €.

<u>Lösungsmöglichkeit 2</u>

Mithilfe der Zinseszinsrechnung kommt man schneller zum Ziel.

K_n $\quad$ Endwert

K $\quad\quad$ Anfangskapital $\quad$ 5 500 €

$p\,\%$ $\quad$ Prozentsatz in % $\quad$ 3,25 %

n $\quad\quad$ Laufzeit $\quad\quad\quad$ 2 Jahre

$$K_n = K \cdot \left(1 + \frac{p}{100}\right)^n$$

$$K_n = 5\,500\ € \cdot \left(1 + \frac{3,25}{100}\right)^2$$

$$K_n = 5\,500\ € \cdot 1,0325^2$$

$$K_n \approx 5\,863,31\ €$$

P 2.3   Wir lösen mit dem Satz des Pythagoras.

$$(95\text{ m})^2 = (48\text{ m})^2 + \overline{OM}^2 \quad | -(48\text{ m})^2$$

$$\overline{OM}^2 = (95\text{ m})^2 - (48\text{ m})^2$$

$$\overline{OM}^2 = 6\,721\text{ m}^2 \qquad | \sqrt{}$$

$$\overline{OM} \approx 82\text{ m}$$

Aufgabe P 3

P 3.1   gegeben: a = 175 m   gesucht: A
                e = 204 m

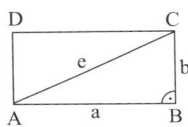

Um den Flächeninhalt A des Rechteckes zu bestimmen, benötigt man noch die Seite b des Rechtecks. Diese wird mit dem Satz des Pythagoras berechnet.

$$e^2 = a^2 + b^2 \quad | -a^2$$
$$b^2 = e^2 - a^2 \quad | \sqrt{}$$
$$b = \sqrt{(204\text{ m})^2 - (175\text{ m})^2}$$
$$b = \sqrt{10\,991\text{ m}^2}$$
$$b \approx 104{,}84\text{ m}$$

$$A = a \cdot b$$
$$A = 175\text{ m} \cdot 104{,}84\text{ m}$$
$$A = 18\,347\text{ m}^2$$

P 3.2   15 000 € · 6 = 90 000 € Gesamtgewinn
                90 000 € : 5 = 18 000 €

Jede*r Mitspieler*in würde 18 000 € erhalten.

P 3.3

$$2x + (3x+8)^2 = 4{,}5x(2x-4)+30$$
$$2x + (9x^2 + 48x + 64) = 9x^2 - 18x + 30 \qquad | \text{ Klammer auflösen}$$
$$2x + 9x^2 + 48x + 64 = 9x^2 - 18x + 30 \qquad | -9x^2 + 18x$$
$$68x + 64 = 30 \qquad | -64$$
$$68x = -34 \qquad | :68$$
$$x = -\frac{1}{2}$$

58

P 3.4 $f(x) = y = -2x + 3$

$b = 3$ ist die Stelle, an der die Gerade die y-Achse schneidet.

$m = -2$ gibt Auskunft über die Steigung der Geraden. Da m negativ ist, fällt die Gerade und verläuft vom II. über den I. in den IV. Quadranten.

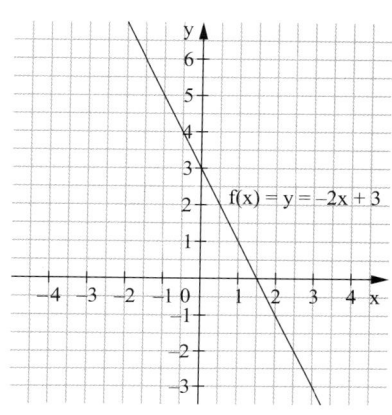

Aufgabe P 4

P 4.1 Wie viel % sind 669,75 m^2 von 8 950 m^2?

$$: 8\,950 \left(\begin{array}{l} 8\,950 \text{ m}^2 \;\hat{=}\; 100\,\% \\[2mm] 1 \text{ m}^2 \;\hat{=}\; \dfrac{100\,\%}{8\,950} \end{array} \right.$$

$$\cdot\,669,75 \left(\begin{array}{l} \\[2mm] 669,75 \text{ m}^2 \;\hat{=}\; \dfrac{100\,\%}{8\,950} \cdot 669,75 \approx 7,5\,\% \end{array} \right.$$

7,5 % der Parkanlage sind Wege.

P 4.2 Wie hoch ist der Turm?

$$\tan\alpha = \frac{\text{Gegenkathete}}{\text{Ankathete}}$$

$$\tan 21° = \frac{h}{53 \text{ m}} \qquad | \cdot 53 \text{ m}$$

$h = 53 \text{ m} \cdot \tan 21°$

$h \approx 20,34 \text{ m}$

$h \approx 20 \text{ m}$

P 4.3 $(1 \cdot 2 + 2 \cdot 5 + 3 \cdot 7 + 4 \cdot 7 + 5 \cdot 3 + 6 \cdot 1) : 25 = 82 : 25 = 3,28$

Der Durchschnitt der Arbeit beträgt 3,28.

Aufgabe P 5

P 5.1 $y = f(x) = x^2 + 6x + 5$

Wir bringen die Normalform der quadratischen Gleichung in die Scheitelpunktform mithilfe der quadratischen Ergänzung.

$$y = x^2 + 6x + 5$$

$$y = x^2 + 6x + \underbrace{\left(\frac{6}{2}\right)^2} - \underbrace{\left(\frac{6}{2}\right)^2 + 5}$$

$$y = \underline{\underline{\qquad (x+3)^2 \qquad - \qquad 4}} \qquad\qquad \underline{\underline{S(-3\,|-4)}}$$

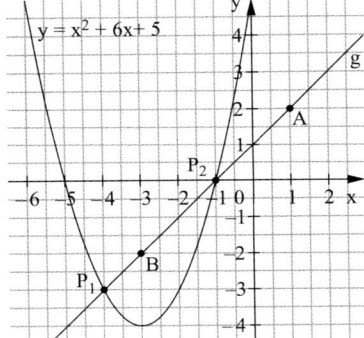

P 5.2 $y = x^2 + 6x + 5$ $\qquad\qquad y = 0$ setzen

$$0 = x^2 + 6x + 5$$

$$p = 6 \quad q = 5$$

$$x_{1/2} = -\frac{p}{2} \pm \sqrt{\frac{p^2}{4} - q}$$

$$x_{1/2} = -\frac{6}{2} \pm \sqrt{\frac{6^2}{4} - 5}$$

$$x_{1/2} = -3 \pm 2$$

$$\underline{\underline{x_1 = -1}} \qquad\qquad \underline{\underline{x_2 = -5}}$$

P 5.4 $P_1(-4\,|-3)$ $\qquad$ $P_2(-1\,|\,0)$

Aufgabe P 6

P 6.1 Wir lösen die Aufgabe über den Dreisatz:

Preis in €	%
2 380	119
20	1
2 000	100

$: 119$ ⟮ ⟯ $: 119$
$\cdot 100$ ⟮ ⟯ $\cdot 100$

$2\,380 \text{ €} - 2\,000 \text{ €} = 380 \text{ €}$

Die Mehrwertsteuer beträgt 380 €.

Alternative Lösung:

Preis in €	%
2 380	119
20	1
380	19

$: 119$ ⟮ ⟯ $: 119$
$\cdot 19$ ⟮ ⟯ $\cdot 19$

P 6.2

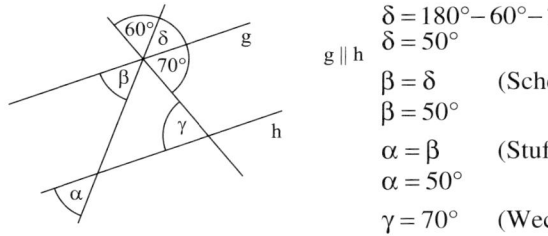

$\delta = 180° - 60° - 70°$
$\delta = 50°$
$\beta = \delta$ (Scheitelwinkel)
$\beta = 50°$
$\alpha = \beta$ (Stufenwinkel)
$\alpha = 50°$
$\gamma = 70°$ (Wechselwinkel)

Die Winkel α und β sind 50° und γ ist 70°.

P 6.3 Zunächst berechnen wir den Flächeninhalt des Zimmers:
$A = a \cdot b$
$A = 4,50 \text{ m} \cdot 6 \text{ m}$
$A = 27 \text{ m}^2$

Preis pro Quadratmeter:

$337,50 \text{ €} : 27 \text{ m}^2 = 12,5 \dfrac{\text{€}}{\text{m}^2} \; ; \qquad 1 \text{ m}^2 \text{ kostet } 12,50 \text{ €}$

$23 \text{ m}^2 \cdot 12,50 \dfrac{\text{€}}{\text{m}^2} = 287,50 \text{ €}$

Der Belag für das 23 m² große Zimmer kostet 287,50 €.

Aufgabe P 7

P 7.1   Da das Gefäß nach oben gleichmäßig breiter wird, kann nur Bild 3 richtig sein.

P 7.2   Hier handelt es sich um eine antiproportionale Zuordnung. Die Lösung erfolgt mit dem Dreisatz.

Anzahl	Zeit in h
5	36
1	180
3	60

$:5$ $\cdot 5$

$\cdot 3$ $:3$

Drei Dachdecker*innen brauchen für die gleiche Fläche 60 Stunden.

P 7.3 $f(x) = y = 2x - 2{,}5 \quad \Rightarrow \quad$ lineare Funktion

Steigung m: 2

Verschiebung auf der y-Achse: $-2{,}5$

$g(x) = y = (x+3)^2 - 1 \quad \Rightarrow \quad$ quadratische Funktion

Scheitelpunkt $S(-3 \,|\, -1)$

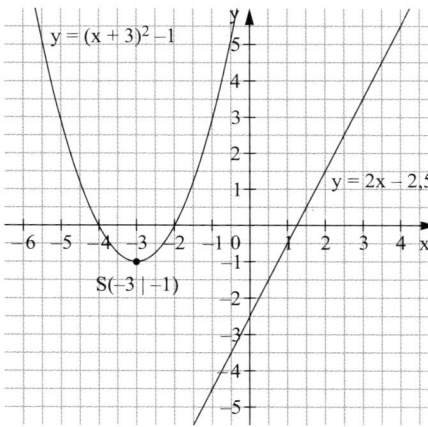

62

Aufgabe P 8

P 8.1 $V = \dfrac{4}{3}\pi \cdot r^3$

Da r in der 3. Potenz steht, wird sich in diesem Fall das Volumen verachtfachen.

P 8.2 Graph der Funktion

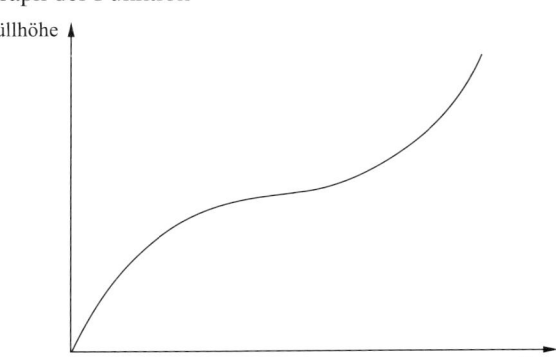

P 8.3 $V = \dfrac{1}{6}\pi \cdot d^3$ (nach d umstellen)

$V = \dfrac{1}{6}\pi \cdot d^3 \qquad |\cdot 6$

$6V = \pi \cdot d^3 \qquad |: \pi$

$\dfrac{6V}{\pi} = d^3 \qquad |\sqrt[3]{\ }$

$d = \sqrt[3]{\dfrac{6V}{\pi}}$

63

Aufgabe P 9

P 9.1 gegeben: Strecke $s = 391$ km

Zeit $t = 3$ h 24 min

$\Rightarrow$ $t = 3{,}4$ h

(6 min $= 0{,}1$ h)

gesucht: Durchschnittsgeschwindigkeit

Zeit	Strecke
3,4 h	391 km
1 h	115 km

$:3{,}4\ \big($ ... $\big):3{,}4$

Der Zug hat eine Durchschnittsgeschwindigkeit von $115\ \frac{\text{km}}{\text{h}}$.

P 9.2

Zeit	Strecke
1 h	115 km
5 h	575 km

$\cdot 5\ \big($ ... $\big)\cdot 5$

In 5 h legt der Zug bei gleich bleibender Geschwindigkeit 575 km zurück.

P 9.3

Strecke	Zeit
115 km	1 h
1 km	0,0086956 h
184 km	1,6 h

$:115\ \big($ ... $\big):115$
$\cdot 184\ \big($ ... $\big)\cdot 184$

Für eine Strecke von 184 km braucht der Zug 1,6 h (oder 1 h 36 min).

Aufgabe P 10

P 10.1

Bild	Original
1 cm	300 000 cm (3 km)
24 cm	72 km

$\cdot 24$ (...) $\cdot 24$

Die Strecke ist in Wirklichkeit 72 km lang.

oder: $\dfrac{1}{300\,000} = \dfrac{24\text{ cm}}{x}$

$$x = 24\text{ cm} \cdot 300\,000$$
$$x = 7\,200\,000\text{ cm}$$
$$x = 72\text{ km}$$

P 10.2 Gerade Augenzahl: 2; 4; 6

$$P(\text{gerade Augenzahl}) = \frac{3}{6} = \frac{1}{2} = 0,5$$

Eine gerade Augenzahl würfelt man mit einer Wahrscheinlichkeit von 50 %.

P 10.3 $u = 2(a + b)$
$a = 2b$
$66 = 2(2b + b)$
$66 = 2 \cdot 3b$
$66 = 6b$
$b = 11\text{ cm} \implies a = 22\text{ cm}$

Die Rechteckseiten sind 22 cm und 11 cm lang.

Aufgabe P 11

P 11.1 gegeben: $r_1 = 5$ cm
$r_2 = 9$ cm

gesucht: $A_{\text{Kreisring}}$

$A = \pi \cdot (r_2^2 - r_1^2)$
$A = \pi \cdot (81\text{ cm}^2 - 25\text{ cm}^2)$
$A = \pi \cdot 56\text{ cm}^2$
$A \approx 175,93\text{ cm}^2$

Der Flächeninhalt des Kreisringes beträgt rund 176 cm².

P 11.2 gegeben: quadratische Pyramide
   Diagonale $e = 8{,}5$ cm   Volumen $V = 84$ cm^3
   gesucht: Höhe h

Länge einer Quadratseite:

$a^2 + a^2 = e^2$

   $2a^2 = e^2$

   $a = \sqrt{\dfrac{e^2}{2}}$

   $a \approx 6$ cm

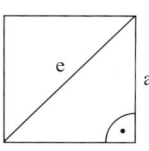

Höhe:

$V = \dfrac{1}{3} \cdot A_G \cdot h \qquad \big| \cdot 3$

$3V = A_G \cdot h \qquad \big| : A_G$

$h = \dfrac{3V}{A_G}$

$h = \dfrac{3 \cdot 84 \text{ cm}^3}{36 \text{ cm}^2}$

$\underline{\underline{h = 7 \text{ cm}}}$

Die Pyramide ist 7 cm hoch.

P 11.3 $0 = (x - 3)^2 - 1 \qquad \big| + 1$

   $1 = (x - 3)^2 \qquad \big| \sqrt{}$

   $\sqrt{1} = |\, x - 3\,|$

Fallunterscheidung:

$1 = x - 3 \qquad \big| + 3 \qquad\qquad -1 = x - 3 \qquad \big| + 3$

$\underline{\underline{x_1 = 4}} \qquad\qquad\qquad\qquad \underline{\underline{x_2 = 2}}$

zeichnerische Lösung:
Funktionsgleichung $y = (x - 3)^2 - 1$
Scheitelpunkt $S(3\,|-1)$

Zeichnerisch lösen bedeutet die
Nullstellen der quadratischen
Funktion ablesen.
$x_1 = 2$ und $x_2 = 4$

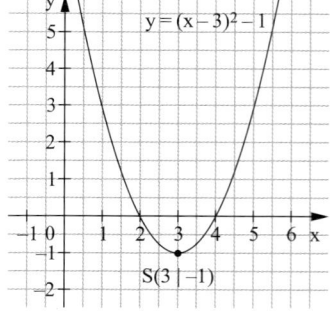

66

Aufgabe P 12

P 12.1 Funktionsgleichungen:

I $\quad y = 2x - 2$

II $\quad y = -\dfrac{1}{3}x + 1$

III $\quad y = \dfrac{1}{2}x + 2$

P 12.2 $\quad y = -\dfrac{1}{2}x + 5 \qquad \big|\, y = 0 \text{ setzen}$

$\qquad 0 = -\dfrac{1}{2}x + 5 \qquad \big|-5$

$\qquad -5 = -\dfrac{1}{2}x \qquad\quad \big|\cdot(-2)$

$\qquad \underline{x_0 = 10}$

Die Funktion $y = -\dfrac{1}{2}x + 5$ schneidet die x-Achse (Nullstelle) an der Stelle $x_0 = 10$.

P 12.3 $\quad$ I $\quad y = f(x) = -\dfrac{1}{2}x + 2\,;$

$\qquad$ II $\quad y = g(x) = x - 1$

Rechnerische Lösung:
Gleichsetzungsverfahren

$\qquad -\dfrac{1}{2}x + 2 = x - 1 \qquad \big|\cdot 2$

$\qquad\quad -x + 4 = 2x - 2 \qquad \big|-2x$

$\qquad\quad -3x + 4 = -2 \qquad\quad \big|-4$

$\qquad\qquad -3x = -6 \qquad\quad \big|:(-3)$

$\qquad\qquad\quad \underline{\underline{x = 2}}$

x in II einsetzen:
$y = 2 - 1$
$\underline{\underline{y = 1}} \qquad\qquad L = \{(2\,|\,1)\}$

Zeichnerische Lösung:

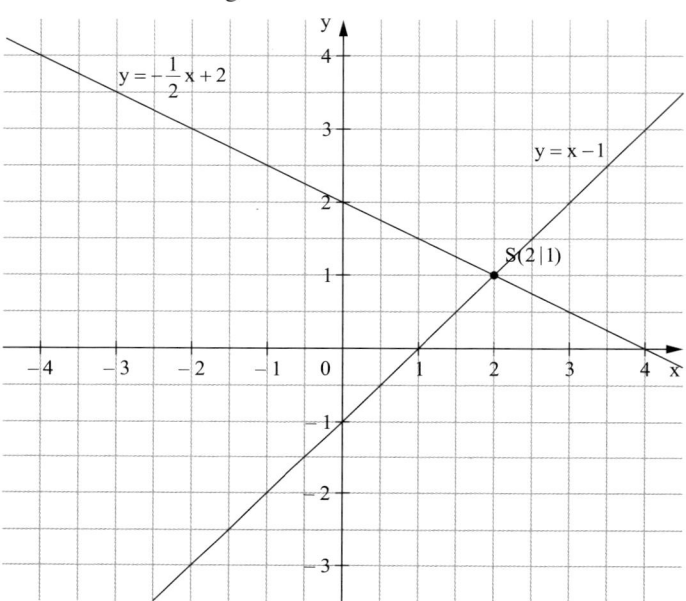

Aufgabe P 13

P 13.1 Da jede der Ziffern genau einmal vorkommt, ist die Wahrscheinlichkeit, gezogen zu werden, für alle Ziffern gleich, nämlich gleich $\dfrac{1}{10}$.

Insbesondere:

$$P(Z=6) = \frac{1}{10} = 10\,\%$$

P 13.2 $P(Z=6 \text{ oder } Z=1) = P(Z=6) + P(Z=1) = \dfrac{1}{10} + \dfrac{1}{10} = \dfrac{1}{5} = 20\,\%$

P 13.3 zweimaliges Ziehen mit Zurücklegen:

$$P(6;1) = P(Z=6) \cdot P(Z=1) = \frac{1}{10} \cdot \frac{1}{10} = \frac{1}{100} = 1\,\%$$

P 13.4 vgl. 13.3:

$$P(1;6) = P(Z=1) \cdot P(Z=6) = \frac{1}{10} \cdot \frac{1}{10} = \frac{1}{100} = 1\,\%$$

P 13.5 zweimaliges Ziehen ohne Zurücklegen:
$$P(6; 1) = P(Z = 6) \cdot P(Z = 1) = \frac{1}{10} \cdot \frac{1}{9} = \frac{1}{90} = 1,11\,\%$$

P 13.6 vgl. 13.5:
$$P(1; 6) = P(Z = 1) \cdot P(Z = 6) = \frac{1}{10} \cdot \frac{1}{9} = \frac{1}{90} = 1,11\,\%$$

P 13.7 $P(1; 6) + P(6; 1) = P(Z = 1) \cdot P(Z = 6) + P(Z = 6) \cdot P(Z = 1)$
$$= \frac{1}{10} \cdot \frac{1}{9} + \frac{1}{10} \cdot \frac{1}{9}$$
$$= \frac{2}{90} = 2,22\,\%$$

Aufgabe P 14

P 14.1 $y = a(x - b) + c$

$(b \mid c)$ sind die Koordinaten des Scheitels.

a ist der Streckungsfaktor:
Für $a > 0$ ist die Parabel nach oben geöffnet,
für $a < 0$ ist die Parabel nach unten geöffnet.

Falls $|a| > 1$, wurde die Normalparabel in y-Richtung gestreckt, falls $|a| < 1$, wurde die Normalparabel in y-Richtung gestaucht.

P 14.2 Die Schnittpunkte der Parabel mit der x-Achse sind $(0 \mid 0)$ und $(2,2 \mid 0)$. Ihr Scheitel liegt genau in der Mitte zwischen den beiden Nullstellen 0 und 2,2. Daher ist die x-Koordinate des Scheitels 1,1. Die y-Koordinate des Scheitels ist laut Angabe 2,5.

Damit kann man die Gleichung der Parabel ansetzen:
$y = a(x - 1,1)^2 + 2,5$

Zur Berechnung des Faktors a wird z. B. der Schnittpunkt mit der x-Achse $(2,2 \mid 0)$ eingesetzt:

$0 = a(2,2 - 1,1)^2 + 2,5$

$0 = 1,21a + 2,5$

$a = -\dfrac{250}{121} \approx -2,07$

Daher lautet die Gleichung der Parabel $y = -2,07(x - 1,1)^2 + 2,5$.

P 14.3 Für $a = 2{,}07 > 0$ wäre die Parabel nach oben geöffnet.

P 14.4 $y = -2{,}07(x - 1{,}1)^2 + 2{,}5$

$\Leftrightarrow$ $y = -2{,}07(x^2 - 2{,}2x + 1{,}21) + 2{,}5$

$\Leftrightarrow$ $y = -2{,}07x^2 + 4{,}55x$

Aufgabe W 1

W 1.1 40 % von 21 900 € berechnen:

$$: 100 \left(\begin{array}{c} 100 \ \% \ \triangleq \ 21\,900 \ € \\ 1 \ \% \ \triangleq \ 219 \ € \\ 40 \ \% \ \triangleq \ 8\,760 \ € \end{array} \right) \begin{array}{c} : 100 \\ \cdot 40 \end{array}$$

Anzahlung

405 € · 3 · 12 = 14 580 € Raten in 3 Jahren

8 760 € + 14 580 € = 23 340 € zu zahlender Beitrag in 3 Jahren

23 340 € − 9 500 € = 13 840 €

Abzüglich des Wiederverkaufswertes ergibt sich beim **Kreditkauf** für die Familie ein Unkostenbeitrag von 13 840 € nach 3 Jahren.

W 1.2 5 % von 21 900 € berechnen:

$$: 100 \left(\begin{array}{c} 100 \ \% \ \triangleq \ 21\,900 \ € \\ 1 \ \% \ \triangleq \ 219 \ € \\ 5 \ \% \ \triangleq \ 1\,095 \ € \end{array} \right) \begin{array}{c} : 100 \\ \cdot 5 \end{array}$$

Skonto

21 900 € − 1 095 € = 20 805 € Preis abzüglich Skonto

20 805 € − 9 500 € = 11 305 €

Abzüglich des Wiederverkaufswertes ergibt sich beim **Barkauf** für die Familie ein Unkostenbeitrag von 11 305 € nach 3 Jahren.

W 1.3 30 % von 21 900 € berechnen:

$$: 100 \left(\begin{array}{c} 100 \ \% \ \triangleq \ 21\,900 \ € \\ 1 \ \% \ \triangleq \ 219 \ € \\ 30 \ \% \ \triangleq \ 6\,570 \ € \end{array} \right) \begin{array}{c} : 100 \\ \cdot 30 \end{array}$$

Raten in 3 Jahren:
220 € · 3 · 12 = 7 920 €

gesamt:
6 570 € + 7 920 € = 14 490 €

Nach 3 Jahren hat die Familie beim **Leasing** 14 490 € für das Auto bezahlt.

Ergebnis:
Beim Barkauf zahlt die Familie nur 11 305 € für das Auto. Diese Variante ist am günstigsten. Leasing ist nicht zu empfehlen, da diese Variante am teuersten ist.

Aufgabe W 2

W 2 gegeben: Kreiskegel gesucht: a) Grundfläche A_G
        $u = 25$ m Umfang   b) Masse m
        $h_k = 2,5$ m Körperhöhe   c) Preis
                  d) Neigungswinkel α

W 2.1 Die Grundfläche ist ein Kreis.

$$A_G = \pi \cdot r^2$$

Zuerst muss aus dem Umfang des Kreises der Radius bestimmt werden.

$$u = 2\pi r \quad \big| : 2\pi$$

$$r = \frac{u}{2\pi}$$

$$r = \frac{25 \text{ m}}{2\pi}$$

$$\underline{\underline{r \approx 3,98 \text{ m}}}$$

$$A_G = \pi \cdot (3,98 \text{ m})^2$$

$$\underline{\underline{A_G \approx 49,76 \text{ m}^2}}$$

Der Sandhaufen hat eine Grundfläche von ungefähr 50 m².

W 2.2 1 m³ Sand wiegt 1,7 t, d. h. die Dichte von Sand ist

$$\rho = 1,7 \frac{t}{m^3}$$

$$\rho = \frac{m}{V} \quad \big| \cdot V$$

$$m = \rho \cdot V$$

Bevor man die Masse berechnen kann, muss das Volumen des Kegels bestimmt werden.

$$V = \frac{1}{3} A_G \cdot h_k$$

A_G ist aus Teilaufgabe 2.1 bekannt.

$V = \dfrac{1}{3} \cdot 49,74 \text{ m}^2 \cdot 2,5 \text{ m}$

$V = 41,45 \text{ m}^3$

$m = 1,7 \dfrac{\text{t}}{\cancel{\text{m}^3}} \cdot 41,45 \ \cancel{\text{m}^3}$

$m = 70,465 \text{ t}$

$m \approx 70,5 \text{ t}$

Auf der Baustelle befinden sich ungefähr 70,5 t Sand.

W 2.3 1 t Sand kostet 11,75 €

$\Rightarrow \ 70,465 \ \cancel{\text{t}} \cdot 11,75 \dfrac{\text{€}}{\cancel{\text{t}}} \approx 827,96 \text{ €}$

Der Sand kostet 828 €.

W 2.4 Den Neigungswinkel α berechnet man mithilfe der Definition des Tangens im rechtwinkligen Dreieck.

$\tan \alpha = \dfrac{\text{Gegenkathete}}{\text{Ankathete}}$

$\tan \alpha = \dfrac{h_k}{r}$ $\quad h_k = 2,5 \text{ m}$

$\qquad\qquad r = 3,98 \text{ m}$ (aus Teilaufgabe 2.1)

$\tan \alpha = \dfrac{2,5 \text{ m}}{3,98 \text{ m}}$

$\tan \alpha = 0,62814$

$\alpha \approx 32,1°$

Der Neigungswinkel beträgt ungefähr 32°.

W 2.5 $V = \dfrac{1}{3} \pi \cdot r^2 \cdot h_k$

r verdoppeln $\Rightarrow$ Volumen vervierfacht sich, da r quadratisch eingeht.
h_k verdoppeln bedeutet, dass sich das Volumen verdoppelt.

$V \sim r^2 \quad \cdot \ h_k$ $\qquad$ (Proportionalität)
$\quad \downarrow \qquad \downarrow$
$\quad \cdot (2)^2 \cdot \ 2$
$\quad \ 4 \quad \cdot \ 2 \ = 8$

$\Rightarrow$ Das Volumen verachtfacht sich.

73

Aufgabe W 3

W 3.1 gegeben:

P(−4|4)

$m = -\dfrac{1}{2}$

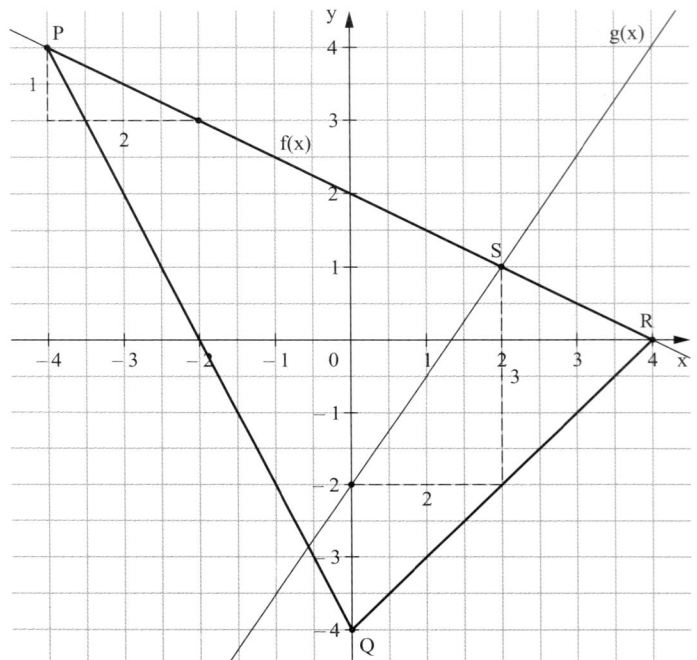

Aufstellen der Funktionsgleichung:

Eine lineare Funktionsgleichung hat die allgemeine Form $f(x) = y = mx + b$, $m = -\dfrac{1}{2}$ ist gegeben.

Nachdem man den Punkt P und die Steigung m über das Steigungsdreieck in das Koordinatensystem eingetragen hat, erhält man den Graphen der linearen Funktion, eine Gerade. An der Stelle, wo die Gerade die y-Achse schneidet, liest man b ab (b = 2).

$\Rightarrow$ Funktionsgleichung $\underline{\underline{f(x) = y = -\dfrac{1}{2}x + 2}}$

b lässt sich allerdings auch berechnen, indem man m und die Koordinaten des Punktes P in die allgemeine Funktionsgleichung einsetzt:

$y = mx + b$

$4 = -\dfrac{1}{2} \cdot (-4) + b$

$4 = 2 + b \qquad\qquad |-2$

$\underline{\underline{b = 2}}$

W 3.2 $g(x) = y = 1,5x - 2$

$\qquad m = 1,5 = \dfrac{3}{2} \qquad b = -2$

Zeichnung siehe Koordinatensystem von Teilaufgabe 3.1.

W 3.3 rechnerische Bestimmung des Schnittpunktes

$\qquad f(x) = g(x)$

$-\dfrac{1}{2}x + 2 = 1,5x - 2 \qquad \big| -1,5x - 2$

$\qquad -2x = -4 \qquad\qquad \big| : (-2)$

$\qquad\quad \underline{\underline{x = 2}}$

x in f(x) $\qquad$ oder $\qquad$ x in g(x)

$y = -\dfrac{1}{2} \cdot 2 + 2 \qquad\qquad y = \dfrac{3}{2} \cdot 2 - 2$

$\underline{\underline{y = 1}} \qquad\qquad\qquad \underline{\underline{y = 1}}$

$\Rightarrow$ Schnittpunkt $\underline{\underline{S(2\,|\,1)}}$

W 3.4 Dreieck PQR siehe Koordinatensystem von Teilaufgabe 3.1

gesucht: $\overline{RP}$

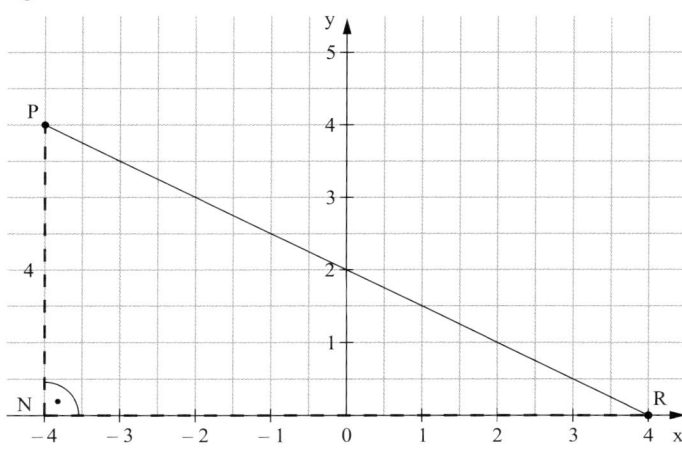

Um die Länge der Dreiecksseite $\overline{RP}$ zu ermitteln, ergänzt man zum recht-winkligen Dreieck NRP.

Im $\triangle NRP$ ist $\overline{PN} = 4$ cm und $\overline{NR} = 8$ cm.

Aus dem Satz des Pythagoras folgt:

$$\overline{RP}^2 = \overline{PN}^2 + \overline{NR}^2$$

$$\overline{RP} = \sqrt{(4\,\text{cm})^2 + (8\,\text{cm})^2}$$

$$\overline{RP} = \sqrt{80\,\text{cm}^2}$$

$$\overline{RP} \approx 8{,}9\,\text{cm}$$

Die Seite $\overline{RP}$ im Dreieck PQR hat eine Länge von ungefähr 8,9 cm.

W 3.5

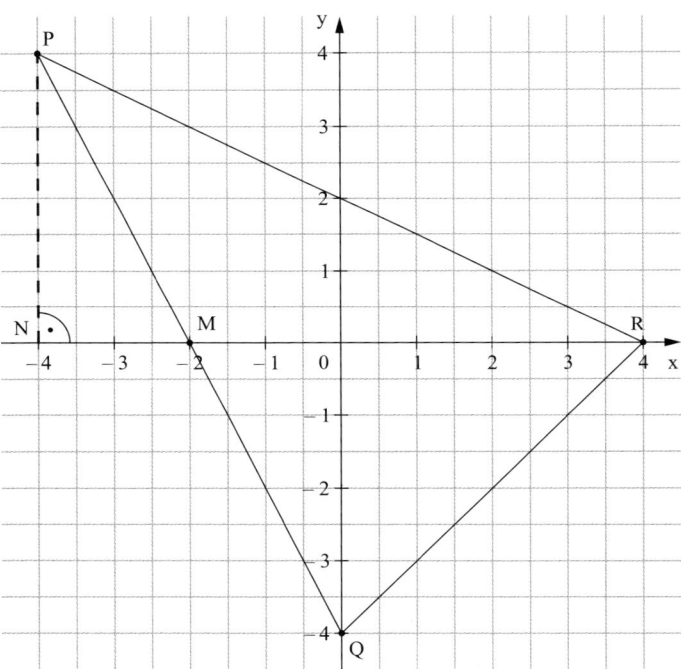

Flächeninhalt des Dreiecks PQR:

$$A_{\Delta MRP} + A_{\Delta QRM} = A_{\Delta PQR}$$

Flächeninhalt des Dreiecks MRP:
Der Flächeninhalt berechnet sich nach der Formel

$$A = \frac{g \cdot h_g}{2}$$

$$A_{\Delta MRP} = \frac{\overline{MR} \cdot \overline{PN}}{2}$$

$$A_{\Delta MRP} = \frac{6\,cm \cdot 4\,cm}{2} = \underline{\underline{12\,cm^2}}$$

Der Flächeninhalt des Dreiecks QRM berechnet sich auch nach der Formel

$$A = \frac{g \cdot h_g}{2}$$

$$A_{\Delta QRM} = \frac{\overline{MR} \cdot \overline{OQ}}{2} = \frac{6\,cm \cdot 4\,cm}{2} = \underline{\underline{12\,cm^2}}$$

$$A_{\Delta PQR} = A_{\Delta MRP} + A_{\Delta QRM}$$

$$A_{\Delta PQR} = 12\,cm^2 + 12\,cm^2 = \underline{\underline{24\,cm^2}}$$

Das Dreieck PQR hat einen Flächeninhalt von 24 cm².

Aufgabe W 4

W 4.1 $\gamma = 180° - \alpha - \beta$ (Innenwinkelsumme im Dreieck)

$$\frac{p}{\sin \alpha} = \frac{r}{\sin \gamma} \quad \text{(Sinussatz)}$$

$$\underline{\underline{p = \frac{r \cdot \sin \alpha}{\sin \gamma}}}$$

W 4.2 $\qquad\qquad q^2 = p^2 + r^2 - 2pr \cdot \cos \beta \quad$ Kosinussatz $\quad \left| + 2pr \cdot \cos \beta \right.$

$$2pr \cdot \cos \beta + q^2 = p^2 + r^2 \qquad\qquad\qquad \left| - q^2 \right.$$

$$2pr \cdot \cos \beta = p^2 + r^2 - q^2 \qquad\qquad\qquad \left| : 2pr \right.$$

$$\underline{\underline{\cos \beta = \frac{p^2 + r^2 - q^2}{2pr}}}$$

W 4.3 Der Flächeninhalt des Vierecks ist gleich der Summe der Flächeninhalte der Teildreiecke.

Flächeninhalt des Dreiecks ABC (rechtwinkliges Dreieck) = A_1

$$A_1 = \frac{a \cdot b}{2} \qquad \text{(a, b: Seiten, die dem rechten Winkel anliegen = Katheten)}$$

$$A_1 = \frac{430\,m \cdot 270\,m}{2}$$

$$\underline{\underline{A_1 = 58\,050\,m^2}}$$

Flächeninhalt des Dreiecks ACD = A$_2$

$$A_2 = \frac{1}{2}\overline{AC} \cdot \overline{AD} \cdot \sin 39°$$

Berechnung der Seite $\overline{AC}$ im rechtwinkligen Dreieck ABC mit dem Satz des Pythagoras:

$$\overline{AC}^2 = \overline{AB}^2 + \overline{BC}^2$$

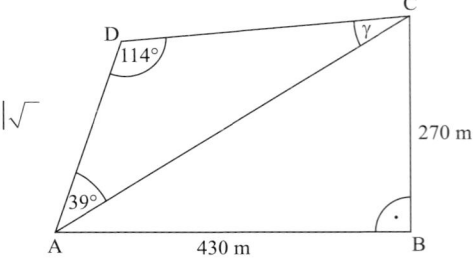

$$\overline{AC} = \sqrt{(430 \text{ m})^2 + (270 \text{ m})^2}$$

$$\overline{AC} = \sqrt{257\,800 \text{ m}^2}$$

$$\overline{AC} \approx 507,74 \text{ m}$$

Berechnung des Winkels γ im Dreieck ACD mithilfe der Innenwinkelsumme im Dreieck:

$$\gamma = 180° - 39° - 114°$$

$$\gamma = 27°$$

Berechnung der Seite $\overline{AD}$ im Dreieck ACD mithilfe des Sinussatzes:

$$\frac{\overline{AD}}{\sin \gamma} = \frac{\overline{AC}}{\sin 114°} \qquad |\cdot \sin \gamma$$

$$\overline{AD} = \frac{\overline{AC} \cdot \sin \gamma}{\sin 114°}$$

$$\overline{AD} = \frac{507,74 \text{ m} \cdot \sin 27°}{\sin 114°}$$

$$\overline{AD} \approx 252,32 \text{ m}$$

Jetzt kann der Flächeninhalt A$_2$ berechnet werden:
allgemeine Formel:

$$A = \frac{1}{2} \cdot \overline{AC} \cdot \overline{AD} \cdot \sin \sphericalangle DAC$$

$$A_2 = \frac{1}{2} \cdot 507,74 \text{ m} \cdot 252,32 \text{ m} \cdot \sin 39°$$

$$A_2 \approx 40\,312 \text{ m}^2$$

Alternative Lösung für die Berechnung des Flächeninhalts A_2:

Skizze:

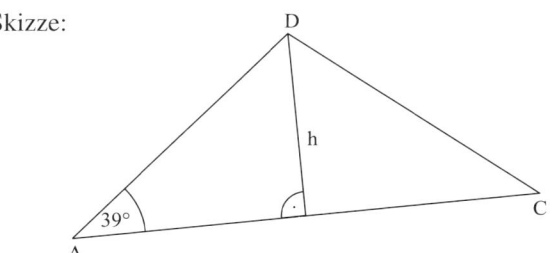

gegeben: $\overline{AD} = 252,32$ m *ges.:* A

$\qquad \alpha = 39°$

$\qquad \overline{AC} = 507,74$ m

Zunächst berechnen wir die Höhe h.

$$\sin \alpha = \frac{\text{Gegenkathete}}{\text{Hypotenuse}}$$

$$\sin 39° = \frac{h}{252,32 \text{ m}}$$

$$h = \sin 39° \cdot 252,32 \text{ m}$$

$$h = 158,79 \text{ m}$$

$$A_2 = \frac{g \cdot h_g}{2}$$

$$A_2 = \frac{507,74 \text{ m} \cdot 158,79 \text{ m}}{2}$$

$$A_2 = 40\,312 \text{ m}^2$$

Flächeninhalt der Gesamtfläche ABCD:

$$A_{ges} = A_1 + A_2$$

$$A_{ges} = 58\,050 \text{ m}^2 + 40\,312 \text{ m}^2$$

$$A_{ges} = 98\,362 \text{ m}^2$$

W 4.4 Flächeninhalt des Dreiecks ABC 58 050 m² $\hat{=}$ Grundwert

$$58\,050\ m^2 \hat{=} 100\ \%$$

$$1\ m^2 \hat{=} \frac{100\ \%}{58\,050}$$

$$98\,362\ m^2 \hat{=} \frac{100\ \%}{58\,050} \cdot 98\,362 = 169,4\ \% \approx \underline{\underline{170\ \%}}$$

$$170\ \% - 100\ \% = \underline{\underline{70\ \%}}$$

Die Parkanlage wurde um ungefähr 70 % vergrößert.

W 4.5 Konstruktion der Fläche (Maßstab 1 : 5 000)

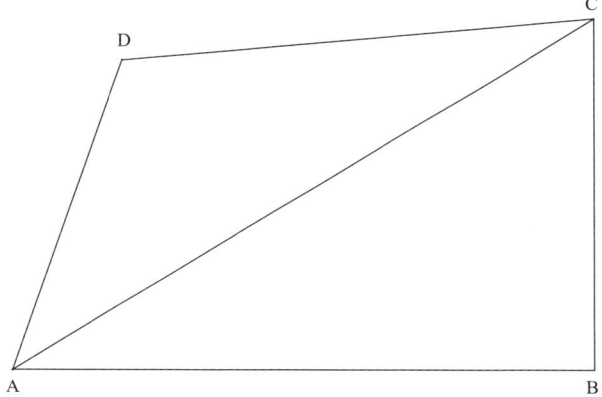

$$\overline{AB} = 430\ m \hat{=} 8,6\ cm$$
$$\overline{BC} = 270\ m \hat{=} 5,4\ cm$$

Beschreibung der Konstruktion:
– Zeichne Strecke $\overline{AB} = 8,6\ cm$.
– Trage im Punkt B an Seite $\overline{AB}$ Winkel $\beta = 90°$ an.
– Trage auf dem freien Schenkel des Winkels β von B aus $\overline{BC} = 5,4\ cm$ ab. $\Rightarrow$ Punkt C
– Verbinde die Punkte A und C.
– Trage in A an $\overline{AC}$ den Winkel $\alpha_1 = 39°$ an.
– Trage in C an $\overline{AC}$ den Winkel $\gamma_1 = 27°$ an ($\gamma_1 = 180° - 114° - 39° = 27°$).
– Der Schnittpunkt der beiden freien Schenkel von α_1 und γ_1 ist der Punkt D.

Aufgabe W 5

W 5.1 $u = 64\,\text{cm}$
$a = b - 10\,\text{cm}$
$c = a + 3\,\text{cm}$

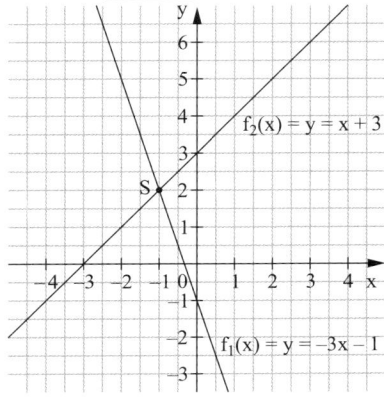

$u = a + b + c$
$64 = (b - 10) + b + (a + 3)$
$64 = b - 10 + b + b - 10 + 3$
$64 = 3b - 17 \qquad\qquad\quad |+17$
$81 = 3b \qquad\qquad\qquad\quad |:3$
$\underline{\underline{b = 27}}$
$a = 27 - 10$
$\underline{\underline{a = 17}}$
$c = 17 + 3$
$\underline{\underline{c = 20}}$

Seite a hat eine Länge von 17 cm, Seite b ist 27 cm lang und die Seitenlänge von c beträgt 20 cm.

W 5.2 I $\qquad y = -3x - 1$
II $\qquad 2x = 2y - 6 \quad |+6$
$\qquad\quad 2x + 6 = 2y \qquad |:2$
$\qquad\quad \underline{\underline{y = x + 3}}$

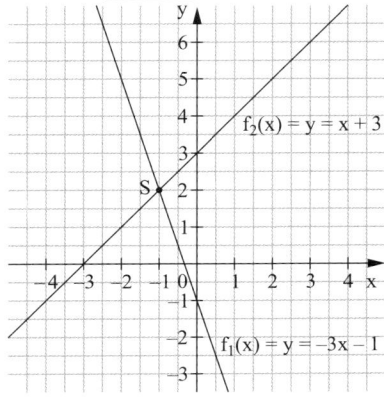

$f_2(x) = y = x + 3$

$f_1(x) = y = -3x - 1$

W 5.3 $S(-1\,|\,2)$

Aufgabe W 6

W 6.1 Prismen sind (1) (Sonderfall des Prismas: Würfel), (3) (Sonderfall: Rechteck), (4), (6).

W 6.2 Es handelt sich um einen zusammengesetzten Körper, bestehend aus Quader und Pyramide.

Quader: Pyramide :

$$V_1 = a \cdot b \cdot c \qquad V_2 = \frac{1}{3} \cdot A_G \cdot h_k \qquad \begin{array}{l} A_G \quad \text{Grundfläche} \\ h_k \quad \text{Körperhöhe} \end{array}$$

$$V_1 = 6\ m \cdot 6\ m \cdot 15\ m \qquad V_2 = \frac{1}{3} \cdot a^2 \cdot h_k$$

$$\underline{\underline{V_1 = 540\ m^3}} \qquad V_2 = \frac{1}{3} \cdot (6\ m)^2 \cdot 5\ m$$

$$\underline{\underline{V_2 = 60\ m^3}}$$

Daraus folgt:

$$V_{Gesamt} = V_1 + V_2$$
$$V_{Gesamt} = 540\ m^2 + 60\ m^3$$
$$\underline{\underline{V_{Gesamt} = 600\ m^3}}$$

W 6.3 Bei der Dachfläche handelt es sich um den Mantel A_M der Pyramide, also um 4 gleich große gleichschenklige Dreiecke.

$$A_M = \cancel{4}\,2 \cdot \frac{1}{\cancel{2}_1} \cdot g \cdot h_g$$

$$A_M = 2 \cdot g \cdot h_g$$

Wir bestimmen die Höhe h_g im Dreieck mit dem Satz des Pythagoras

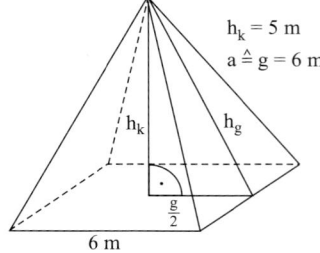

$$h_g^2 = h_k^2 + \left(\frac{g}{2}\right)^2 \qquad \mid \sqrt{}$$

$$h_g = \sqrt{(5\ m)^2 + (3\ m)^2}$$

$$h_g = \sqrt{34\ m^2}$$

$$\underline{\underline{h_g \approx 5{,}83\ m}}$$

$h_k = 5\ m$
$a \triangleq g = 6\ m$

$$A_M = 2 \cdot 6\ m \cdot 5{,}83\ m$$

$$A_M = 69{,}96\ m^2$$

$$\underline{\underline{A_M \approx 70\ m^2}}$$

Das Dach des Turmes hat ungefähr eine Fläche von 70 m^2.

W 6.4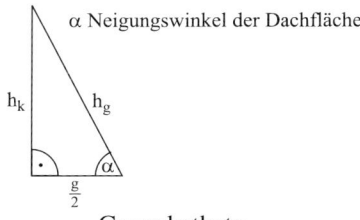

α Neigungswinkel der Dachfläche

$$\tan \alpha = \frac{\text{Gegenkathete}}{\text{Ankathete}}$$

$$\tan \alpha = \frac{h_k}{\frac{g}{2}}$$

$$\tan \alpha = \frac{5\,\text{m}}{3\,\text{m}}$$

$$\tan \alpha \approx 1,6667$$

$$\underline{\underline{\alpha \approx 59°}}$$

Der Neigungswinkel beträgt 59°.

Aufgabe W 7

W 7.1

$$\frac{(x^2 - y^2)^{-2}}{(x+y)^{-2}} = \frac{(x+y)^2}{(x^2 - y^2)^2}$$

$$= \frac{(x+y)\cdot(x+y)}{((x+y)\cdot(x-y))^2}$$

$$= \frac{(x+y)\cdot(x+y)}{(x+y)\cdot(x-y)\cdot(x+y)\cdot(x-y)} = \underline{\underline{\frac{1}{(x-y)^2}}}$$

W 7.2 Ergänzen der Wertetabelle:

x	−2,5	−2			0	$\frac{1}{4}$			3
y			−1	−8			1	0,296	

Funktionsgleichung: $y = f(x) = x^{-3}$

Die y-Werte werden berechnet:

$$y = x^{-3}$$

$$y = \frac{1}{x^3}$$

z. B.: $x = -2$

$$y = \frac{1}{(-2)^3} = -\frac{1}{8} = \underline{\underline{-0,125}}$$

$$x = \frac{1}{4}$$

$$y = \frac{1}{(0,25)^3} = \underline{\underline{64}}$$

Die x-Werte werden berechnet:

$$y = x^{-3} \qquad\qquad\qquad \text{z. B.: } y = -8$$

$$y = \frac{1}{x^3} \quad \big|\cdot x^3 \qquad\qquad x = \sqrt[3]{\frac{1}{-8}}$$

$$x^3 \cdot y = 1 \quad \big| : y \qquad\qquad x = \underline{\underline{-0,5}}$$

$$x^3 = \frac{1}{y} \qquad\qquad\qquad\qquad y = 0,296$$

$$x = \sqrt[3]{\frac{1}{y}} \qquad\qquad\qquad x = \sqrt[3]{\frac{1}{0,296}}$$

$$\qquad\qquad\qquad\qquad\qquad\qquad x = \underline{\underline{1,5}}$$

Die vollständige Wertetabelle lautet:

x	−2,5	−2	−1	$-\frac{1}{2}$	0	$\frac{1}{4}$	1	1,5	3
y	−0,064	−0,125	−1	−8	−	64	1	0,296	0,037

W 7.3 Zeichnen der beiden Funktionen:

$$y = f(x) = x^3$$
$$y = g(x) = x^{-1}$$

Dazu wird zu jeder Funktion eine Wertetabelle angefertigt:

$y = x^3$

x	−2	−1,5	−1	−0,5	0	0,5	1	1,5	2
y	−8	−3,375	−1	−0,125	0	0,125	1	3,375	8

$y = x^{-1}$

x	−4	−3,5	−3	−2,5	−2	−1,5	−1	−0,5	0
y	−0,25	−0,29	$-0,\overline{3}$	−0,4	−0,5	$-0,\overline{6}$	−1	−2	−

x	0,5	1	1,5	2	2,5	3	3,5	4
y	2	1	$0,\overline{6}$	0,5	0,4	$0,\overline{3}$	0,29	0,25

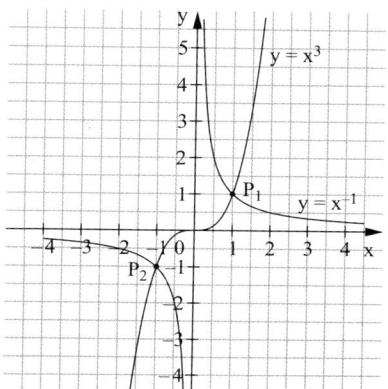

W 7.4 Die Funktionen haben die Punkte $P_1(1|1)$ und $P_2(-1|-1)$ gemeinsam.

Aufgabe W 8

W 8.1 I   Hier ist der Winkel β falsch.
II   Aussage ist richtig.
III   Gleichung ist falsch. (Nur im rechtwinkligen Dreieck gültig.)

W 8.2   Skizze:

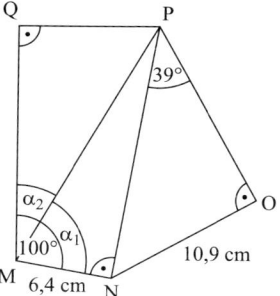

Gesucht ist die Strecke $\overline{PQ}$!

Zunächst berechnen wir die Strecke $\overline{NP}$.

$$\sin 39° = \frac{10,9 \text{ cm}}{\overline{NP}}$$

$$\overline{NP} = \frac{10,9 \text{ cm}}{\sin 39°}$$

$$\overline{NP} = 17,3 \text{ cm}$$

Danach berechnen wir die Strecke $\overline{\text{MP}}$.

$$\overline{\text{MP}}^2 = \overline{\text{MN}}^2 + \overline{\text{NP}}^2$$

$$\overline{\text{MP}}^2 = (6{,}4 \text{ cm})^2 + (17{,}3 \text{ cm})^2$$

$$\overline{\text{MP}} = 18{,}45 \text{ cm}$$

Jetzt können wir die Winkel α_1 und α_2 berechnen:

$$\cos\alpha_1 = \frac{6{,}4 \text{ cm}}{18{,}45 \text{ cm}}$$

$$\alpha_1 = 69{,}7°$$

$$\Rightarrow \quad \alpha_2 = 100° - 69{,}7°$$

$$\alpha_2 = 30{,}3°$$

Nun berechnen wir die Strecke $\overline{\text{PQ}}$:

$$\sin\alpha_2 = \frac{\overline{\text{PQ}}}{\overline{\text{MP}}}$$

$$\sin 30{,}3° = \frac{\overline{\text{PQ}}}{18{,}45 \text{ cm}}$$

$$\overline{\text{PQ}} = \sin 30{,}3° \cdot 18{,}45 \text{ cm}$$

$$\overline{\text{PQ}} \approx 9{,}3 \text{ cm} \qquad \text{Die Strecke } \overline{\text{PQ}} \text{ ist rund 9,3 cm lang.}$$

W 8.3 Skizze:

gesucht: b, α, γ

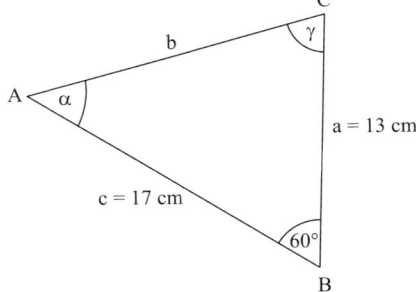

Die Seite b berechnen wir mit dem Kosinussatz:

$$b^2 = a^2 + c^2 - 2ac \cdot \cos\beta$$

$$b^2 = 169 \text{ cm}^2 + 289 \text{ cm}^2 - 221 \text{ cm}^2$$

$$b^2 = 237 \text{ cm}^2$$

$$b = 15{,}4 \text{ cm}$$

Den Winkel α berechnen wir mit dem Sinussatz:

$$\frac{a}{\sin\alpha} = \frac{b}{\sin\beta}$$

$$a \cdot \sin\beta = b \cdot \sin\alpha$$

$$\sin\alpha = \frac{a \cdot \sin\beta}{b}$$

$$\sin\alpha = \frac{13\ \text{cm} \cdot \sin 60°}{15,4\ \text{cm}}$$

$$\underline{\underline{\alpha = 47°}}$$

$$\gamma = 180° - \alpha - \beta$$
$$\gamma = 180° - 47° - 60°$$
$$\underline{\underline{\gamma = 73°}}$$

Aufgabe W 9

W 9.1 Berechnung des Gesamtbetrages ohne Mehrwertsteuer:

Fliesen: $63\ \dfrac{€}{\text{m}^2} \cdot 45\ \text{m}^2 = 2\,835\ €$

Holzdecke: $57\ \dfrac{€}{\text{m}^2} \cdot 78\ \text{m}^2 = 4\,446\ €$

Maler: $45\ \dfrac{€}{\text{m}^2} \cdot 270\ \text{m}^2 = 12\,150\ €$

Gesamt: $\underline{\underline{19\,431\ €}}$

Ohne Mehrwertsteuer kostet die Renovierung $19\,431\ €$.

W 9.2 Zum Rechnungsbetrag kommen noch 19 % Mehrwertsteuer.

	Betrag in €	%	
: 100 (	19 431	100	) : 100
· 19 (	194,31	1	) · 19
	3 691,89	19	

Rechnungsbetrag: $19\,431\ € + 3\,691,89\ € = \underline{\underline{23\,122,89\ €}}$

Die gesamte Renovierung würde $23\,122,89\ €$ kosten.

W 9.3 Analog müssen wir die einzelnen Kosten für das Zeichnen des Diagramms berechnen.

Fliesen:

	Betrag in €	%
	2 835	100
	28,35	1
	538,65	19

$:100$ $($ ... $)$ $:100$
$\cdot 19$ $($ ... $)$ $\cdot 19$

Gesamtbetrag: $2\,835$ € $+ 538,65$ € $= 3\,373,65$ €

Holzdecke:

	Betrag in €	%
	4 446	100
	44,46	1
	844,74	19

$:100$ $($ ... $)$ $:100$
$\cdot 19$ $($ ... $)$ $\cdot 19$

Gesamtbetrag: $4\,446$ € $+ 844,74$ € $= 5\,290,74$ €

Maler:

	Betrag in €	%
	12 150	100
	121,50	1
	2 308,50	19

$:100$ $($ ... $)$ $:100$
$\cdot 19$ $($ ... $)$ $\cdot 19$

Gesamtbetrag: $12\,150$ € $+ 2\,308,50$ € $= 14\,458,50$ €

Berechnung der Größe der Winkel:
Grundwert: 23 122,89 €
Prozentwerte: 3 373,65 €
5 290,74 €
14 458,50 €
Prozentsätze in Prozent werden gesucht.

$$p\ \% = \frac{P}{G} \cdot 100\ \%$$

$$p_1\ \% = \frac{3\,373,65\ €}{23\,122,89\ €} \cdot 100\ \% = 14,6\ \%$$

$$p_2\ \% = \frac{5\,290,74\ €}{23\,122,89\ €} \cdot 100\ \% = 22,9\ \%$$

$$p_3\ \% = \frac{14\,458,50\ €}{23\,122,89\ €} \cdot 100\ \% = 62,5\ \%$$

$$1\% \triangleq 3,6°$$
$$14,6 \triangleq 14,6 \cdot 3,6° = 52,6°$$
$$22,9 \triangleq 22,9 \cdot 3,6° = 82,4°$$
$$62,5 \triangleq 62,5 \cdot 3,6° = 225°$$

Kreisdiagramm:

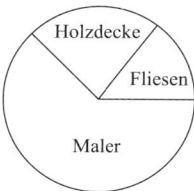

W 9.4 $22\,539,96\,€ \triangleq 100\,\%$
$450,80\,€ \triangleq 2\,\%$ Skonto

Die Familie kann durch die Bezahlung innerhalb von 7 Tagen 450,80 €
sparen.

W 9.5 Die Berechnung erfolgt mit der Zinseszinsformel:

$$K_n = K \cdot \left(1 + \frac{p}{100}\right)^n \qquad$$
K_n: Endkapital
K: Anfangskapital
$$K_n = 17\,000\,€ \cdot \left(1 + \frac{4,25}{100}\right)^8 \qquad$$
p: Prozentsatz
n: Laufzeit
$$K_n = 17\,000\,€ \cdot 1,39511$$
$$\underline{\underline{K_n = 23\,716,87\,€}}$$

Das angelegte Geld reicht für die Renovierung.

Aufgabe W 10

W 10.1 a) $149\,600\,000 = 1,496 \cdot 10^8$

b) $0,000\,000\,000\,000\,000\,000\,160\,2177 = 1,602\,177 \cdot 10^{-19}$

W 10.2 a) $\dfrac{(4a^2b)^{-3}}{(ab^2c)^{-2}} = \dfrac{(ab^2c)^2}{(4a^2b)^3} = \dfrac{a^2b^4c^2}{4^3a^6b^3} = \dfrac{1}{64}a^{-4}bc^2 = \underline{\underline{\dfrac{bc^2}{64a^4}}}$

b) $\sqrt{x^2 + 10x + 25} = \sqrt{(x+5)^2} = \underline{\underline{x+5}}$

Hinweis: Unter der Wurzel steht die 1. binomische Formel!

c) $\dfrac{15x^{2n-1}}{7x^{-2}} : \dfrac{21x^{-4n-2}}{35x^{2-n}}$

$= \dfrac{\overset{5}{\cancel{15}}\,x^{2n-1}}{\underset{1}{\cancel{7}}\,x^{-2}} \cdot \dfrac{\overset{5}{\cancel{35}}\,x^{2-n}}{\underset{7}{\cancel{21}}\,x^{-4n-2}}$

$= \dfrac{25x^{n+1}}{7x^{-4n-4}} = \dfrac{25}{7}\,x^{5n+5}$

W 10.3 x Zwei-Bett-Zimmer
y Drei-Bett-Zimmer

I $2x + 3y = 39$
II $x + y = 17$ $\vert -x$
──────────────────────
II' $y = 17 - x$

II' in I einsetzen
$2x + 3(17 - x) = 39$
$2x + 51 - 3x = 39$
$-x + 51 = 39$ $\vert -51$
$-x = -12$ $\vert : (-1)$
$\underline{\underline{x = 12}}$

x in II'
$y = 17 - 12$
$\underline{\underline{y = 5}}$

Es müssen 12 Zwei-Bett-Zimmer und 5 Drei-Bett-Zimmer bestellt werden.

Aufgabe W 11

W 11.1 Wahrscheinlichkeit $= \dfrac{\text{Anzahl der günstigen Ergebnisse}}{\text{Anzahl aller möglichen Ergebnisse}}$

$P = \dfrac{5}{18} \approx 0,28 = \underline{\underline{28\ \%}}$

Die Wahrscheinlichkeit einen Gewinn zu erhalten beträgt 28 %.

W 11.2 Mit 2 Würfeln gibt es 36 verschiedene Möglichkeiten.
$\Omega = \{(1;1); (1;2); (1;3); \dots (6;6)\}$

a) Für die Augensumme 2 gibt es nur die Möglichkeit (1; 1). Daher gilt:

$P(E_1) = \dfrac{1}{6} \cdot \dfrac{1}{6} = \dfrac{1}{36} = 0,0\overline{27} \approx \underline{\underline{2,8\ \%}}$

90

Die Wahrscheinlichkeit mit zwei Würfeln die Augensumme 2 zu würfeln beträgt nur 2,8 %.

b) Für die Augensumme 7 gibt es die Möglichkeiten (1; 6), (6; 1), (2; 5), (5; 2), (3; 4) und (4; 3). Daher ist $P(E_2) = \dfrac{6}{36} = 0,1\overline{6} \approx 16,7\ \%$.

Die Wahrscheinlichkeit mit zwei Würfeln die Augensumme 7 zu würfeln beträgt 16,7 %.

W 11.3 Die Lösung erfolgt über ein Baumdiagramm:

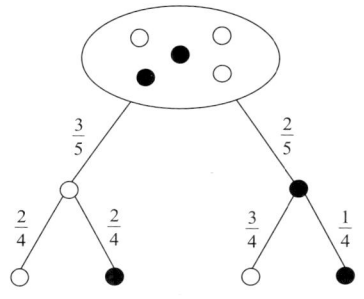

a) Beide Kugeln sind weiß:
P(weiß, weiß) =
$$= \frac{3}{5} \cdot \frac{2}{4} = \frac{6}{20} = \frac{3}{10} = 0,3 = 30\ \%$$
Die Wahrscheinlichkeit, dass beide Kugeln weiß sind, beträgt 30 %.

Wahrscheinlichkeitsrechnung

b) Beide Kugeln sind verschieden-
farbig:
P(weiß; schwarz) + P(schwarz, weiß) =
$$= \frac{3}{5} \cdot \frac{\cancel{2}^{\,1}}{\cancel{4}_{\,2}} + \frac{\cancel{2}^{\,1}}{\cancel{4}_{\,2}} \cdot \frac{3}{5} = \frac{3}{10} + \frac{3}{10} = \frac{6}{10} = 0,6 = 60\ \%$$
Die Wahrscheinlichkeit, dass beide Kugeln verschiedenfarbig sind, beträgt 60 %.

Aufgabe W 12

W 12.1 Wertetabelle

Zeit t in h	−5	−3	−2	−1	0	1	2	3	4	10
Fläche A in mm²	$\frac{1}{32}$	$\frac{1}{8}$	$\frac{1}{4}$	$\frac{1}{2}$	1	2	4	8	16	1 024

Nach 2 Stunden hat sich die Fläche vervierfacht.
Nach 3 Stunden hat sich die Fläche verachtfacht. u.s.w.
Vor 1 Stunde war die Fläche halb so groß.
Vor 2 Stunden war die Fläche nur ein viertel so groß. u.s.w.

W 12.2

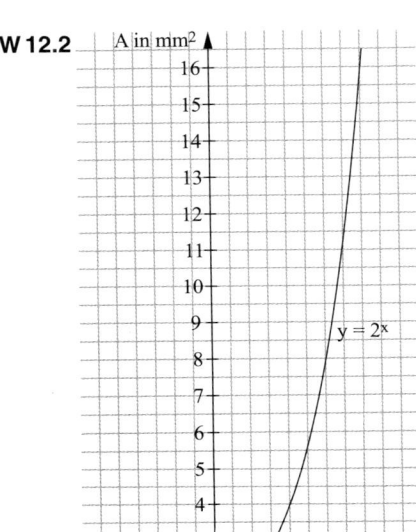

W 12.3 Wachstumsformel:

$$K_n = K \cdot \left(1 + \frac{p}{100}\right)^n$$

K_n: Endkapital
K: Anfangskapital
p: Prozentsatz
n: Anzahl der Jahre (Laufzeit)

für 3 Jahre:

$$K_n = 4500\ \text{\euro} \cdot \left(1 + \frac{2,25}{100}\right)^3$$

$$K_n = 4500\ \text{\euro} \cdot 1,0690301$$

$$\underline{\underline{K_n = 4810,64\ \text{\euro}}}$$

Nach 3 Jahren ergibt sich ein Guthaben von 4810,64 Euro.

für 9 Jahre:

$$K_n = 4500 \, € \cdot \left(1 + \frac{2,25}{100}\right)^9$$

$$K_n = 4500 \, € \cdot 1,2217148$$

$$\underline{\underline{K_n = 5497,72 \, €}}$$

Nach 9 Jahren ergibt sich ein Guthaben von 5 497,72 Euro.

Aufgabe W 13

W 13.1 Durchschnittswert

$$\frac{2 \cdot 1 + 3 \cdot 2 + 8 \cdot 3 + 5 \cdot 4 + 3 \cdot 5 + 2 \cdot 6}{23} = \frac{79}{23} = \underline{\underline{3,43}}$$

Der Durchschnittswert der Klassenarbeit ist 3,43.

W 13.2

Augenzahl	absolute Häufigkeit	relative Häufigkeit dezimal	relative Häufigkeit prozentual
1	87	0,29	29 %
2	33	0,11	11 %
3	57	0,19	19 %
4	33	0,11	11 %
5	63	0,21	21 %
6	27	0,09	9 %

$$\text{relative Häufigkeit} = \frac{\text{absolute Häufigkeit}}{\text{Anzahl der Versuche}}$$

z. B. für die Augenzahl 1

$$\text{relative Häufigkeit} = \frac{87}{300} = 0,29$$

W 13.3 Säulendiagramm:

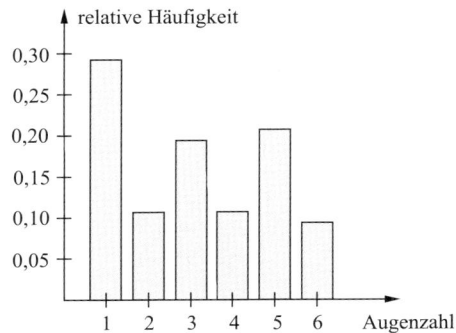

Kreisdiagramm:

$1\% \triangleq 3,6°$

$29\% \triangleq 104,4°$ (Augenzahl 1)

$11\% \triangleq 39,6°$ (Augenzahl 2)

$19\% \triangleq 64,4°$ (Augenzahl 3)

$11\% \triangleq 39,6°$ (Augenzahl 4)

$21\% \triangleq 75,6°$ (Augenzahl 5)

$9\% \triangleq 32,4°$ (Augenzahl 6)

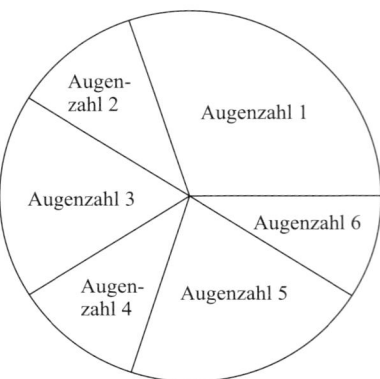

Aufgabe W 14

W 14 rechteckige Grundfläche:

$G = c \cdot t$

$G = 8 \cdot 3 \, \text{cm}^2 = 24 \, \text{cm}^2$

Oberfläche des Prismas:

$O = 2 \cdot A_\Delta + U_\Delta \cdot t$

$O = 2 \cdot \text{Dreiecksfläche} + (\text{Umfang des Dreiecks}) \cdot t$

Berechnung der Seiten a und b des rechtwinkligen Dreiecks:

$\sin\beta = \dfrac{b}{c} \quad \Rightarrow \quad b = c \cdot \sin\beta \quad \Rightarrow \quad b = 8 \, \text{cm} \cdot \sin 56° = 6,63 \, \text{cm}$

$\cos\beta = \dfrac{a}{c} \quad \Rightarrow \quad a = c \cdot \cos\beta \quad \Rightarrow \quad a = 8 \, \text{cm} \cdot \cos 56° = 4,47 \, \text{cm}$

Dreiecksfläche:

$A_\Delta = \dfrac{1}{2} a \cdot b = \dfrac{1}{2} \cdot 6,63 \cdot 4,47 \, \text{cm}^2 \approx 14,82 \, \text{cm}^2$

Oberfläche des Prismas:

$O = 2 \cdot A_\Delta + U_\Delta \cdot t$

$O = 29,64 \, \text{cm}^2 + (8 + 6,63 + 4,47) \cdot 3 \, \text{cm}^2$

$O = 29,64 \, \text{cm}^2 + 19,10 \cdot 3 \, \text{cm}^2$

$O = 29,64 \, \text{cm}^2 + 57,30 \, \text{cm}^2$

$O = 86,94 \, \text{cm}^2$

Prozentsatz:

$$24\,\text{cm}^2 \mathrel{\widehat{=}} 100\,\%$$

$$1\,\text{cm}^2 \mathrel{\widehat{=}} \frac{100}{24}\,\%$$

$$86{,}94\,\text{cm}^2 \mathrel{\widehat{=}} (100\cdot 86{,}94):24\,\% = 362{,}3\,\%$$

Die gesamte Oberfläche ist also um $362{,}3\,\% - 100\,\% = 262{,}3\,\%$ größer als die Ausgangsfläche.

Aufgabe W 15

W 15 Wahrscheinlichkeit für die Ziffer 12

W 15.1 Ziehen mit Zurücklegen, 2-mal nacheinander:

$$P(1;\,2) = \frac{1}{10}\cdot\frac{1}{10} = \frac{1}{100} = 1\,\%$$

W 15.2 Ziehen mit Zurücklegen, Reihenfolge beliebig:

$$P(1;\,2) + P(2;\,1) = \frac{1}{10}\cdot\frac{1}{10} + \frac{1}{10}\cdot\frac{1}{10} = \frac{2}{100} = 2\,\%$$

W 15.3 Ziehen ohne Zurücklegen, Reihenfolge vorgegeben:

$$P(1;\,2) = \frac{1}{10}\cdot\frac{1}{9} = \frac{1}{90} = 1{,}11\,\%$$

W 15.4 Ziehen ohne Zurücklegen, Reihenfolge beliebig:

$$P(1;\,2) + P(2;\,1) = \frac{1}{10}\cdot\frac{1}{9} + \frac{1}{10}\cdot\frac{1}{9} = \frac{2}{90} = 2{,}22\,\%$$

Aufgabe W 16

W 16 $\quad P(A) = \dfrac{|A|}{|\Omega|} = \dfrac{\text{Anzahl der für A günstigen Ergebnisse}}{\text{Anzahl aller möglichen Ergebnisse}}$

Da jede der Ziffern 1, …, 9 als Hunderter-, Zehner- oder Einerziffer gezogen werden kann, ist
$$|\Omega| = 9\cdot 9\cdot 9 = 729.$$

W 16.1 Sei A = dreistellige Zahl hat drei gleiche Ziffern.
Da jede der Ziffern 1, …, 9 dreimal hintereinander gezogen werden kann, ist $|A| = 9$.

$$P(A) = \frac{|A|}{|\Omega|} = \frac{9}{729} = \frac{1}{81} \approx 1{,}2\,\%$$

W 16.2 Sei B = dreistellige Zahl ist durch 5 teilbar.

Falls eine (dreistellige) Zahl durch 5 teilbar ist, muss ihre Einerziffer 0 oder 5 sein; 0 kann hier nicht auftreten. Die Hunderter- und Einerziffer sind beliebig. Daher ist $|B| = 9 \cdot 9 \cdot 1 = 81$.

(9 Möglichkeiten für die Hunderterziffer, 9 Möglichkeiten für die Zehnerziffer, 1 Möglichkeit für die Einerziffer)

$$P(B) = \frac{|B|}{|\Omega|} = \frac{81}{729} = \frac{1}{9} \approx 11{,}1\,\%$$

W 16.3 Sei C = dreistellige Zahl ist gerade.

Hunderter- und Zehnerziffer sind beliebig, also gibt es jeweils 9 Möglichkeiten. Die Einerziffer muss gerade, also 2, 4, 6 oder 8 sein (0 kommt hier nicht vor), also 4 Möglichkeiten.

$|C| = 9 \cdot 9 \cdot 4 = 324$

$$P(C) = \frac{|C|}{|\Omega|} = \frac{324}{729} = \frac{4}{9} \approx 44{,}4\,\%$$

W 16.4 Eine durch 10 teilbare Zahl hat eine Null als Einerziffer, was hier gar nicht auftreten kann. Die gesuchte Wahrscheinlichkeit ist also 0.

Beim Ziehen ohne Zurücklegen ändert sich die Menge Ω der möglichen Ereignisse: Als Zehnerziffer kann jede der Ziffern 1, …, 9 gezogen werden, als Einerziffer nur noch eine der acht verbleibenden Ziffern. Daher $|\Omega| = 9 \cdot 8 = 72$.

W 16.5 Sei E = zweistellige Zahl ist durch 5 teilbar.

Eine solche Zahl muss die Einerziffer 5 haben. Daher darf 5 nicht als Zehnerziffer gezogen werden. Also:

$|E| = 8 \cdot 1 = 8$

$$P(E) = \frac{8}{72} = \frac{1}{9} \approx 11{,}1\,\%$$

W 16.6 Sei F = zweistellige Zahl ist gerade.

Ist die Zehnerziffer ungerade, also 1, 3, 5, 7 oder 9, so hat man für die Einerziffer die vier Möglichkeiten 2, 4, 6 oder 8.

Ist die Zehnerziffer gerade, also 2, 4, 6 oder 8, so verbleiben als mögliche Einerziffer nur die drei restlichen geraden Ziffern. Damit erhält man:

$|F| = 5 \cdot 4 + 4 \cdot 3 = 20 + 12 = 32$

$$P(F) = \frac{32}{72} = \frac{4}{9} \approx 44{,}44\,\%$$

Aufgabe P 1

P 1a

Beschrifte die Skala mit den Zehnerzahlen, um die Zahlen −34 und 25 leichter
zuordnen zu können. Ein Strich auf der Skala entspricht der Einheit „1“:

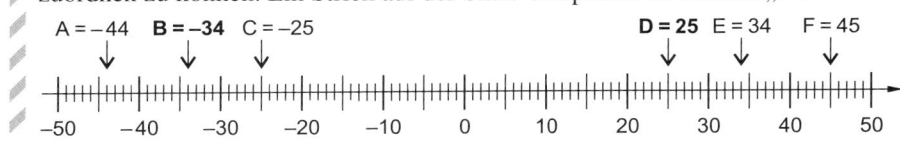

Lösung: −34: **Buchstabe B**
  25: **Buchstabe D**

P 1b

Übersetze den Text schrittweise in einen Term.

Lösung: Term: $\underbrace{\textbf{3x}}_{\substack{\text{das Dreifache} \\ \text{einer Zahl x}}}$ $\underbrace{\textbf{+}}_{\substack{\text{vermehrt} \\ \text{um}}}$ $\underbrace{\textbf{8}}_{\text{acht}}$

P 1c 1

Setze $a = 5$ und $b = -3$ in den Term $\frac{a^2}{b+1}$ ein und berechne den Wert des Terms.

Lösung: Einsetzen von $a = 5$ und $b = -3$ liefert:

$$\frac{5^2}{(-3)+1} = \frac{25}{-2} = \mathbf{-12{,}5}$$

P 1c 2

Setze den Term $\frac{a^2}{b+1}$ gleich 1 und für $a = 3$ ein. Löse die so entstandene Gleichung
mit der Unbekannten b durch Umformungen oder durch Probieren.

Lösung: Der Term soll den Wert 1 haben, d. h. $\frac{a^2}{b+1} = 1$. Mit $a = 3$ gilt:

$$\frac{3^2}{b+1} = 1 \qquad | \cdot (b+1)$$
$$9 = b+1 \qquad | -1$$
$$b = \mathbf{8}$$

M 2017-1

Alternative Lösung durch Probieren:

Ausprobieren liefert (mit $a = 3$):

- $b = 6$: $\dfrac{3^2}{6+1} = \dfrac{9}{7} \neq 1$

- $b = 7$: $\dfrac{3^2}{7+1} = \dfrac{9}{8} \neq 1$

- $b = 8$: $\dfrac{3^2}{8+1} = \dfrac{9}{9} = 1$

Durch Ausprobieren erhält man, dass für $b = 8$ der Term den Wert 1 hat.

P 1d

Gehe bei der Untersuchung des Terms $2x + 1$ schrittweise vor.

Tipp: Wenn du Schwierigkeiten dabei hast, allgemeine Aussagen zu treffen, kannst du dir zunächst Beispiele berechnen und nach Gemeinsamkeiten suchen.

Lösung: Der Term $2x + 1$ ist für $x \in \mathbb{N}$ ungerade, denn es gilt:

$$\underbrace{\underbrace{\mathbf{2x}}_{\text{gerade}} + \underbrace{\mathbf{1}}_{\text{ungerade}}}_{\text{ungerade}}$$

Erklärung:
- Wenn man eine natürliche Zahl $x \in \mathbb{N}$ mit 2 multipliziert, so ist das Ergebnis $2x$ immer eine gerade Zahl.
- Auf eine gerade Zahl $x \in \mathbb{N}$ folgt immer eine ungerade Zahl $x + 1 \in \mathbb{N}$. Die Bedingung „+1" bedeutet also, dass das Ergebnis des Terms $2x + 1$ für $x \in \mathbb{N}$ eine ungerade Zahl ist.

Aufgabe P 2

P 2a

Den Durchmesser einer Pizza erhältst du, wenn du die Gesamtlänge aller dicht aneinander gelegten Pizzen durch ihre Anzahl teilst. Runde das Ergebnis auf cm.

Lösung: Durchmesser einer Pizza:

$220 \text{ m} : 826 = 0,266\ldots \text{ m} = 26,6\ldots \text{ cm} \approx \mathbf{27\ cm}$

P 2b

Berechne zunächst die Gesamtmasse der Zutaten. Den Anteil der Mozzarellamasse erhältst du, wenn du die Mozzarellamasse durch die Gesamtmasse teilst.

Lösung: Gesamtmasse aller Zutaten:

$$
\begin{array}{rl}
& 500 \text{ kg} \quad \text{Mehl} \\
+ & 200 \text{ kg} \quad \text{Wasser} \\
+ & 50 \text{ kg} \quad \text{Hefe} \\
+ & 450 \text{ kg} \quad \text{Tomatensoße} \\
+ & 300 \text{ kg} \quad \text{Mozzarella} \\
\hline
& 1\,500 \text{ kg} \quad \text{Gesamtmasse}
\end{array}
$$

Anteil der Masse des Mozzarellas:

$$\frac{300 \text{ kg}}{1\,500 \text{ kg}} = \frac{1}{5} = 0,2 = 20\,\%$$

P 2c

✎ Die Gesamtlänge der Pizzen entspricht $\frac{11}{100}$ der Länge der längsten Pizza der Welt.

Lösung: Mit dem Dreisatz:

Anteil	Länge
$\frac{11}{100}$	220 m
$\frac{11}{1}$	22 000 m
	2 000 m

$\cdot\,100\ (\quad\quad\quad\quad\quad)\,\cdot\,100$
$:\,11\ (\quad\quad\quad\quad\quad)\,:\,11$

Alternative Lösung mit der Lösungsformel:

✎ Die Gesamtlänge ist der Prozentwert. Ihr Anteil ist mit $\frac{11}{100} = 11\,\%$ der Prozentsatz.

  geg.: Prozentwert P = 220 m; Prozentsatz p % = 11 %

  ges.: Grundwert G

$$G = \frac{P \cdot 100}{p}$$

$$G = \frac{220 \text{ m} \cdot 100}{11}$$

$$\mathbf{G = 2\,000 \text{ m}}$$

Alternative Lösungsmöglichkeit:

✎ Teile die Gesamtlänge durch $\frac{11}{100}$, um die Länge der längsten Pizza der Welt zu erhalten. Division durch einen Bruch bedeutet Multiplikation mit dem Kehrbruch.

Länge der längsten Pizza der Welt:

$$220 \text{ m} : \frac{11}{100} = 220 \text{ m} \cdot \frac{100}{11} = \frac{22\,000}{11} \text{ m} = \mathbf{2\,000 \text{ m}}$$

Aufgabe P 3

P 3a

Der Gesamtpreis setzt sich aus dem Preis und der Mehrwertsteuer zusammen. Der Gesamtpreis entspricht also 119 % des Preises ohne Mehrwertsteuer (800 €).

Lösung: Berechnung des Gesamtpreises:

800 € · 1,19 = **952 €**

Alternative Berechnung des Gesamtpreises mit dem Dreisatz:

Prozentsatz	Preis
100 %	800 €
119 %	**952 €**

· 1,19 (...) · 1,19

Alternative Berechnung des Gesamtpreises mit der Lösungsformel:

geg.: Grundwert G = 800 €; Prozentsatz p % = 119 %

ges.: Prozentwert P

$$P = \frac{G \cdot p}{100}$$

$$P = \frac{800 \, € \cdot 119}{100}$$

P = 952 €

Alternative Lösungsmöglichkeit:

Berechne die Höhe der Mehrwertsteuer und addiere diesen Wert zum Preis (800 €).

Berechnung der Höhe der Mehrwertsteuer mit dem Dreisatz:

Prozentsatz	Preis
100 %	800 €
1 %	8 €
19 %	152 €

: 100 (...) : 100

· 19 (...) · 19

Alternative Berechnung der Mehrwertsteuerhöhe mit der Lösungsformel:

geg.: Grundwert G = 800 €; Prozentsatz p % = 19 %

ges.: Prozentwert P

$$P = \frac{G \cdot p}{100}$$

$$P = \frac{800 \, € \cdot 19}{100}$$

P = 152 €

Berechnung des Gesamtpreises:
$$800 \, € + 152 \, € = \mathbf{952 \, €}$$

P 3b

Berechne zunächst die Höhe des Gewinns, indem du die Kosten von den Einnahmen abziehst. Löse dann mit dem Dreisatz oder der Lösungsformel.

Lösung: Höhe des Gewinns:
$$800 \, € - 636 \, € = 164 \, €$$

Berechnung des prozentualen Anteils des Gewinns als Bruchteil:
$$\frac{164 \, €}{800 \, €} = 0,205 = \mathbf{20,5 \, \%}$$

Alternative Berechnung des prozentualen Anteils mit dem Dreisatz:

	Preis	Prozentsatz	
: 800	800 €	100 %	: 800
· 164	1 €	0,125 %	· 164
	164 €	**20,5 %**	

Alternative Berechnung des prozentualen Anteils mit der Lösungsformel:
geg.: Grundwert G = 800 €; Prozentwert P = 164 €
ges.: Prozentsatz p %

$$p \, \% = \frac{P}{G} \cdot 100 \, \%$$

$$p \, \% = \frac{164 \, €}{800 \, €} \cdot 100 \, \%$$

$$\mathbf{p \, \% = 20,5 \, \%}$$

P 3c

Der zweite Rabatt in Höhe von 5 % bezieht sich auf den *gesenkten* Preis, d. h., der ursprüngliche Preis wurde bereits um 15 % reduziert. Der Grundwert ist bei der zweiten Reduzierung somit ein anderer als bei der ersten Reduzierung.

Lösung: Die 5 % Rabatt werden auf den gesenkten Preis gegeben, d. h., die 5 % beziehen sich auf einen verringerten Grundwert. Würden sich die 5 % auf den ursprünglichen Preis beziehen, hätte Herr George recht und er würde 15 % + 5 % = 20 % sparen. So spart Herr George weniger als 20 %, da er 5 % Rabatt auf einen geringeren Wert als den ursprünglichen Preis erhält.

Alternative Lösung mit einem selbst gewählten Beispiel:
Wähle beispielsweise als Gesamtpreis 100 €.

- Berechnung des Preises nach den Reduzierungen:
  Preis nach Reduzierung um 15 % (auf 85 %): $100 \, € \cdot 0,85 = 85 \, €$
  Preis nach Reduzierung um 5 % (auf 95 %): $85 \, € \cdot 0,95 = 80,75 \, €$
  Der Preis beträgt 80,75 €, wenn zunächst 15 % von 100 € und dann 5 % von 85 € abgezogen werden.
- Berechnung des Preises nach einer Reduzierung um 20 %:
  $100 \, € \cdot 0,8 = 80 \, €$
  Der Preis beträgt 80 €, wenn direkt 20 % von 100 € abgezogen werden.

Da die beiden Preise variieren, ist die Aussage von Herrn George falsch.

Aufgabe P 4

P 4a

Die höchste Augenzahl, die man mit einem Würfel würfeln kann, ist 6. Die höchste Augensumme erhältst du also, wenn du mit jedem der drei Würfel eine 6 würfelst.

Lösung: Größte Augensumme:
$$6 + 6 + 6 = \mathbf{18}$$

P 4b

Es gilt: Wahrscheinlichkeit eines Ereignisses $= \dfrac{\text{Anzahl der günstigen Ergebnisse}}{\text{Anzahl der möglichen Ergebnisse}}$

Bestimme zunächst die Ergebnisse, bei denen Moritz gewinnt.

Lösung: Bestimmung der günstigen Ergebnisse:
Max' Augensumme nach 3 Würfen: 13
Moritz' Augensumme nach 2 Würfen: $4 + 5 = 9$
Differenz: $13 - 9 = 4$

Somit gewinnt Moritz, wenn er eine 5 (Augensumme $9 + 5 = 14$) oder eine 6 (Augensumme $9 + 6 = 15$) würfelt. Bei einer 4 endet es unentschieden.

Anzahl der günstige Ergebnisse: 2
Anzahl der möglichen Ergebnisse: 6

Wahrscheinlichkeit, dass Moritz das Spiel gewinnt:

$$P(\text{Moritz gewinnt}) = \frac{2}{6} = \frac{1}{3} \approx \mathbf{0,33} = \mathbf{33\ \%}$$

P 4c

Max würfelt noch zweimal. Bestimme die Anzahl der möglichen Ergebnisse.

Berechne dann Moritz' Augensumme und die Ergebnisse, bei denen Max gewinnt.

Lösung: Bestimmung der möglichen Ergebnisse:

Max würfelt noch zweimal. Es gibt also $6 \cdot 6 = 36$ mögliche Ergebnisse.

Bestimmung der günstigen Ergebnisse:

Moritz' Augensumme nach 3 Würfen: $3 + 4 + 4 = 11$

Max' Augensumme nach 1 Wurf: 1

Differenz: $11 - 1 = 10$

Max gewinnt, wenn er in Summe eine 11 ($5 + 6 = 11$ und $6 + 5 = 11$) oder eine 12 ($6 + 6 = 12$) würfelt. Würfelt Max eine 10, so endet das Spiel unentschieden. Gewinn-Kombinationen von Max: $(5\,|\,6)$; $(6\,|\,5)$; $(6\,|\,6)$

Anzahl der günstigen Ergebnisse: 3

Anzahl der möglichen Ergebnisse: 36

Wahrscheinlichkeit, dass Max das Spiel gewinnt:

$$P(\text{Max gewinnt}) = \frac{3}{36} = \frac{1}{12} \approx 0{,}083 = 8{,}3\ \%$$

Aufgabe P 5

P 5a 1

In der linearen Gleichung $y = 80 + 0{,}20 \cdot x$ steht die Variable x für die Anzahl der gefahrenen Kilometer und die Variable y für den zu zahlenden Preis in €.

Setze $x = 550$ in die gegebene Gleichung ein und berechne den y-Wert.

Lösung: Einsetzen von $x = 550$ in die Gleichung $y = 80 + 0{,}20 \cdot x$ liefert:

$y = 80 + 0{,}20 \cdot 550 = 190$

Herr Schmidt muss **190 €** zahlen.

P 5a 2

Setze $y = 145$ in die gegebene Gleichung ein und löse die Gleichung nach x auf.

Lösung: Einsetzen von $y = 145$ in die Gleichung $y = 80 + 0{,}20 \cdot x$ liefert:

$145 = 80 + 0{,}20 \cdot x \quad |-80$

$65 = 0{,}20 \cdot x \quad |:0{,}20$

$x = 325$

Frau Müller ist **325 km** mit dem Mietwagen gefahren.

P 5b 1

Betrachte die Gleichung $y = 70 + 0{,}25 \cdot x$. Die Variable x ist wieder die Anzahl der gefahrenen Kilometer und die Variable y der zu zahlende Preis in Euro.

Lösung: Mögliches Werbeschild:

> **Mieten Sie einen Pkw von „FahrCar"!**
> Grundgebühr nur 70 €!
> (zusätzlich 0,25 € pro gefahrenem Kilometer)

P 5b 2

Stelle ein Gleichungssystem auf, das beide Gleichungen enthält, und löse es mit dem Einsetzungs-, Gleichsetzungs- oder Additionsverfahren. Da beide Gleichungen nach y aufgelöst sind, bietet sich hier das Gleichsetzungsverfahren an. Setze die so erhaltene Lösung für x oder y in eine der beiden Ausgangsgleichungen ein.

Lösung: Gleichungssystem:
I. $y = 80 + 0{,}20 \cdot x$
II. $y = 70 + 0{,}25 \cdot x$

Lösen mithilfe des Gleichsetzungsverfahrens:
Setze I. = II.:

$$80 + 0{,}20 \cdot x = 70 + 0{,}25 \cdot x \quad | -70$$
$$10 + 0{,}20 \cdot x = 0{,}25 \cdot x \quad | -0{,}20 \cdot x$$
$$10 = 0{,}05 \cdot x \quad | : 0{,}05$$
$$x = 200$$

Einsetzen von $x = 200$ in I. liefert:
$$y = 80 + 0{,}20 \cdot 200 = 120$$

Beide Angebote kosten bei **200 gefahrenen Kilometern** gleich viel, nämlich **120 €**.

Hinweis: Obwohl in der Aufgabenstellung nicht explizit gefordert wurde, dass neben dem Preis *auch die Kilometerzahlen* übereinstimmen sollen, sollte die Aufgabe so aufgefasst werden, da es um einen Angebotsvergleich geht. Mathematisch gesehen ist es bei der gewählten Formulierung ebenfalls richtig, wenn du einen beliebigen Preis wählst und die zugehörigen Kilometerzahlen berechnest. Da dabei die Angebote aber nicht wirklich verglichen werden, würdest du in der Prüfung für diesen Lösungsweg eventuell nicht die volle Punktzahl erhalten.

Aufgabe P 6

P 6a

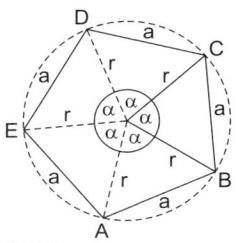

Wenn du im regelmäßigen Fünfeck die Strecken $\overline{MA}$, $\overline{ME}$ und $\overline{MD}$ einzeichnest, sind die entstehenden Dreiecke kongruent, weil sie in den drei Seitenlängen übereinstimmen. Somit sind die Winkel bei M alle gleich groß, nämlich α. Wenn du fünfmal α addierst, erhältst du den Vollwinkel. Um α zu berechnen, musst du also 360° durch 5 teilen.

Lösung: Es gilt: Der Winkel α ist ein Fünftel des Vollwinkels 360°.

Berechnung von α:
$$α = 360° : 5 = \mathbf{72°}$$

P 6b

Berechne β mit dem Satz über die Innenwinkelsumme im Dreieck. Da die eingezeichneten Dreiecke kongruent sind, setzt sich γ aus zweimal β zusammen.

Lösung: Berechnung von β über die Innenwinkelsumme im Dreieck BCM:

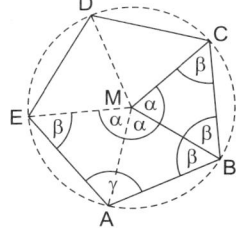

$$180° - α = 2β$$
$$180° - 72° = 2β$$
$$108° = 2β \quad |:2$$
$$β = \mathbf{54°}$$

Berechnung von γ:
$$γ = 2 \cdot β = 2 \cdot 54° = \mathbf{108°}$$

Aufgabe P 7

P 7a

Da beim gleichschenkligen Trapez ABCD α und β die Basiswinkel sind, sind $\overline{BC}$ und $\overline{DA}$ gleich lang. Es kann dir helfen, eine Planfigur anzufertigen und die gegebenen Größen einzutragen. Die Beschriftung der Punkte startet unten links mit A und verläuft gegen den Uhrzeigersinn. Gehe folgendermaßen vor:

- Zeichne die Strecke $\overline{AB} = 7,2$ cm.
- Trage mithilfe des Geodreiecks im Punkt A den Winkel α = 62° an.
- Trage mithilfe des Geodreiecks im Punkt B den Winkel β = 62° an.
- Trage auf dem freien Schenkel von α die Seitenlänge $\overline{DA} = \overline{BC} = 4,8$ cm an.
- Trage auf dem freien Schenkel von β die Seitenlänge $\overline{BC} = 4,8$ cm an.

Lösung: Zeichnung:

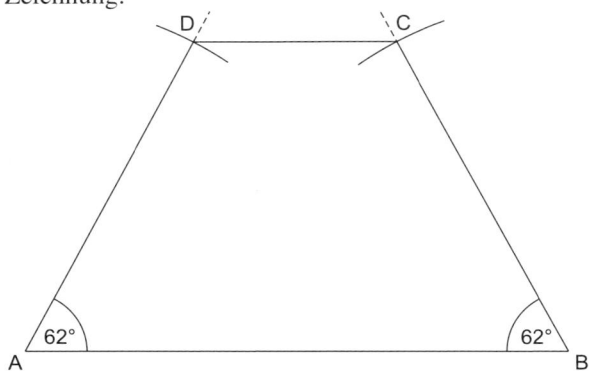

P 7b 1

✎ Bei der Figur handelt es sich um ein Trapez, von dem du den Flächeninhalt direkt
✎ berechnen kannst. Alternativ kannst du das Trapez in ein rechtwinkliges Dreieck
✎ und ein Rechteck zerlegen und deren Flächeninhalte bestimmen.

Lösung: *geg.:* $a = 27$ cm; $c = 3$ cm; $h = 10$ cm

ges.: A

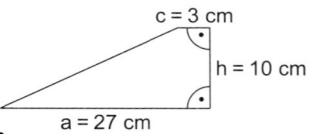

Berechnung der Trapezfläche:

$$A = \frac{a+c}{2} \cdot h = \frac{27\ \text{cm} + 3\ \text{cm}}{2} \cdot 10\ \text{cm} = \mathbf{150\ cm^2}$$

Alternative Lösungsmöglichkeit:

geg.: $a = 27$ cm; $c = 3$ cm; $h = 10$ cm

$g = a - c = 27$ cm $- 3$ cm $= 24$ cm

ges.: A

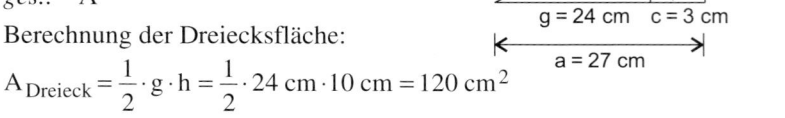

Berechnung der Dreiecksfläche:

$$A_{Dreieck} = \frac{1}{2} \cdot g \cdot h = \frac{1}{2} \cdot 24\ \text{cm} \cdot 10\ \text{cm} = 120\ \text{cm}^2$$

Berechnung der Rechteckfläche:

$$A_{Rechteck} = c \cdot h = 3\ \text{cm} \cdot 10\ \text{cm} = 30\ \text{cm}^2$$

Berechnung des Flächeninhalts der Figur:

$$A = A_{Dreieck} + A_{Rechteck} = 120\ \text{cm}^2 + 30\ \text{cm}^2 = \mathbf{150\ cm^2}$$

P 7b 2

Für die Berechnung des Umfangs fehlt eine Seitenlänge. Berechne diese mithilfe des Satzes des Pythagoras im rechtwinkligen Teildreieck.

Lösung: Berechnung der Länge x mit dem Satz des Pythagoras:

$$x^2 = g^2 + h^2$$
$$x^2 = (24 \text{ cm})^2 + (10 \text{ cm})^2$$
$$x^2 = 676 \text{ cm}^2 \qquad | \sqrt{}$$
$$x = 26 \text{ cm}$$

Berechnung des Umfangs der Figur:
$$U = a + h + c + x = 27 \text{ cm} + 10 \text{ cm} + 3 \text{ cm} + 26 \text{ cm} = \mathbf{66\,cm}$$

Aufgabe P 8

Beachte: 1 t = 1 000 kg

Berechne zunächst mithilfe der Goldmasse und der Golddichte (1 m³ Gold wiegt 19 300 kg) das Würfelvolumen. Dafür benötigst du die Formel Volumen = $\frac{\text{Masse}}{\text{Dichte}}$, also $V = \frac{m_{\text{Gold}}}{\rho_{\text{Gold}}}$. Berechne damit anschließend die Kantenlänge des Würfels.

Runde das Ergebnis auf Meter.

Lösung: *geg.:* $m_{\text{Gold}} = 180\,000$ t

1 m³ Gold wiegt 19 300 kg $\Rightarrow$ $\rho_{\text{Gold}} = 19\,300\ \frac{\text{kg}}{\text{m}^3}$

ges.: a in m

Umrechnung:
$$m_{\text{Gold}} = 180\,000 \text{ t} = 180\,000 \cdot 1\,000 \text{ kg} = 180\,000\,000 \text{ kg}$$

Berechnung des Würfelvolumens:
$$V_{\text{Würfel}} = \frac{m_{\text{Gold}}}{\rho_{\text{Gold}}} = \frac{180\,000\,000 \text{ kg}}{19\,300\ \frac{\text{kg}}{\text{m}^3}} = 9\,326,424\ldots \text{ m}^3 \approx 9\,326,42 \text{ m}^3$$

Berechnung der Kantenlänge des Würfels:
$$V_{\text{Würfel}} = a^3$$
$$9\,326,42 \text{ m}^3 = a^3 \qquad | \sqrt[3]{}$$
$$a = 21,04\ldots \text{ m}$$
$$\mathbf{a \approx 21\,m}$$

Die Kantenlänge des Würfels beträgt etwa 21 m.

Aufgabe W 1

W 1a

Berechne zunächst die Länge der Strecke $\overline{\text{HF}}$ mit dem 1. Strahlensatz. Bestimme dann den Flächeninhalt des Grundstücks der Familie Meier, das die Form eines rechtwinkligen Dreiecks hat. Die Höhe der jährlichen Gebühr erhältst du, wenn du die Grundstücksfläche mit $0,65 \, \frac{€}{\text{m}^2}$ multiplizierst.

Lösung: Berechnung der Länge der Strecke $\overline{\text{HF}}$
mit dem Strahlensatz:

Skizze:

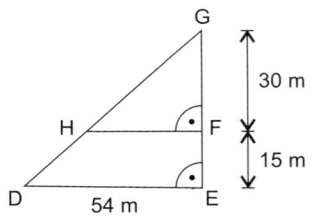

$$\frac{\overline{\text{HF}}}{\overline{\text{DE}}} = \frac{\overline{\text{GF}}}{\overline{\text{GE}}}$$

$$\frac{\overline{\text{HF}}}{54 \text{ m}} = \frac{30 \text{ m}}{30 \text{ m} + 15 \text{ m}} \quad | \cdot 54 \text{ m}$$

$$\overline{\text{HF}} = \frac{30 \text{ m} \cdot 54 \text{ m}}{45 \text{ m}}$$

$$\overline{\text{HF}} = 36 \text{ m}$$

Berechnung der Grundstücksfläche von Familie Meier:

$$A_{\text{Dreieck}} = \frac{1}{2} \cdot g \cdot h = \frac{1}{2} \cdot \overline{\text{HF}} \cdot \overline{\text{GF}} = \frac{1}{2} \cdot 36 \text{ m} \cdot 30 \text{ m} = 540 \text{ m}^2$$

Berechnung der Höhe der jährlichen Gebühr von Familie Meier:

$$540 \text{ m}^2 \cdot 0,65 \, \frac{€}{\text{m}^2} = \textbf{351 €}$$

W 1b 1

Ergänze das rechtwinklige Dreieck DKH. Berechne $\overline{\text{DH}}$ mit dem Satz des Pythagoras.

Lösung: Berechnung von $\overline{\text{DH}}$ mit dem Satz des Pythagoras:

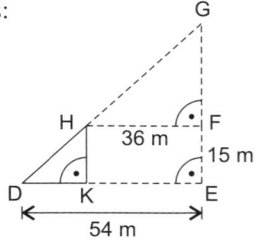

$$\overline{\text{HD}}^2 = \overline{\text{DK}}^2 + \overline{\text{KH}}^2$$

$$\overline{\text{HD}}^2 = (54 \text{ m} - 36 \text{ m})^2 + (15 \text{ m})^2$$

$$\overline{\text{HD}}^2 = 549 \text{ m}^2 \qquad | \sqrt{}$$

$$\overline{\text{HD}} = 23,430\ldots \text{ m}$$

$$\overline{\text{HD}} \approx \textbf{23 m}$$

Alternative Lösungsmöglichkeit:

Berechne zunächst $\overline{GD}$ mit dem Satz des Pythagoras im rechtwinkligen Dreieck DEG. Berechne dann $\overline{DH}$ mit dem 1. Strahlensatz. Runde das Ergebnis auf Meter.

Berechnung von $\overline{GD}$ mit dem Satz des Pythagoras:

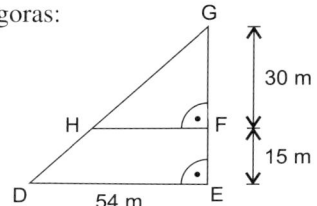

$$\overline{GD}^2 = \overline{DE}^2 + \overline{EG}^2$$
$$\overline{GD}^2 = (54\ \text{m})^2 + (45\ \text{m})^2$$
$$\overline{GD}^2 = 4\,941\ \text{m}^2 \qquad |\sqrt{}$$
$$\overline{GD} \approx 70,29\ \text{m}$$

Berechnung von $\overline{DH}$ mit dem Strahlensatz:

$$\frac{\overline{HD}}{\overline{GD}} = \frac{\overline{FE}}{\overline{GE}}$$
$$\frac{\overline{HD}}{70,29\ \text{m}} = \frac{15\ \text{m}}{45\ \text{m}} \qquad |\cdot 70,29\ \text{m}$$
$$\overline{HD} = \frac{15\ \text{m} \cdot 70,29\ \text{m}}{45\ \text{m}}$$
$$\mathbf{\overline{HD} \approx 23\ m}$$

Alternative Lösungsmöglichkeit:

Berechne zunächst $\overline{GD}$ (wie oben). Berechne dann $\overline{GH}$ mit dem 1. Strahlensatz oder dem Satz des Pythagoras. $\overline{HD}$ ergibt sich als Differenz aus $\overline{GD}$ und $\overline{GH}$

Berechnung der Länge der Strecke $\overline{GH}$ mit dem Strahlensatz:

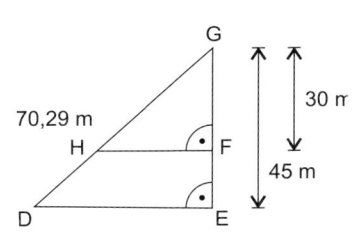

$$\frac{\overline{GH}}{\overline{GD}} = \frac{\overline{GF}}{\overline{GE}}$$
$$\frac{\overline{GH}}{70,29\ \text{m}} = \frac{30\ \text{m}}{45\ \text{m}} \qquad |\cdot 70,29\ \text{m}$$
$$\overline{GH} = \frac{70,29\ \text{m} \cdot 30\ \text{m}}{45\ \text{m}}$$
$$\overline{GH} = 46,86\ \text{m}$$

Alternative Berechnung von $\overline{GH}$ mit dem Satz des Pythagoras:

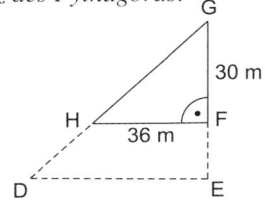

$$\overline{GH}^2 = \overline{HF}^2 + \overline{FG}^2$$
$$\overline{GH}^2 = (36\ \text{m})^2 + (30\ \text{m})^2$$
$$\overline{GH}^2 = 2\,196\ \text{m}^2 \qquad |\sqrt{}$$
$$\overline{GH} \approx 46,86\ \text{m}$$

Berechnung der Länge der Strecke $\overline{HD}$:

$\overline{HD} = \overline{GD} - \overline{GH} = 70,29 \text{ m} - 46,86 \text{ m} = 23,43 \text{ m} \approx \textbf{23 m}$

W 1b 2

Berechne zunächst den fehlenden Winkel mit dem Satz über die Innenwinkelsumme im Dreieck. Dieser besagt, dass die Summe der innen liegenden Winkel im Dreieck 180° beträgt. Die Länge der Strecke $\overline{AB}$ kannst du dann mit dem Sinussatz berechnen. Runde das Ergebnis auf Meter.

Lösung: *geg.:* $\overline{CA} = 34 \text{ m}; \alpha = 55°; \beta = 23°$

           ges.: $\overline{AB}$

Berechnung des Winkels γ über die
Innenwinkelsumme im Dreieck ABC:

$\gamma = 180° - \alpha - \beta$

$\gamma = 180° - 55° - 23°$

$\gamma = 102°$

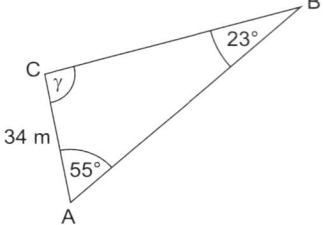

Berechnung der Länge der Strecke $\overline{AB}$
mit dem Sinussatz im Dreieck ABC:

$$\frac{\overline{AB}}{\sin \gamma} = \frac{\overline{CA}}{\sin \beta}$$

$$\frac{\overline{AB}}{\sin 102°} = \frac{34 \text{ m}}{\sin 23°} \qquad | \cdot \sin 102°$$

$$\overline{AB} = \frac{34 \text{ m} \cdot \sin 102°}{\sin 23°}$$

$$\overline{AB} = 85,114\ldots \text{ m}$$

$$\overline{\textbf{AB}} \approx \textbf{85 m}$$

Aufgabe W 2

W 2a

Entnimm die Koordinaten des Punktes Q aus der Zeichnung. Die 1. Koordinate des Punktes Q(x | y) ist der x-Wert, die 2. Koordinate der y-Wert. Vervollständige die Beschriftung der Achsen, um die Koordinaten von Q besser ablesen zu können.

Lösung: **Q(–1 | 5)**

W 2b 1

Setze die y-Koordinate des Punktes A(x | 18) in die Gleichung der Geraden g ein und berechne den Wert der zugehörigen x-Koordinate.

Lösung: Einsetzen von $y = 18$ in die Geradengleichung $y = -2x + 3$ ergibt:

$$18 = -2x + 3 \quad | -3$$
$$15 = -2x \quad | : (-2)$$
$$x = -7{,}5$$

Die x-Koordinate des Punktes A(x | 18) lautet $x = -7{,}5$.

W 2b 2

Die Gleichung einer Geraden hat die Form $y = m \cdot x + b$, wobei m die Steigung und b der y-Achsenabschnitt ist. Zwei Geraden sind parallel, wenn sie dieselbe Steigung haben. Parallele Geraden unterscheiden sich also nur im y-Achsenabschnitt b.

Lösung: Die Gerade g mit der Gleichung $y = -2x + 3$ hat die Steigung $m = -2$.

Zur Geraden g parallele Geraden haben z. B. folgende Gleichungen:

$$y = -2x + 4 \quad oder \quad y = -2x + 5 \quad oder \quad y = -2x - 3 \quad \text{etc.}$$

W 2c 1

Der Scheitelpunkt S(x | y) ist der tiefste bzw. höchste Punkt der Parabel, je nachdem, ob die Parabel nach oben oder unten geöffnet ist. Die vorliegende Normalparabel ist nach oben geöffnet. Sie ist auf der x-Achse um 4 Einheiten nach links und auf der y-Achse um 4 Einheiten nach unten verschoben.

Lösung: Scheitelpunkt:
$$S(-4 | -4)$$

W 2c 2

Mithilfe der Koordinaten des Scheitelpunktes S(d | e) einer verschobenen Normalparabel kann man deren Scheitelpunktform $y = (x - d)^2 + e$ direkt angeben. Achte dabei auf die Vorzeichen der Koordinaten d und e!

Lösung: Für den Scheitelpunkt S(-4 | -4) ergibt sich als Scheitelpunktform:

$$y = [x - (-4)]^2 + (-4)$$
$$y = (x + 4)^2 - 4$$

Alternative Lösungsmöglichkeit:

Die Scheitelpunktform erhält man mithilfe der quadratischen Ergänzung aus der gegebenen Parabelgleichung $y = x^2 + 8x + 12$.

Mithilfe der quadratischen Ergänzung folgt:

$$y = x^2 + 8x + 12$$
$$y = x^2 + 2 \cdot 4 \cdot x + \mathbf{4^2 - 4^2} + 12$$
$$y = \underbrace{x^2 + 2 \cdot 4 \cdot x + 4^2}_{\text{binomische Formel}} - 16 + 12$$

$$\mathbf{y = (x + 4)^2 - 4}$$

W 2c 3

Die Nullstellen einer Funktion sind die x-Werte, an denen der zugehörige y-Wert 0 ist. Setze also $y = 0$ in die Funktionsgleichung von f ein.

Lösung: Berechnung mithilfe der Scheitelpunktform:

$$y = (x + 4)^2 - 4 \quad | \, y = 0$$
$$0 = (x + 4)^2 - 4 \quad | + 4$$
$$4 = (x + 4)^2 \quad | \sqrt{\ }$$
$$\pm 2 = x + 4 \quad | - 4$$
$$x_1 = 2 - 4 = \mathbf{-2}$$
$$x_2 = -2 - 4 = \mathbf{-6}$$

Alternative Lösungsmöglichkeit:

Bestimmung der Nullstellen mithilfe der p-q-Formel:

$$y = x^2 + 8x + 12 \quad | \, y = 0$$
$$0 = x^2 + 8x + 12 \quad \Rightarrow \quad p = 8; q = 12$$

p-q-Formel:

$$x_{1/2} = -\frac{p}{2} \pm \sqrt{\left(\frac{p}{2}\right)^2 - q}$$

$$x_{1/2} = -\frac{8}{2} \pm \sqrt{\left(\frac{8}{2}\right)^2 - 12}$$

$$x_{1/2} = -4 \pm \sqrt{4}$$

$$x_{1/2} = -4 \pm 2$$

$$x_1 = -4 + 2 = \mathbf{-2}$$
$$x_2 = -4 - 2 = \mathbf{-6}$$

Alternative Lösungsmöglichkeit:

Ablesen der Nullstellen aus der Zeichnung:

Eine Nullstelle ist $x_1 = -2$. Aufgrund der Achsensymmetrie der Normal-parabel zur (senkrechten) Achse durch ihren Scheitelpunkt $S(-4|-4)$ ist die zweite Nullstelle $x_2 = -6$.

Hinweis zur Überprüfung:

Die Nullstellen von $y = x^2 + 8x + 12$ müssen miteinander multipliziert $+12$ ergeben.

W 2d

Die Graphen schneiden sich im Punkt $P(-9|21)$, wenn seine Koordinaten beide Gleichungen erfüllen. Setze also die Koordinaten von P in beide Gleichungen ein und überprüfe jeweils, ob sich eine wahre oder falsche Aussage ergibt.

Lösung: Gerade g: $y = -2x + 3$ Parabel f: $y = x^2 + 8x + 12$

$P(-9|21)$ einsetzen: $P(-9|21)$ einsetzen:

$21 \overset{?}{=} -2 \cdot (-9) + 3$ $21 \overset{?}{=} (-9)^2 + 8 \cdot (-9) + 12$

$21 \overset{?}{=} 18 + 3$ $21 \overset{?}{=} 81 - 72 + 12$

$21 = 21$ $21 = 21$

$\Rightarrow$ Punkt P liegt auf der Geraden. $\Rightarrow$ Punkt P liegt auf der Parabel.

Da P auf der Geraden und auf der Parabel liegt, ist P der 2. Schnittpunkt.

Alternative Lösungsmöglichkeit:

Die Schnittpunkte von zwei Funktionen kannst du ebenfalls berechnen, indem du die Funktionsterme gleichsetzt, in diesem Fall $g = f$.

Bestimmung der Schnittpunkte:

$$-2x + 3 = x^2 + 8x + 12 \qquad | + 2x - 3$$
$$0 = x^2 + 10x + 9 \qquad \Rightarrow \quad p = 10;\, q = 9$$

p-q-Formel:

$$x_{1/2} = -\frac{p}{2} \pm \sqrt{\left(\frac{p}{2}\right)^2 - q}$$

$$x_{1/2} = -\frac{10}{2} \pm \sqrt{\left(\frac{10}{2}\right)^2 - 9}$$

$$x_{1/2} = -5 \pm \sqrt{16}$$

$$x_{1/2} = -5 \pm 4$$

$$x_1 = -5 + 4 = -1$$

$$x_2 = -5 - 4 = -9$$

An der Stelle $x = -9$ schneiden sich somit die Gerade und die Parabel. Um die y-Koordinate dieses Schnittpunktes zu berechnen, wird $x = -9$ in die Geradengleichung $y = -2x + 3$ eingesetzt:
$$y = -2 \cdot (-9) + 3$$
$$y = 18 + 3$$
$$y = \mathbf{21}$$

Der 2. Schnittpunkt hat die Koordinaten $\mathbf{P(-9 \,|\, 21)}$. Somit ist die Aussage richtig.

Aufgabe W 3

W 3a

Es gilt: 1 Milliarde = 1 000 Millionen

Ziehe von der Gesamtbevölkerungszahl für das Jahr 2015 die Bevölkerungszahlen der Tabelle von Asien, Afrika, Australien und Ozeanien, Nord- und Südamerika ab.

Lösung: Gesamtbevölkerungszahl im Jahr 2015:
7,35 Milliarden = 7 350 Millionen

Bevölkerungszahl in Europa im Jahr 2015:

7 350 Mio.	Gesamtbevölkerungszahl
− 4 395 Mio.	Asien
− 1 186 Mio.	Afrika
− 39 Mio.	Australien u. Ozeanien
− 992 Mio.	Nord- u. Südamerika
738 Mio.	**Europa**

Die Bevölkerungszahl in Europa im Jahr 2015 betrug 738 Millionen (= 738 000 000).

W 3b 1

Aus der Prozentangabe $p \% = 10 \%$ kannst du den Wachstumsfaktor mithilfe der Formel $1 + \frac{p}{100}$ bestimmen.

Lösung: Bestimmung des Wachstumsfaktors:
$$1 + \frac{p}{100} = 1 + \frac{10}{100} = \mathbf{1,1}$$

Der Wachstumsfaktor lautet also 1,1.

Alternative Lösungsmöglichkeit:
Die Weltbevölkerung Ende des letzten Jahrhunderts entspricht 100 %. Ein Wachstum um 10 % bedeutet einen Anstieg auf 100 % + 10 % = 110 %. Der Wachstumsfaktor ist also **110 %**.

W 3b 2

Es handelt sich um ein exponentielles Wachstum, da die Anzahl der Menschen alle 10 Jahre um p % = 10 % zunimmt. Runde das Ergebnis auf Millionen.

Lösung: Der Startwert ist die Bevölkerungszahl im Jahr 2015, der Wachstumsfaktor ist 1,1 und in 2055 − 2015 = 40 Jahren finden 4 Wachstumsphasen statt (viermal 10 Jahre).

Anzahl der Menschen im Jahr 2055:

$7,35$ Mrd. $\cdot\ 1,1^4 = 10,7611\dots$ Mrd. $= 10\ 761,1\dots$ Mio. $\approx$ **10 761 Mio.**

Im Jahr 2055 würden etwa 10 761 Millionen Menschen auf der Erde leben.

W 3b 3

Das Jahr 2005 liegt 10 Jahre vor dem Startwert der Betrachtung. Da man somit um eine Wachstumsphase (10 Jahre) zurückblicken muss, beträgt die Zahl der Vermehrungen −1. Der Wachstumsfaktor ist 1,1. Runde das Ergebnis auf Millionen.

Lösung: Der Startwert ist die Bevölkerungszahl im Jahr 2015, der Wachstumsfaktor ist 1,1 und in 2005 − 2015 = −10 Jahren finden −1 Wachstumsphasen statt (es wird um 10 Jahre zurückgeblickt).

Anzahl der Menschen im Jahr 2005:

$7,35$ Mrd. $\cdot\ 1,1^{-1} = 6,6818\dots$ Mrd. $= 6\ 681,8\dots$ Mio. $\approx$ **6 682 Mio.**

Im Jahr 2005 lebten etwa 6 682 Millionen Menschen auf der Erde.

W 3c

Da die Bevölkerungszahl jedes Jahr um einen festen Wert zunimmt, handelt es sich um ein lineares Wachstum. Berechne zunächst, um wie viele Menschen die Bevölkerung Asiens von 2015 bis 2030, also in 2030 − 2015 = 15 Jahren, zunimmt. Addiere diesen Wert zur Bevölkerungszahl Asiens im Jahr 2015.

Lösung: Anzahl der Menschen, um die die Bevölkerung von 2015 bis 2030 zunimmt:
$15 \cdot 35$ Mio. $= 525$ Mio.

Anzahl der Menschen in Asien im Jahr 2030:
$4\ 395$ Mio. $+ 525$ Mio. $=$ **4 920 Mio.**

Im Jahr 2030 werden etwa 4 920 Millionen Menschen in Asien leben.

W 3d 1

Es handelt sich um ein exponentielles Wachstum, da die Anzahl der Menschen in Afrika jedes Jahr um p % = 1,6 % zunimmt.

Achtung: Im Unterschied zu Teilaufgabe a geht es hier um *jährliches* Wachstum.

Lösung: Bestimmung des Wachstumsfaktors:

$$1 + \frac{p}{100} = 1 + \frac{1,6}{100} = \mathbf{1,016}$$

Der Startwert ist die Bevölkerungszahl Afrikas im Jahr 2015 (1 186 Mio.) und der Wachstumsfaktor 1,016. Die Anzahl der Jahre, die seit Beginn der Betrachtung 2015 vergangen sind, wird mit x bezeichnet.

Bevölkerungszahl Afrikas x Jahre nach 2015:

1 186 Mio. · 1,016$^{\mathbf{x}}$

W 3d 2

Es liegt exponentielles Wachstum vor.

Lösung: André hat **nicht** recht.

Mögliche Begründung:
André berechnet das Wachstum mit 1,6 % · 100 = 160 %. Diese Rechnung wäre richtig, wenn die afrikanische Bevölkerung jedes Jahr um 1,6 % der Bevölkerungszahl von 2015 zunehmen würde. Hier handelt es sich aber um ein exponentielles Wachstum, bei dem sich jährlich der Grundwert ändert.

Alternative rechnerische Begründung:
Bevölkerungszahl Afrikas 100 Jahre nach 2015 mit der Formel:
1 186 Mio. · 1,016^{100} = 5 800,367144 Mio.

Bevölkerungszahl Afrikas 100 Jahre nach 2015 mit Andrés Behauptung:
geg.: Grundwert G = 1 186 Mio.
Prozentsatz p % = 160 %
ges.: Prozentwert P

$$P = \frac{G \cdot p}{100}$$

$$P = \frac{1\,186 \text{ Mio.} \cdot 160}{100}$$

P = 1 897,6 Mio.

André hat **nicht** recht. Die Ergebnisse weichen um fast 4 000 Millionen voneinander ab.

Aufgabe W 4

W 4a

Der Wasserbehälter stellt näherungsweise einen Zylinder dar und der Spitzbecher lässt sich als Kegel modellieren. Schätze zunächst den Durchmesser und die Höhe des Kegels. Orientiere dich dabei an der Gesichtsbreite des Mädchens, das den Spitzbecher in der Hand hält. Mithilfe der geschätzten Kegelmaße kannst du die Maße des Wasserbehälters annähern. Berechne mit diesen Größen die Volumina von Kegel und Zylinder. Um die Anzahl der Becherfüllungen zu erhalten, musst du das Behältervolumen durch das Bechervolumen teilen. Denke an den Antwortsatz.

Hinweis: Alternativ könntest du den Wasserbehälter auch als Quader modellieren.

Lösung: geschätzte Gesichtsbreite des Mädchens: $15\,\mathrm{cm}$

Maße des kegelförmigen Bechers:

- geschätzter Durchmesser des Bechers: $d_K = 8\,\mathrm{cm}$
  (etwas mehr als die Hälfte der Gesichtsbreite) $\Rightarrow\ r_K = 4\,\mathrm{cm}$
- geschätzte Höhe des Bechers: $h_K = 10\,\mathrm{cm}$
  (etwas mehr als der Durchmesser des Bechers)

Maße des zylinderförmigen Wasserbehälters:

- geschätzter Durchmesser des Wasserbehälters: $d_Z = 4 \cdot d_K = 32\,\mathrm{cm}$
  (etwa das Vierfache des Becherdurchmessers) $\Rightarrow\ r_Z = 16\,\mathrm{cm}$
- geschätzte Höhe des Wasserbehälters: $h_Z = 6 \cdot h_K = 60\,\mathrm{cm}$
  (etwa das Sechsfache der Becherhöhe)

Volumen des Spitzbechers (Kegelvolumen):

$$V_{\text{Becher}} = \frac{1}{3}\pi \cdot r_K{}^2 \cdot h_K$$

$$V_{\text{Becher}} = \frac{1}{3}\pi \cdot (4\,\mathrm{cm})^2 \cdot 10\,\mathrm{cm}$$

$$V_{\text{Becher}} = 167{,}551\ldots\,\mathrm{cm}^3$$

$$V_{\text{Becher}} \approx 168\,\mathrm{cm}^3$$

Volumen des Wasserbehälters (Zylindervolumen):

$$V_{\text{Behälter}} = \pi \cdot r_Z{}^2 \cdot h_Z$$

$$V_{\text{Behälter}} = \pi \cdot (16\,\mathrm{cm})^2 \cdot 60\,\mathrm{cm}$$

$$V_{\text{Behälter}} = 48\,254{,}863\ldots\,\mathrm{cm}^3$$

$$V_{\text{Behälter}} \approx 48\,255\,\mathrm{cm}^3$$

Anzahl der Füllungen:

$$\frac{V_{\text{Behälter}}}{V_{\text{Becher}}} = \frac{48\,255 \text{ cm}^3}{168 \text{ cm}^3} = 287,232\ldots \approx \mathbf{287}$$

Das Wasser aus einem vollen Behälter reicht für etwa 287 Becherfüllungen.

Die Schätzungen der Größen können variieren. Zugelassene Abschätzungen:
Becher: $5 \text{ cm} \leq d_K \leq 12 \text{ cm}$ und $5 \text{ cm} \leq h_K \leq 15 \text{ cm}$
Behälter: $20 \text{ cm} \leq d_Z \leq 50 \text{ cm}$ und $35 \text{ cm} \leq h_Z \leq 80 \text{ cm}$
Mit veränderten Schätzwerten kommt es zu Unterschieden im Ergebnis. Es können Füllzahlen von 13 bis 2 970 korrekt sein. Zu dieser großen Spannweite kommt es, weil schon kleine Veränderungen bei den Längen große Auswirkungen auf die Volumina und somit auch auf die Anzahl der Füllungen haben.

W 4b

Berechne zunächst mit dem 1. Strahlensatz den Radius des Kegels, wenn die Spitzbecher nur bis zur halben Höhe gefüllt werden. Berechne anschließend das neue Bechervolumen und setze die Bechervolumina ins Verhältnis zueinander.

Lösung: *geg.:* $r_K = 4 \text{ cm}$; $h_K = 10 \text{ cm}$; $h'_K = 0,5 \cdot h_K = 5 \text{ cm}$; $V_{\text{Becher}} = 168 \text{ cm}^3$

ges.: Anzahl der Füllungen

Berechnung des neuen Kegelradius mit dem 1. Strahlensatz:

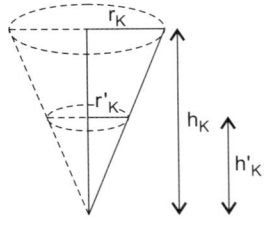

$$\frac{r'_K}{r_K} = \frac{h'_K}{h_K}$$

$$\frac{r'_K}{4 \text{ cm}} = \frac{5 \text{ cm}}{10 \text{ cm}} \quad \Big| \cdot 4 \text{ cm}$$

$$r'_K = \frac{5 \text{ cm} \cdot 4 \text{ cm}}{10 \text{ cm}}$$

$$r'_K = 2 \text{ cm}$$

Berechnung des Volumens des Spitzbechers bei halber Füllung:

$$V_{\text{halb}} = \frac{1}{3}\pi \cdot r'^2_K \cdot h'_K$$

$$V_{\text{halb}} = \frac{1}{3}\pi \cdot (2 \text{ cm})^2 \cdot 5 \text{ cm}$$

$$V_{\text{halb}} = 20,943\ldots \text{ cm}^3$$

$$V_{\text{halb}} \approx 21 \text{ cm}^3$$

Verhältnis:

$$\frac{V_{Becher}}{V_{halb}} = \frac{168\ \text{cm}^3}{21\ \text{cm}^3} = 8$$

Im Vergleich zum vollständig gefüllten Spitzbecher sind 8-mal so viele Füllungen möglich.

Buchstabe: D

Alternative Lösungsmöglichkeit:

- Du kannst die Aufgabe auch allgemein lösen und zunächst mit dem 1. Strahlensatz
- zeigen, dass sich nicht nur die Höhe, sondern auch der Radius des Kegels halbiert.
- Setze anschließend die beiden Bechervolumina ins Verhältnis zueinander.

Berechnung des neuen Kegelradius mit dem 1. Strahlensatz:

$$\frac{r'_K}{r_K} = \frac{h'_K}{h_K}$$

$$\frac{r'_K}{r_K} = \frac{\frac{1}{2} \cdot h_K}{h_K} \qquad | \cdot r_K$$

$$r'_K = \frac{\frac{1}{2} \cdot h_K \cdot r_K}{h_K}$$

$$r'_K = \frac{1}{2} \cdot r_K$$

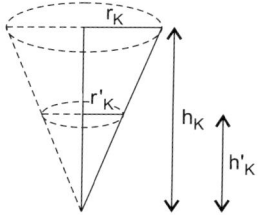

Berechnung des Volumens des Spitzbechers bei halber Füllung:

$$V_{halb} = \frac{1}{3}\pi \cdot r'^2_K \cdot h'_K$$

$$V_{halb} = \frac{1}{3}\pi \cdot \left(\frac{1}{2} \cdot r_K\right)^2 \cdot \frac{1}{2} \cdot h_K$$

$$V_{halb} = \frac{1}{3}\pi \cdot \frac{1}{4} \cdot r^2_K \cdot \frac{1}{2} \cdot h_K$$

$$V_{halb} = \frac{1}{8} \cdot \frac{1}{3}\pi \cdot r^2_K \cdot h_K$$

Verhältnis:

$$\frac{V_{Becher}}{V_{halb}} = \frac{\frac{1}{3}\pi \cdot r^2_K \cdot h_K}{\frac{1}{8} \cdot \frac{1}{3}\pi \cdot r^2_K \cdot h_K} = \frac{1}{\frac{1}{8}} = 8$$

Buchstabe: D

Aufgabe W 5

W 5a

✏ Ziehe von den Einnahmen durch den Verkauf aller Lose die Ausgaben für die
✏ Gewinne ab.

Lösung: Einnahmen durch den Verkauf aller 100 Lose:
$$100 \cdot 1 \, \text{\euro} = 100 \, \text{\euro}$$

Ausgaben für die Gewinne:
$$1 \cdot 10 \, \text{\euro} + 3 \cdot 5 \, \text{\euro} + 6 \cdot 2 \, \text{\euro} + 10 \cdot 1 \, \text{\euro} = 47 \, \text{\euro}$$

Gewinn für die Klassenkasse:
$$100 \, \text{\euro} - 47 \, \text{\euro} = \mathbf{53 \, \text{\euro}}$$

Wenn alle Lose verkauft und alle Gewinne ausgezahlt sind, hat die Klasse
53 € für ihre Klassenkasse verdient.

W 5b

✏ Wenn Nils Pech hat, zieht er zuerst alle Nieten. Daher muss Nils mindestens ein
✏ Los mehr ziehen, als es Nieten gibt, damit er mit Sicherheit ein Gewinnlos zieht.

Lösung: Anzahl der Gewinnlose:
$$1 + 3 + 6 + 10 = 20$$

Anzahl der Nieten:
$$100 - 20 = 80$$

Nils muss mindestens **81 Lose** kaufen, damit er mit Sicherheit ein Gewinnlos zieht.

W 5c

✏ Es gilt: Wahrscheinlichkeit eines Ereignisses $= \dfrac{\text{Anzahl der günstigen Ergebnisse}}{\text{Anzahl der möglichen Ergebnisse}}$
✏ Bestimme die Anzahl aller Lose und die Anzahl der 10-€-Gewinnlose.

Lösung: Anzahl der 10-€-Gewinnlose: 1
Anzahl aller Lose: 100

Wahrscheinlichkeit dafür, beim 1. Zug das 10-€-Gewinnlos zu ziehen:

$$P(10\text{-€-Gewinnlos}) = \frac{1}{100} = \mathbf{0,01} = \mathbf{1 \, \%}$$

Die Wahrscheinlichkeit, das Gewinnlos im 1. Zug zu ziehen, beträgt 1 %.

W 5d 1

Da zweimal gezogen wird, handelt es sich um ein zweistufiges Zufallsexperiment.
Berechne die Wahrscheinlichkeit, zwei Nieten zu ziehen, mithilfe der 1. Pfadregel.
Beachte: Es handelt sich um einen Zufallsversuch *ohne Zurücklegen*, d. h., die
Wahrscheinlichkeiten verändern sich bei jeder Ziehung.

Lösung: Wahrscheinlichkeit, beim 1. Ziehen eine Niete zu ziehen: $\dfrac{80}{100}$

Wahrscheinlichkeit, beim 2. Ziehen eine Niete zu ziehen: $\dfrac{79}{99}$
(nachdem beim 1. Ziehen eine Niete gezogen wurde)

Wahrscheinlichkeit, zwei Nieten zu ziehen:

$$\text{P(zwei Nieten)} = \frac{80}{100} \cdot \frac{79}{99} = \frac{316}{495} = 0,6383\ldots \approx \mathbf{63,83\ \%}$$

Die Wahrscheinlichkeit, zwei Nieten zu ziehen, beträgt rund 63,83 %.

W 5d 2

Es handelt sich wieder um ein zweistufiges Zufallsexperiment. Wende die 1. und
die 2. Pfadregel an.
Beachte: Die Reihenfolge der gezogenen Lose ist egal. Es kann sowohl erst das
Gewinnlos und dann die Niete als auch erst die Niete und dann das Gewinnlos
gezogen werden.

Lösung: Wahrscheinlichkeit, beim 1. Ziehen ein Gewinnlos zu ziehen: $\dfrac{20}{100}$

Wahrscheinlichkeit, beim 2. Ziehen eine Niete zu ziehen: $\dfrac{80}{99}$
(nachdem beim 1. Ziehen das Gewinnlos gezogen wurde)

Wahrscheinlichkeit, beim 1. Ziehen eine Niete zu ziehen: $\dfrac{80}{100}$

Wahrscheinlichkeit, beim 2. Ziehen ein Gewinnlos zu ziehen: $\dfrac{20}{99}$
(nachdem beim 1. Ziehen die Niete gezogen wurde)

Wahrscheinlichkeit, ein Gewinnlos und eine Niete zu ziehen (1. und 2. Pfadregel):

$$\text{P(Gewinn und Niete)} = \frac{20}{100} \cdot \frac{80}{99} + \frac{80}{100} \cdot \frac{20}{99} = \frac{32}{99} = 0,3232\ldots \approx \mathbf{32,32\ \%}$$

Die Wahrscheinlichkeit, dass genau ein Gewinnlos unter den beiden Losen
ist, beträgt rund 32,32 %.

W 5e 1

✎ Berechne, wie viel Jan für die Lose ausgeben müsste, und vergleiche diesen Wert
✎ mit dem zu erwartenden Gewinn in Höhe von 10 €.

Lösung: Wenn Jan alle 12 Lose kaufen würde, müsste er dafür zunächst 12 € investieren. Da sich der Gewinn aber nur auf 10 € beläuft, würde er einen Verlust von 12 € − 10 € = 2 € machen. Der Kauf aller Lose auf einmal wäre also nicht sinnvoll.

W 5e 2

✎ Da dreimal gezogen wird, handelt es sich um ein dreistufiges Zufallsexperiment.
✎ Berechne die Wahrscheinlichkeit, drei Nieten zu ziehen, mithilfe der 1. Pfadregel.
✎ *Beachte:* Es handelt sich um einen Zufallsversuch *ohne Zurücklegen*, d. h., die
✎ Wahrscheinlichkeiten verändern sich bei jeder Ziehung.

Lösung: Wahrscheinlichkeit, beim 1. Ziehen eine Niete zu ziehen: $\dfrac{11}{12}$

Wahrscheinlichkeit, beim 2. Ziehen eine Niete zu ziehen: $\dfrac{10}{11}$
(nachdem beim 1. Ziehen eine Niete gezogen wurde)

Wahrscheinlichkeit, beim 3. Ziehen eine Niete zu ziehen: $\dfrac{9}{10}$
(nachdem beim 1. und 2. Ziehen Nieten gezogen wurden)

Wahrscheinlichkeit, drei Nieten zu ziehen:

$$P(\text{drei Nieten}) = \frac{11}{12} \cdot \frac{10}{11} \cdot \frac{9}{10} = \frac{9}{12} = \frac{3}{4} = 0,75 = \mathbf{75\ \%}$$

Die Wahrscheinlichkeit, drei Nieten zu ziehen, beträgt 75 %.

Aufgabe P 1

P 1a

Um die Zahl in der Mitte zu finden, musst du die beiden Zahlen addieren und die
Summe halbieren. Achte dabei auf die Vorzeichen.
Alternativ kannst du auch die Zahlen am Zahlenstrahl darstellen und die Zahl in
der Mitte ablesen.

Lösung: Zahl in der Mitte von -8 und 4:

$$\frac{-8+4}{2} = \frac{-4}{2} = \mathbf{-2}$$

Alternative Lösung durch Darstellen am Zahlenstrahl:

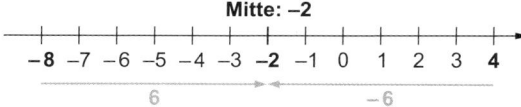

P 1b

Schreibe die Brüche als Dezimalbrüche und prüfe dann der Reihe nach, welche
der Zahlen größer als $-2,5$ und kleiner als $0,5$ sind. Die Zahlen lauten:

A -3 **B** $-\frac{3}{4} = -0,75$ **C** $\frac{4}{3} = 1,\overline{3}$ **D** $-\frac{4}{3} = -1,\overline{3}$ **E** $\frac{3}{4} = 0,75$ **F** 4

Lösung: Es gilt:

$$-2,5 < -\frac{3}{4} = -0,75 < 0,5 \quad \Rightarrow \quad \textbf{Buchstabe B}$$

$$-2,5 < -\frac{4}{3} = -1,\overline{3} < 0,5 \quad \Rightarrow \quad \textbf{Buchstabe D}$$

P 1c 1

Setze $x = 5$ in den Term $\sqrt{32x \cdot 2x}$ ein und berechne den Wert des Terms.

Lösung: Einsetzen von $x = 5$ liefert:

$$\sqrt{32 \cdot 5 \cdot 2 \cdot 5} = \sqrt{160 \cdot 10} = \sqrt{1\,600} = \mathbf{40}$$

Alternative Lösung mithilfe des Kommutativgesetzes:

$$\sqrt{32 \cdot 5 \cdot 2 \cdot 5} = \sqrt{32 \cdot 2 \cdot 5 \cdot 5} = \sqrt{64 \cdot 25} = \sqrt{64} \cdot \sqrt{25} = 8 \cdot 5 = \mathbf{40}$$

P 1c 2

Wende das Kommutativgesetz an. Fasse dann die Zahlen und die Variablen x zusammen. Ziehe anschließend die Wurzel ($x \geq 0$).

Lösung: Es gilt:

$$\sqrt{32x \cdot 2x} = \sqrt{32 \cdot x \cdot 2 \cdot x} = \sqrt{32 \cdot 2 \cdot x \cdot x} = \sqrt{64 \cdot x^2} = \sqrt{64} \cdot \sqrt{x^2} = \mathbf{8x}$$

P 1c 3

Setze den Term gleich 8. Du erhältst eine Gleichung mit der Unbekannten x. Löse die Gleichung mithilfe von Äquivalenzumformungen.
Hinweis: Leichter geht es, wenn du deinen vereinfachten Term gleich 8 setzt.

Lösung: Der Term soll den Wert 8 haben, d. h. $\sqrt{32x \cdot 2x} = 8$. Es gilt:

$$\sqrt{32x \cdot 2x} = 8$$
$$\sqrt{64x^2} = 8$$
$$8x = 8 \quad \vert : 8$$
$$x = 1$$

Der Term hat für x = 1 den Wert 8.

Aufgabe P 2

P 2a

Berechne zunächst den Preisnachlass in € mit dem Dreisatz oder der Lösungs-formel. Bilde dann die Differenz aus altem Preis und Preisnachlass in €.
Alternativ kannst du den Preis des Fernsehers nach dem Preisnachlass auch direkt mit dem verminderten Grundwert berechnen.

Lösung: Preisnachlass in €:
Berechnung mit dem Dreisatz:

Prozentsatz	Geldbetrag
100 %	1 400 €
1 %	14 €
12 %	168 €

$: 100$ und $\cdot 12$ (links), $: 100$ und $\cdot 12$ (rechts)

Alternative Berechnung mit der Lösungsformel:
geg.:   Grundwert $G = 1\,400\ €$
Prozentsatz $p\,\% = 12\,\%$
ges.:   Prozentwert P

$$P = \frac{G \cdot p}{100}$$

$$P = \frac{1\,400\ € \cdot 12}{100}$$

$$P = 168\ €$$

Preis nach dem Preisnachlass:
$1\,400\ € - 168\ € = \mathbf{1\,232\ €}$

Alternative Lösungsmöglichkeit mit dem verminderten Grundwert:
Da der ursprüngliche Preis (Grundwert) um 12 % gesenkt wurde, beträgt der neue
Preis $100\,\% - 12\,\% = 88\,\%$ vom ursprünglichen Preis.

geg.:   Grundwert $G = 1\,400\ €$
Prozentsatz $p\,\% = 12\,\%$
ges.:   verminderter Grundwert $G_{\text{vermindert}}$

$$G_{\text{vermindert}} = G \cdot \left(1 - \frac{p}{100}\right)$$

$$G_{\text{vermindert}} = 1\,400\ € \cdot \left(1 - \frac{12}{100}\right)$$

$$G_{\text{vermindert}} = 1\,400\ € \cdot 0,88$$

$$G_{\text{vermindert}} = \mathbf{1\,232\ €}$$

P 2b

Da der Preis um 15 % gesenkt wurde, beträgt er noch $100\,\% - 15\,\% = 85\,\%$.
Berechne zunächst den ursprünglichen Preis mit dem Dreisatz oder der Lösungsformel. Bilde dann die Differenz aus ursprünglichem und reduziertem Preis.

Lösung: ursprünglicher Preis:
Berechnung mit dem Dreisatz:

Prozentsatz	Geldbetrag
85 %	357 €
1 %	4,2 €
100 %	420 €

: 85, · 100 / : 85, · 100

Alternative Berechnung mit der Lösungsformel:
geg.: Prozentwert P = 357 €
  Prozentsatz p % = 85 %
ges.: Grundwert G

$$G = \frac{P \cdot 100}{p}$$

$$G = \frac{357 \ € \cdot 100}{85}$$

G = 420 €

Höhe der Preissenkung:
420 € − 357 € = **63 €**

Alternative Lösungsmöglichkeit:

Da der ursprüngliche Preis um 15 % gesenkt wurde, entspricht der neue Preis noch 100 % − 15 % = 85 %. Berechne die Preissenkung von 15 % in € mit dem Dreisatz.

Höhe der Preissenkung mit dem Dreisatz:

Prozentsatz	Geldbetrag
: 85 (85 %	357 €) : 85
· 15 (1 %	4,2 €) · 15
15 %	**63 €**

P 2c

Die Mehrwertsteuer beträgt 19 % des Preises ohne Mehrwertsteuer. Der Preis ohne Mehrwertsteuer ist also der Grundwert und der Preis mit Mehrwertsteuer entspricht 119 % des Preises ohne Mehrwertsteuer. Gesucht ist der Grundwert.
Alternativ kannst du direkt mit dem vermehrten Grundwert rechnen.

Lösung: Berechnung des Preises ohne Mehrwertsteuer:
  1 249,50 € : 1,19 = **1 050 €**

Alternative Berechnung mit dem Dreisatz:

Prozentsatz	Geldbetrag
: 119 (119 %	1 249,50 €) : 119
· 100 (1 %	10,5 €) · 100
100 %	**1 050 €**

Alternative Berechnung mit der Lösungsformel:

    geg.:   Prozentwert P = 1 249,50 €

            Prozentsatz p % = 119 %

    ges.:   Grundwert G

$$G = \frac{P \cdot 100}{p}$$

$$G = \frac{1\,249,50\ € \cdot 100}{119}$$

$$\mathbf{G = 1\,050\ €}$$

Alternative Berechnung mit dem vermehrten Grundwert:

Da der Preis ohne Mehrwertsteuer (Grundwert) um 19 % erhöht wurde, beträgt der Preis mit Mehrwertsteuer 100 % + 19 % = 119 % vom Preis ohne Mehrwertsteuer.

    geg.:   vermehrter Grundwert $G_{vermehrt}$ = 1 249,50 €

            Prozentsatz p % = 19 %

    ges.:   Grundwert G

$$G_{vermehrt} = G \cdot \left(1 + \frac{p}{100}\right)$$

$$1\,249,50\ € = G \cdot \left(1 + \frac{19}{100}\right)$$

$$1\,249,50\ € = G \cdot 1,19 \qquad |:1,19$$

$$\mathbf{G = 1\,050\ €}$$

Aufgabe P 3

P 3a

Berechne die durchschnittliche Geschwindigkeit mit dem Dreisatz oder mit der Formel $v = \frac{s}{t}$ (s: zurückgelegter Weg; t: dazu benötigte Zeit).

Lösung: Berechnung der Strecke, die Tom in 1 h = 60 min zurücklegen würde:
Mit dem Dreisatz:

Zeit	Strecke
20 min	1,6 km
1 min	0,08 km
60 min	4,8 km

: 20 (von 20 min zu 1 min) und : 20 (von 1,6 km zu 0,08 km)
· 60 (von 1 min zu 60 min) und · 60 (von 0,08 km zu 4,8 km)

Durchschnittliche Geschwindigkeit: $\mathbf{4,8\ \dfrac{km}{h}}$

Alternative Berechnung mit der Formel:

geg.: $\quad s = 1{,}6\ \text{km}$

$$t = 20\ \text{min} = \frac{20}{60}\ \text{h} = \frac{1}{3}\ \text{h}$$

ges.: $\quad v$

$$v = \frac{s}{t}$$

$$v = \frac{1{,}6\ \text{km}}{\frac{1}{3}\ \text{h}}$$

$$v = 1{,}6 \cdot 3\ \frac{\text{km}}{\text{h}}$$

$$\mathbf{v = 4{,}8\ \frac{km}{h}}$$

P 3b

✎ Berechne die Fahrtdauer entweder mit dem Dreisatz oder mit der Formel $v = \frac{s}{t}$.

Lösung: Berechnung mit dem Dreisatz:

Strecke	Zeit
$:10\ \big($ 16 km	1 h = 60 min $\big) : 10$
1,6 km	**6 min**

Mit dem Fahrrad benötigt er 6 Minuten für seinen Schulweg.

Alternative Berechnung mit der Formel:

geg.: $\quad v = 16\ \frac{\text{km}}{\text{h}}\,;\ s = 1{,}6\ \text{km}$

ges.: $\quad t$

$$v = \frac{s}{t}$$

$$16\ \frac{\text{km}}{\text{h}} = \frac{1{,}6\ \text{km}}{t} \qquad \big|\cdot t$$

$$t \cdot 16\ \frac{\text{km}}{\text{h}} = 1{,}6\ \text{km} \qquad \big| :16\ \frac{\text{km}}{\text{h}}$$

$$t = 0{,}1\ \text{h}$$

$$\mathbf{t = 6\ min}$$

Mit dem Fahrrad benötigt er 6 Minuten für seinen Schulweg.

P 3c

Interpretiere der Reihe nach die Begriffe aus der Geschichte grafisch:

langsames Gehen: kleine, positive Steigung, linearer Verlauf

halber Weg: y-Wert mittig zwischen seinem Zuhause und der Schule

Umkehren: negative Steigung, linearer Verlauf, bis der Graph die x-Achse erreicht

schnelles Radeln: positive Steigung, steiler als beim Gehen, Verlauf linear

Schließe damit die Diagramme aus, die nicht passen:

- Tom kehrt auf halbem Weg zur Schule um. ⇒ Diagramme C und D falsch
- Tom ist zu Fuß langsamer als mit dem Fahrrad, somit muss der Graph zu Beginn flacher verlaufen als am Ende. ⇒ Diagramm A falsch
- Da man zur gleichen Zeit nicht an verschiedenen Orten sein kann, wird jedem Zeitpunkt (x-Wert) genau ein Wert auf der y-Achse zugeordnet.
  ⇒ Diagramme E und F falsch

Lösung: **Diagramm B**

Aufgabe P 4

P 4a

Fertige vor der Konstruktion eine Planfigur an und trage die gegebenen Größen ein.

Konstruktionsbeschreibung:

1. Zeichne die Strecke $\overline{AB}$ = c = 4 cm (Eckpunkte beschriften).
2. Trage in B den Winkel β = 44° an.
   (*Tipp:* Verlängere, wenn nötig, die Strecke $\overline{AB}$ mit einer Hilfslinie, damit du 44° auf dem Geodreieck leichter ablesen kannst.)
3. Zeichne einen Kreis um A mit Radius r = b = 5,5 cm.
4. Der Schnittpunkt des Kreises mit dem freien Schenkel von β ist der Punkt C.
5. Verbinde A und C.

Bemerkung: Da der gegebene Winkel der längeren Seite gegenüberliegt, ist das Dreieck nach dem Kongruenzsatz SsW eindeutig konstruierbar.

Lösung: Planfigur:

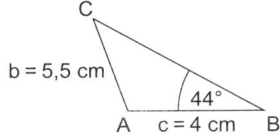

Konstruktion:

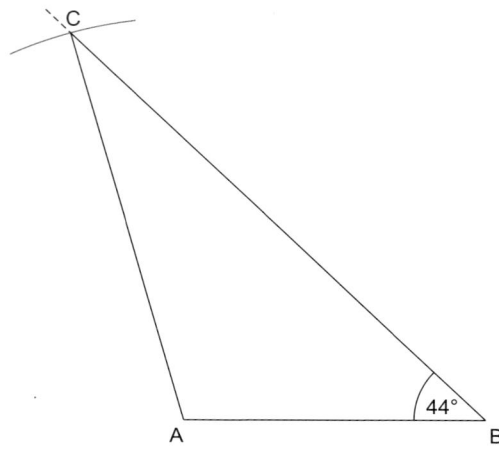

P 4b 1

Die Höhe [FH] teilt das Dreieck DEF in zwei rechtwinklige Teildreiecke. Die Innenwinkelsumme im Dreieck beträgt 180°. Berechne damit die Größe von ε.

Lösung: Berechnung von ε über die Innenwinkelsumme im rechtwinkligen Teildreieck DHF:

$$\varepsilon = 180° - 42° - 90°$$
$$\varepsilon = 180° - 132°$$
$$\mathbf{\varepsilon = 48°}$$

P 4b 2

Berechne zunächst die Höhe h = $\overline{FH}$ mit dem Satz des Pythagoras im rechtwinkligen Dreieck HEF. Dann kannst du den Flächeninhalt des Dreiecks DEF mithilfe der Formel A = $\frac{g \cdot h}{2}$ berechnen.

Lösung: Berechnung der Höhe h mit dem Satz des Pythagoras im rechtwinkligen Teildreieck HEF:

$$h^2 + (28\,\text{cm})^2 = (53\,\text{cm})^2 \qquad | -(28\,\text{cm})^2$$
$$h^2 = (53\,\text{cm})^2 - (28\,\text{cm})^2$$
$$h^2 = 2\,809\,\text{cm}^2 - 784\,\text{cm}^2$$
$$h^2 = 2\,025\,\text{cm}^2 \qquad | \sqrt{}$$
$$h = 45\,\text{cm}$$

M 2018-8

Berechnung des Flächeninhalts des Dreiecks DEF:

$$A = \frac{\overline{DE} \cdot h}{2} = \frac{78\ cm \cdot 45\ cm}{2} = \mathbf{1\,755\ cm^2}$$

Alternative Lösungsmöglichkeit:

Zerlege das Dreieck DEF in die zwei rechtwinkligen Teildreiecke DHF und HEF.
Berechne deren Flächeninhalte und addiere sie.

Berechnung der Höhe h:
Wie bei der ersten Lösung wird die Höhe h
mit dem Satz des Pythagoras im rechtwinkligen Teildreieck HEF berechnet:
h = 45 cm

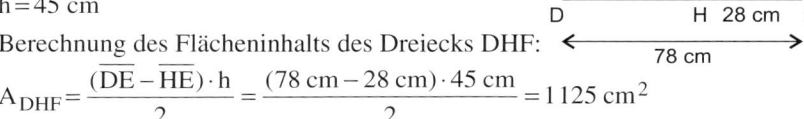

Berechnung des Flächeninhalts des Dreiecks DHF:

$$A_{DHF} = \frac{(\overline{DE} - \overline{HE}) \cdot h}{2} = \frac{(78\ cm - 28\ cm) \cdot 45\ cm}{2} = 1\,125\ cm^2$$

Berechnung des Flächeninhalts des Dreiecks HEF:

$$A_{HEF} = \frac{\overline{HE} \cdot h}{2} = \frac{28\ cm \cdot 45\ cm}{2} = 630\ cm^2$$

Berechnung des Flächeninhalts des Dreiecks DEF:

$$A = A_{DHF} + A_{HEF} = 1\,125\ cm^2 + 630\ cm^2 = \mathbf{1\,755\ cm^2}$$

Aufgabe P 5

P 5a

Es gilt: Wahrscheinlichkeit eines Ereignisses $= \dfrac{\text{Anzahl der günstigen Ergebnisse}}{\text{Anzahl der möglichen Ergebnisse}}$

Bestimme die Anzahl der Würfelseiten mit Herz (günstige Ergebnisse) und die
Anzahl aller Würfelseiten (mögliche Ergebnisse).

Lösung: Anzahl der Würfelseiten mit Herz: 3
Anzahl aller Würfelseiten: 8

Wahrscheinlichkeit, ein Herz zu würfeln:

$$P(Herz) = \frac{3}{8} = \mathbf{0,375 = 37,5\,\%}$$

Die Wahrscheinlichkeit, ein Herz zu würfeln, beträgt 37,5 %.

P 5b

↗ Da zweimal gewürfelt wird, handelt es sich um ein zweistufiges Zufallsexperiment.
↗ Die Wahrscheinlichkeit dafür, dass ein Symbol beim zweiten Wurf geworfen wird,
↗ ist unabhängig davon, welches Symbol beim ersten Wurf gefallen ist. Es handelt
↗ sich somit um einen Zufallsversuch *mit Zurücklegen*, d. h., die Wahrscheinlichkeiten
↗ sind bei jedem Wurf gleich.

P 5b 1

↗ Berechne die Wahrscheinlichkeit, erst ein Kleeblatt und dann ein Kreuz zu würfeln,
↗ mithilfe der 1. Pfadregel. Es gibt 1 Seite mit Kleeblatt und 4 Seiten mit Kreuz.

Lösung: Wahrscheinlichkeit, beim 1. Wurf ein Kleeblatt zu würfeln: $\dfrac{1}{8}$

Wahrscheinlichkeit, beim 2. Wurf ein Kreuz zu würfeln: $\dfrac{4}{8} = \dfrac{1}{2}$

Wahrscheinlichkeit, ein Kleeblatt und ein Kreuz zu würfeln:

$$P(\text{Kleeblatt; Kreuz}) = \frac{1}{8} \cdot \frac{4}{8} = \frac{4}{64} = \mathbf{\frac{1}{16}} = 0,0625 = 6,25\ \%$$

P 5b 2

↗ Genau einmal ein Kleeblatt zu würfeln bedeutet, dass entweder beim 1. Wurf **oder**
↗ beim 2. Wurf ein Kleeblatt gewürfelt wird. Welches der übrigen Symbole beim
↗ anderen Wurf gewürfelt wird, ist egal. Es kann sowohl erst das Kleeblatt und dann
↗ eines der anderen Symbole (7 Würfelseiten) als auch erst eines der anderen Sym-
↗ bole und dann das Kleeblatt gewürfelt werden. Wende die 1. und 2. Pfadregel an.

Lösung: Wahrscheinlichkeit, beim 1. Wurf ein Kleeblatt zu würfeln: $\dfrac{1}{8}$

Wahrscheinlichkeit, beim 2. Wurf kein Kleeblatt zu würfeln: $\dfrac{7}{8}$

Wahrscheinlichkeit, beim 1. Wurf kein Kleeblatt zu würfeln: $\dfrac{7}{8}$

Wahrscheinlichkeit, beim 2. Wurf ein Kleeblatt zu würfeln: $\dfrac{1}{8}$

Wahrscheinlichkeit, genau einmal ein Kleeblatt zu würfeln (1. und 2. Pfad-regel):

$$P(\text{genau ein Kleeblatt}) = \frac{1}{8} \cdot \frac{7}{8} + \frac{7}{8} \cdot \frac{1}{8} = \mathbf{\frac{7}{32}} = 0,21875 = 21,875\ \%$$

P 5c

Lea hat dreimal hintereinander gewürfelt. Dabei handelt es sich um einen dreistufigen Zufallsversuch und jeder Wurf ist unabhängig vom vorherigen Wurf. Die Würfelseiten werden also nicht „verbraucht", sondern jedes Symbol kann bei jedem der drei Würfe fallen. Bedenke, dass „mit Sicherheit" bedeutet, dass etwas 100 %ig eintritt und Paul damit meint, dass es keine andere Möglichkeit gibt.

Lösung: **Paul hat nicht recht.**

Mögliche Begründung:
Es gibt insgesamt 3 verschiedene Symbole auf dem Würfel. Bei jedem der drei Würfe kann jedes der Symbole fallen. Somit kann Lea auch dreimal hintereinander Herz oder dreimal hintereinander Kleeblatt geworfen haben.

Aufgabe P 6

Den Abfall erhältst du, wenn du vom Flächeninhalt des quadratischen Stoffs den Flächeninhalt der kreisförmigen Tischdecke abziehst. Der Radius der Tischdecke setzt sich dabei aus dem halben Durchmesser des Tisches und dem Überhang zusammen. Berechne dann den prozentualen Anteil. Runde auf ganze Prozent.

Lösung: geg.: $r = \dfrac{90\,\text{cm}}{2} + 20\,\text{cm} = 65\,\text{cm} = 0,65\,\text{m}$

$a = 1,40\,\text{m}$

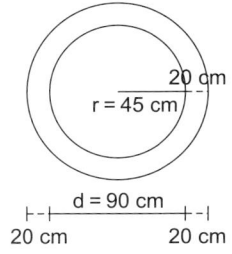

20 cm
r = 45 cm

d = 90 cm
20 cm   20 cm

ges.: A_{Abfall}

Flächeninhalt der kreisförmigen Tischdecke:
$A_{\text{Kreis}} = \pi \cdot r^2 = \pi \cdot (0,65\,\text{m})^2 \approx 1,33\,\text{m}^2$

Flächeninhalt des quadratischen Stoffs:
$A_{\text{Quadrat}} = a^2 = (1,40\,\text{m})^2 = 1,96\,\text{m}^2$

Flächeninhalt des Abfalls:
$A_{\text{Abfall}} = A_{\text{Quadrat}} - A_{\text{Kreis}} = 1,96\,\text{m}^2 - 1,33\,\text{m}^2 = 0,63\,\text{m}^2$

prozentualer Anteil:
$\dfrac{A_{\text{Abfall}}}{A_{\text{Quadrat}}} = \dfrac{0,63\,\text{m}^2}{1,96\,\text{m}^2} = 0,321\ldots \approx \mathbf{32\,\%}$

Alternativ kannst du den prozentualen Anteil auch mit dem Dreisatz oder mit der Lösungsformel berechnen.

Aufgabe P 7

P 7a 1

Zähle die Streichhölzer der ersten drei Figuren und notiere die Ergebnisse in einer Tabelle. Mit jeder Figur kommen zwei Streichhölzer hinzu. Führe die Tabelle fort. Alternativ kannst du die 4. Figur zeichnen und die Anzahl der Streichhölzer zählen.

Lösung: Tabelle für die Anzahl der Streichhölzer:

Figur	1	2	3	4	...
Streichhölzer	3	5	7	**9**	...

$+2$ $+2$ $+2$

Für die 4. Figur benötigt man **9 Streichhölzer**.

Alternative Lösungsmöglichkeit durch Zeichnen der 4. Figur:

Für die 4. Figur benötigt man **9 Streichhölzer**.

P 7a 2

Löse die Aufgabe, indem du die Tabelle fortführst. Die Anzahl der Dreiecke, aus denen eine Figur besteht, entspricht der Nummer der Figur. Alternativ kannst du die Figurenfolge zeichnerisch fortführen, bis du 25 Streichhölzer verbraucht hast.

Lösung: fortgeführte Tabelle für die Anzahl der Streichhölzer:

Figur	4	5	6	7	8	9	10	11	**12**
Streichhölzer	9	11	13	15	17	19	21	23	25

$+2$ $+2$ $+2$ $+2$ $+2$ $+2$ $+2$ $+2$

Die Figur besteht aus **12 Dreiecken**.

Alternative Lösungsmöglichkeit durch Fortführen der Figurenfolge:

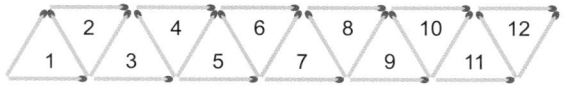

Die Figur besteht aus **12 Dreiecken**.

Alternative Lösungsmöglichkeit durch logische Überlegungen:
Das erste Dreieck besteht aus 3 Streichhölzern, es bleiben also $25 - 3 = 22$ Streichhölzer übrig. Da für jedes weitere Dreieck 2 Streichhölzer benötigt werden, können noch $22 : 2 = 11$ Dreiecke gelegt werden. Die Figur aus 25 Streichhölzern besteht also aus **12 Dreiecken.**

P 7a 3

Setze in die Terme die Nummer n einer Figur ein, von der du die Streichholzzahl kennst ($n = 1$; 2; 3). Überprüfe, für welche Formel das Ergebnis stimmt. Alternativ kannst du die Formel selbst durch Überlegungen herleiten.

Lösung: Figur $n = 1$ besteht aus 3 Streichhölzern. Einsetzen von $n = 1$ liefert:

A $2n - 1$:	**B** $2(n - 1)$:	**C** $2n + 1$:	**D** $2(n + 1)$:
$2 \cdot \mathbf{1} - 1 = 1$	$2(\mathbf{1} - 1) = 0$	$2 \cdot \mathbf{1} + 1 = 3$	$2(\mathbf{1} + 1) = 4$

Buchstabe C

Alternative Lösungsmöglichkeit durch Herleiten der Formel:
Für die Anzahl der Streichhölzer der n. Figur gilt:

$$\underbrace{2 \cdot n}_{\substack{\text{mit jedem Dreieck} \\ \text{kommen 2 Streich-} \\ \text{hölzer hinzu}}} + \underbrace{1}_{\substack{\text{für das erste Dreieck} \\ \text{wird 1 zusätzliches} \\ \text{Streichholz benötigt}}}$$

Buchstabe C

P 7b

Löse das Gleichungssystem mit dem Einsetzungs-, Gleichsetzungs- oder Additionsverfahren. Da eine Gleichung nach x aufgelöst ist, bietet sich das Einsetzungsverfahren an. Setze die so erhaltene Lösung für y in eine der Ausgangsgleichungen ein.

Lösung: Lösen des Gleichungssystems mit dem Einsetzungsverfahren:

$$\text{I.} \quad x = y + 2,5$$
$$\text{II.} \quad 2x + 3y = 19$$

Einsetzen von I. in II. liefert:
$$2 \cdot (y + 2,5) + 3y = 19$$
$$2y + 5 + 3y = 19 \qquad | -5$$
$$5y = 14 \qquad | : 5$$
$$y = 2,8$$

Einsetzen von $y = 2,8$ in I. liefert:
$x = 2,8 + 2,5 = 5,3$

$L = \{(5,3 \mid 2,8)\}$

Aufgabe P 8

P 8a

❧ Zähle alle Flächen, Ecken und Kanten. Denke dabei auch an die in der Skizze
❧ verdeckten Flächen, Ecken und Kanten.

Lösung: $f = 6$ (2 Seiten- und 4 Mantelflächen)

$e = 8$ (4 Ecken oben und 4 Ecken unten)

$k = 12$ (4 Kanten oben, 4 Kanten unten, 4 Kanten seitlich)

P 8b

❧ Das Prisma liegt auf einer Seitenfläche und die Grundfläche ist ein Trapez.
❧ Berechne zunächst das Volumen des Prismas. Bestimme dann damit die Masse
❧ des Prismas (1 cm³ Marmor wiegt 2,7 g). Runde das Ergebnis auf Kilogramm.

Lösung: *geg.:* Maße der trapezförmigen Grundfläche:

$a = 40$ cm; $c = 15$ cm; $h = 20$ cm

Höhe des Prismas:

$h_{Prisma} = 45$ cm

Marmor:

1 cm³ wiegt 2,7 g $\Rightarrow$ $\rho = 2,7 \dfrac{g}{cm^3}$

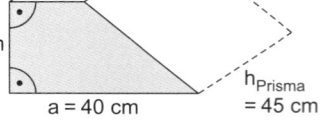

ges.: m in kg

Berechnung des Volumens des Prismas:
Trapezförmige Grundfläche des Prismas:

$$A_G = \frac{a + c}{2} \cdot h = \frac{40\,cm + 15\,cm}{2} \cdot 20\,cm = 550\,cm^2$$

Volumen des Prismas:

$$V_{Prisma} = A_G \cdot h_{Prisma} = 550\,cm^2 \cdot 45\,cm = 24\,750\,cm^3$$

Berechnung der Masse des Prismas:

$$m = \rho \cdot V_{Prisma} = 2,7\,\frac{g}{cm^3} \cdot 24\,750\,cm^3 = 66\,825\,g = 66,825\,kg \approx \textbf{67 kg}$$

Das Prisma hat eine Masse von etwa 67 kg.

Aufgabe W 1

W 1a

✍ Berechne $\overline{AC}$ mit den trigonometrischen Beziehungen im Dreieck ABC.

Lösung: Berechnung von $\overline{AC}$ mit dem Kosinus im rechtwinkligen Dreieck ABC:

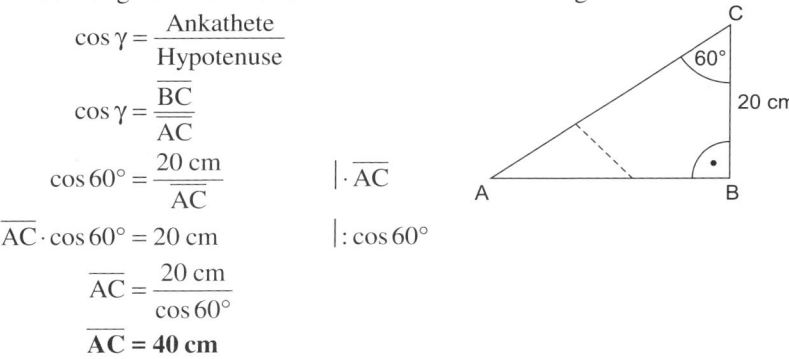

$$\cos\gamma = \frac{\text{Ankathete}}{\text{Hypotenuse}}$$

$$\cos\gamma = \frac{\overline{BC}}{\overline{AC}}$$

$$\cos 60° = \frac{20\,\text{cm}}{\overline{AC}} \qquad |\cdot\overline{AC}$$

$$\overline{AC}\cdot\cos 60° = 20\,\text{cm} \qquad |:\cos 60°$$

$$\overline{AC} = \frac{20\,\text{cm}}{\cos 60°}$$

$$\mathbf{\overline{AC} = 40\,cm}$$

W 1b

✍ Berechne zunächst den Winkel DAE mit dem Satz über die Innenwinkelsumme
✍ im Dreieck ABC. Die Länge der Strecke $\overline{DE}$ kannst du dann mit dem Sinussatz
✍ im Dreieck ADE berechnen. Runde das Ergebnis auf Millimeter.

Lösung: Berechnung des Winkels α über die Innenwinkelsumme im Dreieck ABC:
$$\alpha = 180° - 90° - 60 = 30°$$

Berechnung der Länge der Strecke $\overline{DE}$ mit dem Sinussatz im Dreieck ADE:

$$\frac{\overline{DE}}{\sin\alpha} = \frac{\overline{AD}}{\sin 110°}$$

$$\frac{\overline{DE}}{\sin 30°} = \frac{18\,\text{cm}}{\sin 110°} \qquad |\cdot\sin 30°$$

$$\overline{DE} = \frac{18\,\text{cm}\cdot\sin 30°}{\sin 110°}$$

$$\overline{DE} = 9,577\ldots\,\text{cm}$$

$$\mathbf{\overline{DE} \approx 96\,mm}$$

W 1c

Berechne zunächst die Länge der Strecke $\overline{AB}$ mit dem Satz des Pythagoras oder den trigonometrischen Beziehungen im rechtwinkligen Dreieck ABC. Dann kannst du den Flächeninhalt des Dreiecks mithilfe der Formel $A = \frac{g \cdot h}{2}$ berechnen.

Hinweis: Es wird nur die Berechnung von $\overline{AB}$ mit dem Satz des Pythagoras und dem Sinus ausgeführt. Die Berechnung mit dem Tangens oder dem Kosinus geht analog.

Lösung: Berechnung der Länge der Strecke $\overline{AB}$ mit dem Satz des Pythagoras:

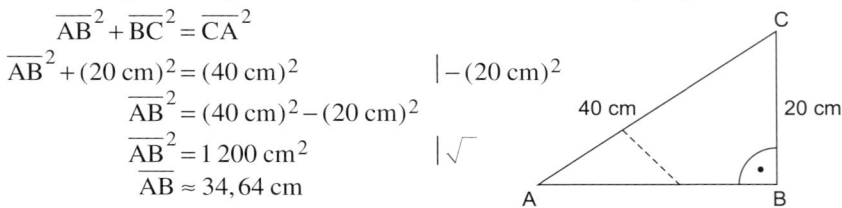

$$\overline{AB}^2 + \overline{BC}^2 = \overline{CA}^2$$
$$\overline{AB}^2 + (20\,\text{cm})^2 = (40\,\text{cm})^2 \qquad \big| -(20\,\text{cm})^2$$
$$\overline{AB}^2 = (40\,\text{cm})^2 - (20\,\text{cm})^2$$
$$\overline{AB}^2 = 1\,200\,\text{cm}^2 \qquad \big| \sqrt{}$$
$$\overline{AB} \approx 34{,}64\,\text{cm}$$

Alternative Berechnung von $\overline{AB}$ mit dem Sinus im Dreieck ABC:

$$\sin \gamma = \frac{\text{Gegenkathete}}{\text{Hypotenuse}}$$
$$\sin \gamma = \frac{\overline{AB}}{\overline{CA}}$$
$$\sin 60^\circ = \frac{\overline{AB}}{40\,\text{cm}} \qquad \big| \cdot 40\,\text{cm}$$
$$\overline{AB} = 40\,\text{cm} \cdot \sin 60^\circ$$
$$\overline{AB} \approx 34{,}64\,\text{cm}$$

Berechnung des Flächeninhalts:

$$A_{ABC} = \frac{\overline{AB} \cdot \overline{BC}}{2} = \frac{34{,}64\,\text{cm} \cdot 20\,\text{cm}}{2} = 346{,}4\,\text{cm}^2 \approx \mathbf{346\,cm^2}$$

W 1d

Eine Strahlensatzfigur besteht aus zwei sich schneidenden Geraden, die von einem Parallelenpaar geschnitten werden. In der Figur schneiden sich $\overline{AB}$ und $\overline{AC}$ im Punkt A. Somit müssen $\overline{DE}$ und $\overline{BC}$ parallel sein. Überlege, was damit für δ gilt.

Lösung: Für den Winkel δ muss gelten: $\boldsymbol{\delta = 90^\circ}$

Mögliche Begründung:

Damit der Strahlensatz anwendbar ist, müssen die Strecken $\overline{DE}$ und $\overline{BC}$ parallel sein. Da die Strecke $\overline{BC}$ senkrecht auf $\overline{AB}$ steht, muss auch die Strecke $\overline{DE}$ senkrecht auf $\overline{AB}$ stehen. Dies ist der Fall, wenn $\delta = 90^\circ$ gilt.

Aufgabe W 2

W 2a 1

Im Schnittpunkt P mit der y-Achse gilt $x = 0$. Setze also $x = 0$ in die quadratische Funktion ein und berechne den zugehörigen y-Wert.
Beachte: Die 1. Koordinate eines Punkts ist sein x-Wert, die 2. Koordinate ist sein y-Wert.

Lösung: Einsetzen von $x = 0$ in die Funktionsgleichung $y = x^2 - 7x + 6$:

$$y = 0^2 - 7 \cdot 0 + 6 = 6$$

Koordinaten des Punkts P: **P(0 | 6)**

W 2a 2

Gegeben ist eine quadratische Funktion in Normalform $y = x^2 + px + q$. Bringe die Funktionsgleichung mithilfe der quadratischen Ergänzung auf die Scheitelpunktform $y = (x - d)^2 + e$. Entnimm dann die Koordinaten des Scheitelpunkts $S(d | e)$.

Lösung: Mithilfe der quadratischen Ergänzung gilt:

$$y = x^2 - 7x + 6$$
$$y = x^2 - 2 \cdot 3,5x + \mathbf{3,5^2 - 3,5^2} + 6$$
$$y = (x - 3,5)^2 - 6,25$$

Damit lauten die Koordinaten des Scheitelpunkts: **S(3,5 | -6,25)**

Alternative Lösungsmöglichkeit:

Da die Parabel symmetrisch zur (senkrechten) Achse durch ihren Scheitelpunkt ist, liegt die x-Koordinate des Scheitelpunkts in der Mitte zwischen den Nullstellen. Entnimm die Nullstellen der Zeichnung und berechne damit die x-Koordinate des Scheitelpunkts. Setze dann den berechneten Wert in die Funktionsgleichung ein und bestimme so die y-Koordinate des Scheitelpunkts.

Nullstellen der Parabel:

$x_1 = 1$ und $x_2 = 6$

x-Koordinate des Scheitelpunkts:

$$x_S = \frac{x_1 + x_2}{2} = \frac{1 + 6}{2} = \frac{7}{2} = 3,5$$

Einsetzen von $x = 3,5$ in die Funktionsgleichung $y = x^2 - 7x + 6$:

$$y = 3,5^2 - 7 \cdot 3,5 + 6 = -6,25$$

Koordinaten des Scheitelpunkts S: **S(3,5 | -6,25)**

W 2a 3

Eine Spiegelung an der y-Achse bedeutet, dass die Parabel waagerecht verschoben wird. Form und Öffnung bleiben erhalten. Mathematisch bedeutet das, dass sich die Vorzeichen der x-Werte ändern. Ersetze also jedes „x" in der Gleichung durch „–x".

Lösung: Die Spiegelung der Funktion $y = x^2 - 7x + 6$ an der y-Achse bedeutet, dass statt „x" nun „–x" eingesetzt werden muss. Damit ergibt sich:

$y = (-x)^2 - 7 \cdot (-x) + 6$ *oder* $y = [(-x) - 3,5]^2 - 6,25$

$\mathbf{y = x^2 + 7x + 6}$ $\mathbf{y = (x + 3,5)^2 - 6,25}$

W 2b

Die Nullstellen einer Funktion sind die x-Werte, an denen der zugehörige y-Wert 0 ist. Setze also $y = 0$ in die Funktionsgleichung ein und berechne die Nullstellen mit der Lösungsformel.

Lösung: Bestimmung der Nullstellen mithilfe der Lösungsformel:

$y = x^2 - 3,9x + 3,5 \quad | \ y = 0$

$0 = x^2 - 3,9x + 3,5 \quad \Rightarrow \quad p = -3,9; \ q = 3,5$

Lösungsformel:

$$x_{1/2} = -\frac{p}{2} \pm \sqrt{\left(\frac{p}{2}\right)^2 - q}$$

$$x_{1/2} = -\frac{-3,9}{2} \pm \sqrt{\left(\frac{-3,9}{2}\right)^2 - 3,5}$$

$$x_{1/2} = 1,95 \pm \sqrt{0,3025}$$

$$x_{1/2} = 1,95 \pm 0,55$$

$$x_1 = 1,95 + 0,55 = \mathbf{2,5}$$

$$x_2 = 1,95 - 0,55 = \mathbf{1,4}$$

W 2c

Für die Gleichung der Parabel gilt:
- Da die Parabel nach unten geöffnet ist, ist der Faktor vor dem x^2 negativ.
- Da die Parabel nur eine Nullstelle hat, liegt der Scheitelpunkt der Parabel auf der x-Achse. Die Nullstelle ist somit zugleich die x-Koordinate des Scheitelpunkts. Der Scheitelpunkt lautet somit S(–3 | 0).

Insgesamt gilt für die Scheitelpunktform der Parabel: $y = -[x - (-3)]^2 + 0$

Lösung: Funktionsgleichung: $\mathbf{y = -(x + 3)^2}$ *oder* $\mathbf{y = -0,5(x + 3)^2}$ *etc.*

Aufgabe W 3

W 3a

Laut Physikbuch kühlt der Tee in jeder Minute um 3 % ab. Berechne mit Lillys Werten die prozentualen Abkühlungen des Tees nach 1 Minute und nach 2 Minuten mit dem Dreisatz. Alternativ könntest du die Lösungsformel verwenden.

Lösung:
- Temperaturunterschied nach 1 Minute:
  $90{,}0\,°C - 87{,}3\,°C = 2{,}7\,°C$

  Prozentuale Abkühlung nach 1 Minute mit dem Dreisatz:

Temperatur	Prozentsatz
$90\,°C$	$100\,\%$
$1\,°C$	$1{,}111\ldots\,\%$
$2{,}7\,°C$	$\mathbf{3\,\%}$

  $:90$ ... $:90$; $\cdot 2{,}7$ ... $\cdot 2{,}7$

- Temperaturunterschied nach 2 Minuten:
  $87{,}3\,°C - 84{,}7\,°C = 2{,}6\,°C$

  Prozentuale Abkühlung nach 2 Minuten mit dem Dreisatz:

Temperatur	Prozentsatz
$87{,}3\,°C$	$100\,\%$
$1\,°C$	$1{,}145\ldots\,\%$
$2{,}6\,°C$	$\mathbf{3\,\%}$

  $:87{,}3$ ... $:87{,}3$; $\cdot 2{,}6$ ... $\cdot 2{,}6$

Die gemessenen Werte bestätigen somit die Information aus dem Physikbuch, dass die prozentuale Abkühlung 3 % beträgt.

Alternative Lösungsmöglichkeit:

Berechne den Temperaturunterschied nach 1 und nach 2 Minuten beim Abkühlen um 3 % mit dem Dreisatz oder alternativ mit der Lösungsformel. Vergleiche die berechneten Werte mit den Temperaturunterschieden bei Lillys Werten.

- Temperaturunterschied nach 1 Minute beim Abkühlen um 3 %:

Prozentsatz	Temperatur
$100\,\%$	$90\,°C$
$1\,\%$	$0{,}9\,°C$
$3\,\%$	$\mathbf{2{,}7\,°C}$

  $:100$ ... $:100$; $\cdot 3$ ... $\cdot 3$

  Der Temperaturunterschied nach 1 Minute beträgt laut Physikbuch $2{,}7\,°C$ und bei Lillys Messung $90{,}0\,°C - 87{,}3\,°C = 2{,}7\,°C$.

- Temperaturunterschied nach 2 Minuten beim Abkühlen um 3 %:

Prozentsatz	Temperatur
: 100 (100 %	87,3 °C) : 100
· 3 (1 %	0,873 °C) · 3
3 %	**2,6 °C**

Der Temperaturunterschied nach 2 Minuten beträgt laut Physikbuch 2,6 °C und bei Lillys Messung 87,3 °C − 84,7 °C = 2,6 °C.

Da der Tee laut Physikbuch in jeder Minute um 3 % abkühlt, beträgt seine Temperatur noch 97 % des vorherigen Werts. Damit ergeben sich folgende Alternativen:
- Überprüfe mit Lillys Werten, ob die Temperaturen nach 1 und nach 2 Minuten noch 97 % des vorherigen Werts betragen.
- Berechne die Temperaturen nach 1 und nach 2 Minuten beim Abkühlen auf 97 % und vergleiche dann jeweils mit Lillys Werten.

W 3b

Berechne den Temperaturunterschied nach 3 und nach 4 Minuten mit dem Dreisatz (oder mit der Lösungsformel). Runde auf zehntel Grad.

Lösung:
- Temperaturunterschied nach 3 Minuten beim Abkühlen um 3 %:

Prozentsatz	Temperatur
: 100 (100 %	84,7 °C) : 100
· 3 (1 %	0,847 °C) · 3
3 %	2,5 °C

Die Temperatur nach 3 Minuten beträgt 84,7 °C − 2,5 °C = 82,2 °C.

- Temperaturunterschied nach 4 Minuten beim Abkühlen um 3 %:

Prozentsatz	Temperatur
: 100 (100 %	82,2 °C) : 100
· 3 (1 %	0,822 °C) · 3
3 %	2,5 °C

Die Temperatur nach 4 Minuten beträgt 82,2 °C − 2,5 °C = **79,7 °C**.

Alternative Lösungsmöglichkeit:
- Temperatur nach 3 Minuten beim Abkühlen um 3 % (auf 97 %):

Prozentsatz	Temperatur
: 100 (100 %	84,7 °C) : 100
· 97 (1 %	0,847 °C) · 97
97 %	82,2 °C

- Temperatur nach 4 Minuten beim Abkühlen um 3 % (auf 97 %):

Prozentsatz	Temperatur
$:100 \big($ 100 %	82,2 °C $\big) :100$
$\cdot 97 \big($ 1 %	0,822 °C $\big) \cdot 97$
97 %	**79,7 °C**

W 3c

Es handelt sich um eine exponentielle Abnahme. Die Temperatur des Tees sinkt dabei mit jeder Minute um p % = 3 %. Berechne zunächst den Abnahmefaktor und stelle dann die allgemeine Funktionsgleichung der Form $y = c \cdot a^x$ auf.

Lösung: Abnahmefaktor:

$$a = 1 - \frac{p}{100} = 1 - \frac{3}{100} = 0,97$$

Aufstellen der Funktionsgleichung:

Abnahmefaktor: $a = 0,97$

Startwert: $c = 90,0\ °C$ (Ausgabetemperatur)

Anzahl der Minuten: x

Damit ergibt sich als allgemeiner Term:

$y = c \cdot a^x$

$\mathbf{y = 90,0\ °C \cdot 0,97^x}$

W 3d

Berechne die Temperatur des Tees mithilfe des Terms schrittweise, bis 65 °C erreicht sind, und gib die zugehörige Minutenzahl an.

Lösung: Temperatur nach 5 Minuten: $y = 90,0\ °C \cdot 0,97^5 \approx 77\ °C$

Temperatur nach 6 Minuten: $y = 90,0\ °C \cdot 0,97^6 \approx 75\ °C$

Temperatur nach 7 Minuten: $y = 90,0\ °C \cdot 0,97^7 \approx 73\ °C$

Temperatur nach 8 Minuten: $y = 90,0\ °C \cdot 0,97^8 \approx 71\ °C$

Temperatur nach 9 Minuten: $y = 90,0\ °C \cdot 0,97^9 \approx 68\ °C$

Temperatur nach 10 Minuten: $y = 90,0\ °C \cdot 0,97^{10} \approx 66\ °C$

Temperatur nach 11 Minuten: $y = 90,0\ °C \cdot 0,97^{11} \approx 64\ °C$

Lilly muss mindestens **11 Minuten** warten, bis der Tee kälter als 65 °C ist.

W 3e

✏ Bei dem Vorgang des Abkühlens handelt es sich um eine exponentielle Abnahme.
✏ Der zugehörige Graph schmiegt sich für größer werdende x-Werte immer mehr an
✏ die x-Achse an. Schließe damit die Graphen aus, die nicht passen:
✏ • Die Graphen A, D und E gehören zu linearen Funktionen und sind somit falsch.
✏   Zudem steigt die Temperatur bei Graph A an.
✏ • Graph C hat einen steigenden Verlauf und beschreibt somit keine Abnahme.
✏ • Graph F gehört zu einer quadratischen Funktion und ist somit falsch. Zudem
✏   würde der Graph die x-Achse schneiden.

Lösung: **Graph B**

W 3f

✏ Es handelt sich um eine exponentielle Abnahme mit dem Abnahmefaktor a = 0,97.
✏ Die Ausgabetemperatur entspricht dem Startwert c. Setze y = 60 °C und x = 5 in die
✏ Funktionsgleichung y = c · a^x ein und berechne c. Runde auf Grad Celsius.

Lösung: Abnahmefaktor: a = 0,97
        Temperatur nach 5 Minuten: y = 60 °C
        Anzahl der Minuten: x = 5
        Funktionsgleichung: y = c · 0,97^x

Setze y = 60 °C und x = 5 in den allgemeinen Term y = c · 0,97^x ein:

$$60\,°C = a \cdot 0,97^5 \qquad |:0,97^5$$

$$a = \frac{60\,°C}{0,97^5}$$

$$\mathbf{a \approx 70\,°C}$$

Aufgabe W 4

W 4a

✏ Der Rundkolben lässt sich als Kugel mit aufgesetztem Zylinder modellieren.
✏ Schätze mithilfe der Daumenlänge und -breite den Durchmesser der Kugel, den
✏ Durchmesser des Zylinders und die Füllhöhe des Zylinders ab. Berechne mit den
✏ geschätzten Maßen die Volumina von Kugel und Zylinder und addiere sie. Gib das
✏ Ergebnis in Milliliter an und achte auf das richtige Runden. Es gilt: 1 cm^3 = 1 *mℓ*

Lösung: geschätzte Daumenlänge: 7 cm
        geschätzte Daumenbreite: 2 cm

geschätzter Kugeldurchmesser: $d_K = 9$ cm $\Rightarrow$ $r_K = 4{,}5$ cm
(etwas mehr als die Daumenlänge)

Maße der zylinderförmigen Flüssigkeitssäule:

- geschätzter Zylinderdurchmesser: $d_Z = 4$ cm $\Rightarrow$ $r_Z = 2$ cm
  (etwa das Doppelte der Daumenbreite)
- geschätzte Höhe der Flüssigkeitssäule: $h_Z = 4$ cm
  (etwa das Doppelte der Daumenbreite)

Volumen der Kugel:

$$V_{Kugel} = \frac{4}{3}\pi \cdot r_K{}^3 = \frac{4}{3}\pi \cdot (4{,}5 \text{ cm})^3 \approx 382 \text{ cm}^3$$

Volumen der Flüssigkeitssäule (Zylindervolumen):

$$V_{Zylinder} = \pi \cdot r_Z{}^2 \cdot h_Z = \pi \cdot (2 \text{ cm})^2 \cdot 4 \text{ cm} \approx 50 \text{ cm}^3$$

Volumen der Flüssigkeit im Rundkolben:

$$V_{Flüssigkeit} = V_{Kugel} + V_{Zylinder} = 382 \text{ cm}^3 + 50 \text{ cm}^3 = 432 \text{ cm}^3 = \mathbf{432 \; m\ell}$$

Die Schätzungen der Größen können variieren. Zugelassene Abschätzungen:
Kugel: 6 cm $\leq d_K \leq 12$ cm   **Zylinder:** 2 cm $\leq d_Z \leq 5$ cm und 2 cm $\leq h_Z \leq 5$ cm
Dein Ergebnis kann also von dem vorgerechneten Beispiel abweichen.

W 4b 1

Der Becher ist zylinderförmig. Berechne den Becherradius mithilfe des berechneten
Flüssigkeitsvolumens und der Volumenformel für Zylinder.

Lösung: *geg.:* h = 10 cm; $V_{Flüssigkeit} = 432$ cm^3

ges.: Radius r des Bechers

Berechnung des Becherradius:

$$V_{Flüssigkeit} = \pi \cdot r^2 \cdot h$$

$$432 \text{ cm}^3 = \pi \cdot r^2 \cdot 10 \text{ cm} \quad \big| : (\pi \cdot 10 \text{ cm})$$

$$r^2 = \frac{432 \text{ cm}^3}{\pi \cdot 10 \text{ cm}} \quad \big| \cdot \sqrt{}$$

$$r = \sqrt{\frac{432 \text{ cm}^3}{\pi \cdot 10 \text{ cm}}}$$

$$\mathbf{r \approx 3{,}71 \, cm}$$

Beachte, dass dein Ergebnis wieder vom vorgerechneten Beispiel abweichen kann.

W 4b 2

Die Verdopplung des Radius bedeutet, dass r zu 2r wird. Da die Flüssigkeit vollständig umgefüllt wird, sind die Volumina der Flüssigkeitssäulen in den Bechern gleich.
Setze für die Berechnung der Höhe die Volumenformeln beider Zylinder gleich.

Lösung: *geg.:* $h = 10$ cm; $V' = V_{\text{Flüssigkeit}}$; $r' = 2 \cdot r$

ges.:   Höhe h' der Flüssigkeit im neuen Becher

Allgemeine Berechnung der Höhe h':

$$V' = V_{\text{Flüssigkeit}}$$

$$\pi \cdot r'^2 \cdot h' = \pi \cdot r^2 \cdot h$$

$$\pi \cdot (2 \cdot r)^2 \cdot h' = \pi \cdot r^2 \cdot h \qquad | : [\pi \cdot (2 \cdot r^2)]$$

$$h' = \frac{\pi \cdot r^2 \cdot h}{\pi \cdot (2 \cdot r)^2}$$

$$h' = \frac{r^2 \cdot h}{4 \cdot r^2}$$

$$h' = \frac{1}{4} h$$

Die Flüssigkeit steht in diesem Becher ein Viertel so hoch wie im anderen.
Das sind $\frac{1}{4} \cdot 10$ cm $= 2,5$ cm.

Alternative Lösungsmöglichkeit:

Berechne die Höhe der Flüssigkeitssäule mithilfe der Volumenformel für Zylinder.

geg.: $r = 3,71$ cm; $r' = 2 \cdot r = 2 \cdot 3,71$ cm $= 7,42$ cm; $V_{\text{Flüssigkeit}} = 432$ cm^3

ges.:   Höhe h' der Flüssigkeit im neuen Becher

Berechnung der Höhe h':

$$V_{\text{Flüssigkeit}} = \pi \cdot r'^2 \cdot h'$$

$$432 \text{ cm}^3 = \pi \cdot (7,42 \text{ cm})^2 \cdot h' \quad | : [\pi \cdot (7,42 \text{ cm})^2]$$

$$h' = \frac{432 \text{ cm}^3}{\pi \cdot (7,42 \text{ cm})^2}$$

$$\mathbf{h' \approx 2,5 \text{ cm}}$$

Die Flüssigkeit steht in diesem Becher 2,5 cm hoch.

Aufgabe W 5

W 5a

Berechne die Wahrscheinlichkeit dafür, dass Semi einen Stein mit einem B zieht, indem du die Anzahl der Steine mit B durch die Anzahl aller Steine dividierst.

B_3 2 bedeutet, dass dieser Stein zweimal unter den 100 Steinen vorkommt.

Lösung: Anzahl der Steine mit B: 2

Anzahl aller Steine: 100

Wahrscheinlichkeit dafür, dass Semi einen Stein mit einem B zieht:

$$P(B) = \frac{2}{100} = \frac{1}{50} = 0,02 = 2\,\%$$

Die Wahrscheinlichkeit beträgt 2 %.

W 5b

Überlege zunächst, welche Buchstaben den Wert 4 haben. Addiere die zugehörigen Anzahlen an Steinen. Dividiere dann diese Summe durch die Anzahl aller Steine.

Lösung: Buchstaben mit dem Wert 4:   C; F; K; P

Anzahl der Steine mit dem Wert 4: $2+2+2+1=7$

Anzahl aller Steine: 100

Wahrscheinlichkeit dafür, einen Stein mit dem Wert 4 zu ziehen:

$$P(\text{Wert }4) = \frac{7}{100} = 0,07 = 7\,\%$$

W 5c

Da Ines die Steine entnimmt, kannst du jeden Stein nur einmal verwenden. Suche die 5 Steine mit den größten Werten und addiere ihre Werte.

Lösung: Größte Werte: 10 (Q); 10 (Y); 8 (Ö); 8 (X); 6 (Ä, J, Ü oder V)

Größte erreichbare Summe:

$10+10+8+8+6=\mathbf{42}$

W 5d

Um den Namen INES legen zu können, benötigt Ines noch den Buchstaben I. Dieser kommt 6-mal im Spiel vor. Da Ines bereits drei Steine entnommen hat, enthält der Beutel nur noch 97 Steine. Berechne die Wahrscheinlichkeit, dass Ines ein I zieht, indem du die Anzahl der Steine mit I durch die Anzahl aller Steine (97) dividierst.

Lösung: Anzahl der Steine mit I: 6

Anzahl aller Steine: 97

Wahrscheinlichkeit dafür, dass Ines ihren Namen legen kann:

$$P(I) = \frac{6}{97} \approx 0,062 = 6,2\,\%$$

W 5e

Da Semi zwei Steine zieht, handelt es sich um ein zweistufiges Zufallsexperiment *ohne Zurücklegen*, d. h., die Wahrscheinlichkeiten verändern sich bei jeder Ziehung. Berechne die Wahrscheinlichkeit mithilfe der 1. und 2. Pfadregel.

Beachte: Die Reihenfolge der gezogenen Buchstaben ist egal. Es kann sowohl erst das J und dann das A als auch erst das A und dann das J gezogen werden.

Lösung: Wahrscheinlichkeit, beim 1. Zug ein J zu ziehen: $\dfrac{1}{100}$

Wahrscheinlichkeit, beim 2. Zug ein A zu ziehen: $\dfrac{5}{99}$

Wahrscheinlichkeit, beim 1. Zug ein A zu ziehen: $\dfrac{5}{100}$

Wahrscheinlichkeit, beim 2. Zug ein J zu ziehen: $\dfrac{1}{99}$

Wahrscheinlichkeit, dass Semi ein J und ein A zieht (1. und 2. Pfadregel):

$$P(JA) = \frac{1}{100} \cdot \frac{5}{99} + \frac{5}{100} \cdot \frac{1}{99} = \frac{1}{990} \approx 0,0010 = 0,10\,\%$$

W 5f

Überlege dir, um welche Buchstaben sich die Namen Ines und Semi unterscheiden. Je öfter ein Buchstabe vorkommt, desto größer ist die Wahrscheinlichkeit, dass er gezogen wird. Vergleiche für die Buchstaben, um die sich die Namen unterscheiden, die Anzahlen der Steine, auf denen sie vorkommen.

Lösung: **Ines** hat die größeren Gewinnchancen.

Begründung:

Die Namen INES und SEMI enthalten beide ein I, ein E und ein S. Die Wahrscheinlichkeiten dafür, dass diese Buchstaben gezogen werden, sind für beide Namen gleich. Um zu gewinnen, benötigt Ines zudem ein N und Semi ein M. Das N für Ines kommt auf 9 Steinen und das M für Semi auf 4 Steinen vor. Somit ist das N häufiger vertreten und damit ist die Wahrscheinlichkeit größer, dass ein N gezogen wird.

Aufgabe P 1

P 1a 1

Der Preis ist direkt proportional zur Masse der Orangen.

Lösung: Mit dem Dreisatz:

Masse der Orangen	Preis
$:3\,\Big(\ \ $ 3 kg	5,40 € $\ \Big)\,:3$
$\cdot5\,\Big(\ \ $ 1 kg	1,80 € $\ \Big)\,\cdot5$
5 kg	**9 €**

P 1a 2

Aus der vorherigen Teilaufgabe weißt du, dass 1 Kilogramm Orangen 1,80 € kostet. Verwende zur Lösung entweder den Dreisatz oder eine Divisionsaufgabe.

Lösung: Mit dem Dreisatz:

Preis	Masse der Orangen
$:1{,}80\,\Big(\ \ $ 1,80 €	1 kg $\ \Big)\,:1{,}80$
$\cdot12{,}60\,\Big(\ \ $ 1 €	$\dfrac{5}{9}$ kg $\ \Big)\,\cdot12{,}60$
12,60 €	**7 kg**

Für 12,60 € erhält man 7 Kilogramm Orangen.

Alternative Lösung mit einer Divisionsaufgabe:

$$1\,\text{kg} \triangleq 1{,}80\ \text{€}$$

$$\Rightarrow\ 12{,}60\ \text{€} : 1{,}80\ \frac{\text{€}}{\text{kg}} = \mathbf{7\ kg}$$

Für 12,60 € erhält man 7 Kilogramm Orangen.

P 1b

Der Bruchteil einer Größe ist das Produkt aus Anteil und dem Ganzen der Größe.

Lösung: Gesuchter Bruchteil:

$$\frac{2}{3} \cdot 1,2\, \ell = \frac{2,4}{3}\, \ell = \mathbf{0,8\, \ell}$$

$\frac{2}{3}$ des ausgepressten Saftes entsprechen 0,8 Litern.

Alternative Lösung mit dem Dreisatz:

Anteile Saft	Liter
$1 = \frac{3}{3}$	1,2 ℓ
$\frac{1}{3}$	0,4 ℓ
$\frac{2}{3}$	**0,8 ℓ**

: 3 und : 3 · 2 und · 2

$\frac{2}{3}$ des ausgepressten Saftes entsprechen 0,8 Litern.

Aufgabe P 2

P 2a

Gesucht ist der Prozentsatz. Verwende zur Lösung entweder die Lösungsformel der Prozentrechnung oder den Dreisatz. Runde das Ergebnis auf ganze Prozent.

Lösung: Mit der Lösungsformel:

geg.: Grundwert G = 830

Prozentwert P = 625

ges.: Prozentsatz p %

$$p\,\% = \frac{P}{G} \cdot 100\,\%$$

$$p\,\% = \frac{625}{830} \cdot 100\,\%$$

$$\mathbf{p\,\% \approx 75\,\%}$$

Alternative Lösung mit dem Dreisatz:

Beachte, dass 100 % der Sitzplätze der Gesamtzahl aller Sitzplätze im ICE-4 von 830 entsprechen.

Sitzplätze	Prozent
$:830$ (830	$100\,\%$) $:830$
$\cdot 625$ (1	$\dfrac{100}{830}\,\%$) $\cdot 625$
625	$\mathbf{75\,\%}$

P 2b

Gesucht ist der Prozentwert. Die Anzahl der Sitzplätze kann mit der Lösungsformel oder mit dem Dreisatz berechnet werden. Beachte, dass sich der angegebene Prozentsatz auf die Sitzplätze in der 2. Klasse und nicht auf alle Sitzplätze bezieht. Der Grundwert bzw. 100 % entspricht daher nur 625 Sitzplätzen.

Lösung: Mit der Lösungsformel:

geg.: Grundwert G = 625, Prozentsatz p % = 28 %

ges.: Prozentwert P

$$P = \frac{G \cdot p}{100}$$

$$P = \frac{625 \cdot 28}{100}$$

$$\mathbf{P = 175}$$

Alternative Lösung mit dem Dreisatz:

Prozent	Sitzplätze
$:100$ ($100\,\%$	625) $:100$
$\cdot 28$ ($1\,\%$	$6{,}25$) $\cdot 28$
$28\,\%$	$\mathbf{175}$

P 2c

Der ICE-4 hat 18 % mehr Sitzplätze als das ältere Modell ICE-1. Die gesuchte Anzahl der Sitzplätze im ICE-1 ist also der Grundwert. Die Anzahl der Sitzplätze im ICE-4 entspricht 118 % der Sitzplätze im ICE-1. Du kannst die Lösung auch mit dem Dreisatz, der Lösungsformel oder dem vermehrten Grundwert berechnen. Runde abschließend dein Ergebnis sinnvoll.

Lösung: Berechnung der Anzahl der Sitzplätze im ICE-1:

$$830 : 1,18 = 703,389\ldots \approx \mathbf{703}$$

Im ICE-1 gibt es etwa 703 Sitzplätze.

Alternative Berechnung mit dem Dreisatz:

In diesem Fall entsprechen die 830 Sitzplätze nicht mehr 100 %, sondern 118 %, da die Sitzplätze in Beziehung zu den Sitzplätzen im ICE-1 zu setzen sind.

Prozent	Sitzplätze
$:118\ ($ 118 %	830 $)\ :118$
$\cdot 100\ ($ 1 %	$\dfrac{830}{118}$ $)\ \cdot 100$
100 %	**703**

Im ICE-1 gibt es etwa 703 Sitzplätze.

Alternative Lösung mit der Lösungsformel:

geg.: Prozentwert P = 830, Prozentsatz p % = 118 %

ges.: Grundwert G

$$G = \frac{P \cdot 100}{p}$$

$$G = \frac{830 \cdot 100}{118}$$

$$\mathbf{G \approx 703}$$

Im ICE-1 gibt es etwa 703 Sitzplätze.

Alternative Lösung mit dem vermehrten Grundwert:

Da die Sitzplatzzahl im ICE-4 im Vergleich zum ICE-1 um 18 % erhöht wurde, errechnen sich die Sitzplätze im ICE-4 aus 100 % + 18 % = 118 % der Sitzplätze im ICE-1. Die Anzahl der Sitzplätze im ICE-4 ist der vermehrte Grundwert.

geg.: vermehrter Grundwert $G_{\text{vermehrt}} = 830$, Prozentsatz p % = 18 %

ges.: Grundwert G

$$G_{\text{vermehrt}} = G \cdot \left(1 + \frac{p}{100}\right)$$

$$830 = G \cdot \left(1 + \frac{18}{100}\right)$$

$$830 = G \cdot 1,18 \qquad |:1,18$$

$$\mathbf{G \approx 703}$$

Im ICE-1 gibt es etwa 703 Sitzplätze.

Aufgabe P 3

P 3a 1

Setze $x = 3,5$ in den Term ein und berechne den Wert des Terms.

Lösung: Einsetzen von $x = 3,5$ liefert:

$$(3,5)^3 = 3,5 \cdot 3,5 \cdot 3,5 = \mathbf{42,875}$$

P 3a 2

Der Term soll den Wert 343 annehmen. Es soll also gelten: $x^3 = 343$. Du kannst die Kubikwurzel ziehen oder die Lösung durch systematisches Probieren finden.

Lösung: Ziehen der dritten Wurzel ergibt:

$$x^3 = 343 \qquad | \sqrt[3]{}$$

$$x = \sqrt[3]{343}$$

$$\mathbf{x = 7}$$

Für $x = 7$ nimmt der Term den Wert 343 an.

P 3a 3

Der Wert des Terms kann negativ sein, denn eine ungerade Potenz führt zu negativen Werten, sobald man eine negative Zahl potenziert.

Lösung: **Lukas hat nicht recht.**

Mögliche Begründung mithilfe eines Beispiels:
Einsetzen von $x = -2$ liefert den Termwert $(-2)^3 = (-2) \cdot (-2) \cdot (-2) = -8$.

P 3b

Die Gleichung $y - x = 5$ lässt sich zu $y = x + 5$ umformen. Somit gilt: $y > x$. Da y der Anzahl der Meerschweinchen entspricht und x der Anzahl der Hasen, gibt es 5 Meerschweinchen mehr als Hasen.

Lösung: **Buchstabe D**

P 3c

Du kannst das Gleichungssystem mit dem Einsetzungs-, Gleichsetzungs- oder Additionsverfahren lösen. Da in der I. Gleichung der Ausdruck „$-3y$" vorkommt und in der II. Gleichung „$+3y$", bietet sich das Additionsverfahren an.

Lösung: Mithilfe des Additionsverfahrens:

I. $x - 3y = -2$

II. $3x + 3y = 42$ $\Big| +$

$\overline{}$

$4x = 40$ $| : 4$

$x = 10$

$x = 10$ in I einsetzen:

$10 - 3y = -2$ $| -10$

$-3y = -12$ $| : (-3)$

$y = 4$

Lösungsmenge $\mathbf{L = \{(10 \,|\, 4)\}}$

Tipp: Mit einer Probe kannst du überprüfen, ob das Ergebnis korrekt ist. Setze dazu x und y in die Gleichungen ein.

Aufgabe P 4

P 4a

Die Nullstellen einer Funktion sind die x-Werte, an denen der zugehörige y-Wert 0 ist. Setze also $y = 0$ in die Funktionsgleichung ein und löse nach x auf.

Lösung: Einsetzen von $y = 0$ in die Funktionsgleichung $y = 0{,}5x + 4$:

$0 = 0{,}5x + 4$ $| -4$

$-4 = 0{,}5x$ $| \cdot 2$

$\mathbf{x = -8}$

Die Gerade g hat bei $x = -8$ eine Nullstelle.

P 4b

Um zu überprüfen, ob ein Punkt auf einer Geraden liegt, setzt man seine x- und y-Koordinate in die Funktionsgleichung der Geraden ein. Ein Punkt liegt nur dann auf der Geraden, wenn eine wahre Aussage entsteht.

Lösung: Einsetzen der Koordinaten von P(12 | 10) in die Funktionsgleichung
y = 0,5x +4:

$10 = 0,5 \cdot 12 + 4$

$10 = 6 + 4$

$10 = 10$ (wahr)

Der Punkt P(12 | 10) **liegt** auf der Geraden g.

P 4c

Parallele Geraden müssen die gleiche Steigung haben. Du musst also nur noch den y-Achsenabschnitt bestimmen. Setze dazu die Werte von Q in die Funktionsgleichung ein oder zeichne die parallele Gerade in das Koordinatensystem ein.

Lösung: Durch Einsetzen in die Geradengleichung:

Da die Steigung der gesuchten Geraden identisch sein muss, gilt zunächst:
y = 0,5x + b

Einsetzen der Koordinaten von Q(2 | 2) in die Geradengleichung liefert:

$2 = 0,5 \cdot 2 + b$

$2 = 1 + b$ $\quad | -1$

$b = 1$

Mit b = 1 ergibt sich die Funktionsgleichung: **y = 0,5x + 1**

Alternative Lösungsmöglichkeit:

Lege ein Geodreieck an die Gerade g und verschiebe es, sodass du den Punkt Q(2 | 2) triffst. Achte darauf, dass du parallel verschiebst. So kannst du die gesuchte parallele Gerade einzeichnen und den y-Achsenabschnitt 1 ablesen. Da die Steigung beider Geraden gleich ist, ergibt sich:

y = 0,5x + 1

P 4d

Eine Spiegelung an der x-Achse bedeutet, dass sich das Vorzeichen aller y-Werte der Geraden umkehrt. Aus der ursprünglich steigenden Geraden wird nach Spiegelung an der x-Achse eine fallende Gerade. Folglich ändert sich auch das Vorzeichen der Steigung m. Aus dem Schnittpunkt P(0 | 4) mit der y-Achse wird P'(0 | −4), daher ändert sich auch das Vorzeichen des y-Achsenabschnitts b.

Lösung: Mit m = −0,5 und b = −4 ergibt sich für die gespiegelte Gerade:

y = −0,5x − 4

Aufgabe P 5

P 5a 1

Es gilt: Wahrscheinlichkeit eines Ereignisses $= \dfrac{\text{Anzahl der günstigen Ergebnisse}}{\text{Anzahl der möglichen Ergebnisse}}$.

Bestimme zunächst die Anzahl aller Seitenflächen (mögliche Ergebnisse) und die Anzahl aller „12en" (günstige Ergebnisse).

Lösung: Anzahl aller Seitenflächen: 20
Anzahl „12": 1

Wahrscheinlichkeit, eine „12" zu würfeln:

$$P(12) = \frac{\text{Anzahl „12"}}{\text{Anzahl aller Seitenflächen}} = \frac{1}{20} = 0,05 = 5\,\%$$

Die Zahl 12 wird mit einer Wahrscheinlichkeit von 5 % gewürfelt.

P 5a 2

Das Spiel ist nur dann fair, wenn die Gewinnchancen für Aurelia und Maurice gleich groß sind. Betrachte zuerst die Zahl der für Aurelia günstigen Ergebnisse, indem du nach Zahlen suchst, die durch 3 oder 5 teilbar sind. Wenn diese Zahl genau der Hälfte aller möglichen Ergebnisse entspricht, haben Aurelia und Maurice gleiche Gewinnchancen.

Lösung: Vielfache von 3 und somit durch 3 teilbare Zahlen auf dem Würfel:
$V_3 = \{3;\, 6;\, 9;\, 12;\, 15;\, 18\}$

Vielfache von 5 und somit durch 5 teilbare Zahlen auf dem Würfel:
$V_5 = \{5;\, 10;\, 15;\, 20\}$

Für die Menge der Zahlen auf dem Würfel, die durch 3 oder 5 teilbar sind (für Aurelia günstige Ergebnisse), ergibt sich also:
$M_{\text{teilbar durch 3 oder 5}} = \{3;\, 5;\, 6;\, 9;\, 10;\, 12;\, 15;\, 18;\, 20\}$

Beachte, dass du die Zahl 15, die sowohl durch 3 als auch 5 teilbar ist, nicht doppelt zählen darfst.

Anzahl der Zahlen, die durch 3 oder 5 teilbar sind: 9
Anzahl der Zahlen, die nicht durch 3 oder 5 teilbar sind: $20 - 9 = 11$

Die Spielregel ist unfair, da die Gewinnchancen für Aurelia und Maurice ungleich verteilt sind. Aurelia kann in 9 von 20 Fällen gewinnen, Maurice jedoch in 11 von 20 Fällen.

P 5b 1

Es handelt sich um ein zweistufiges Zufallsexperiment. Berechne die Wahrscheinlichkeit mithilfe eines Baumdiagramms und wende die 1. Pfadregel an.

Lösung: Betrachtung des relevanten Ausschnitts im Baumdiagramm (fett):

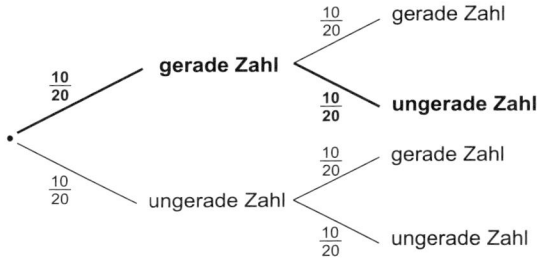

$$P(\text{gerade Zahl; ungerade Zahl}) = \frac{10}{20} \cdot \frac{10}{20} = \frac{100}{400} = \frac{1}{4} = 0,25 = 25\,\%$$

Alternative Überlegung ohne Baumdiagramm: Es gibt jeweils 10 Möglichkeiten, eine gerade, und 10 Möglichkeiten, eine ungerade Zahl zu würfeln. Für jeden der beiden Fälle gibt es im zweiten Wurf wieder beide Möglichkeiten (gerade oder ungerade Zahl). Diese Überlegung führt zur gleichen Rechnung.

P 5b 2

Es handelt sich wieder um ein zweistufiges Zufallsexperiment. Eine zweistellige Zahl kann entweder beim ersten oder beim zweiten Wurf gewürfelt werden. Beachte: Wenn „bei genau einem der beiden Würfe" eine zweistellige Zahl gewürfelt werden soll, bedeutet das, dass der andere Wurf eine einstellige Zahl sein muss. Berechne die Wahrscheinlichkeit mithilfe der 1. und 2. Pfadregel.

Lösung: Es gibt zwei mögliche Fälle:
P(genau eine zweistellige Zahl) =
P(einstellig; zweistellig) + P(zweistellig; einstellig)

Anzahl der einstelligen Zahlen: 9
Anzahl der zweistelligen Zahlen: 11

$$P(\text{genau eine zweistellige Zahl}) = \frac{9}{20} \cdot \frac{11}{20} + \frac{11}{20} \cdot \frac{9}{20}$$

$$= \frac{99}{400} + \frac{99}{400}$$

$$= \frac{99}{200} = 0,495 = 49,5\,\%$$

Aufgabe P 6

Detaillierte Konstruktionsbeschreibung:
❶ Zeichne die Strecke $\overline{AB}$ mit der Länge 6 cm.
❷ Trage mithilfe des Geodreiecks im Punkt A den Winkel $\alpha = 70°$ an.
❸ Nimm einen Zirkel und stelle Radius $r = 4$ cm ein. Stich im Punkt A ein und
   erzeuge einen Schnittpunkt mit dem freien Schenkel von α. Dieser Punkt ist D.
❹ Trage mithilfe des Geodreiecks an $\overline{AB}$ im Punkt B den Winkel $\beta = 80°$ an.
❺ Da beim Trapez die Grundseiten parallel sind, reicht es, nun eine Parallele
   zu $\overline{AB}$ durch den Punkt D zu zeichnen. Dabei wird automatisch ein Schnittpunkt mit dem Schenkel von β erzeugt – der Punkt C.

Lösung:

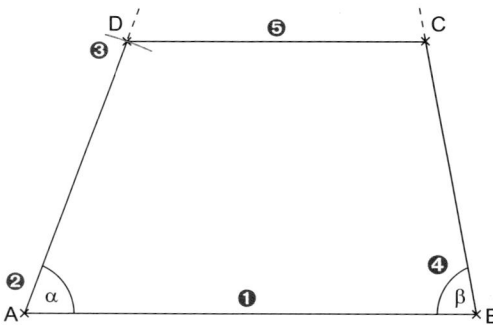

Aufgabe P 7

P 7a 1

Betrachte die Eigenschaften von Winkeln an parallelen Geraden.

Lösung: Winkel an parallelen Geraden:
 α (Winkel bei A) und ε sind Stufenwinkel. $\Rightarrow$ $\alpha = 55° = \varepsilon$
 δ und α sind Nachbar- oder E-Winkel, die sich zu 180° ergänzen:
 $\delta = 180° - 55° = \mathbf{125°}$

 Alternative Bestimmung von δ:
 Die Winkelsumme in einem Viereck beträgt immer 360°. Da gegenüberliegende Winkel in einem Parallelogramm gleich groß sind, ergibt sich:
 $360° = 2 \cdot 55° + 2 \cdot \delta$
 $360° = 110° + 2 \cdot \delta$ $\qquad |-110°$
 $250° = 2 \cdot \delta$ $\qquad\qquad |:2$
 $\mathbf{125°} = \delta$

P 7a 2

Die Flächeninhaltsformel für ein Parallelogramm lautet $A_{\text{Parallelogramm}} = g \cdot h$.
Berechne die Höhe h durch Äquivalenzumformungen.

Lösung: $A_{\text{Parallelogramm}} = g \cdot h$

$$84\,\text{cm}^2 = 8\,\text{cm} \cdot h \qquad |:8\,\text{cm}$$

$$\frac{84\,\text{cm}^2}{8\,\text{cm}} = h$$

$$\mathbf{h = 10{,}5\,cm}$$

P 7b

Aussage A ist falsch. Parallelogramme haben entweder keine Symmetrieachse
oder mehr als eine (Raute, Rechteck, Quadrat).
Aussage B ist falsch. In jedem Viereck ist die Innenwinkelsumme 360°.
Aussage D stimmt nur für Rechtecke. *Gegenbeispiel:*

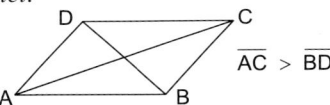

$$\overline{AC} > \overline{BD}$$

Lösung: **Buchstabe C**

Aufgabe P 8

P 8a

Die Grundfläche der Pyramide ist quadratisch. Es gibt daher in jeder Ecke einen
rechten Winkel und die Diagonale lässt sich mit dem Satz des Pythagoras berechnen. Runde das Ergebnis auf Millimeter.

Lösung: geg.: $a = 14\,\text{cm}$ \qquad ges.: d

Anwendung des Satzes von Pythagoras ergibt:

$$d^2 = a^2 + a^2$$

$$d^2 = (14\,\text{cm})^2 + (14\,\text{cm})^2$$

$$d^2 = 392\,\text{cm}^2 \qquad |\sqrt{\;}$$

$$d \approx 19{,}8\,\text{cm}$$

$$\mathbf{d = 198\,mm}$$

Die Diagonale ist ca. 198 mm lang.

P 8b

Bei den Seitenflächen handelt es sich jeweils um ein (gleichschenkliges) Dreieck mit Grundseite a und Höhe h_s. Verwende die Formel zur Berechnung des Flächeninhalts von Dreiecken $A = \frac{g \cdot h}{2}$ und setze die entsprechenden Größen ein.

Lösung: *geg.:* $a = 14$ cm, $h_s = 25$ cm

        ges.: A_{Seite}

$$A_{\text{Seite}} = \frac{a \cdot h_s}{2} = \frac{14 \text{ cm} \cdot 25 \text{ cm}}{2} = \mathbf{175 \text{ cm}^2}$$

Der Flächeninhalt einer Seitenfläche beträgt 175 cm².

P 8c

Zur Berechnung des Volumens der Pyramide benötigt man die Grundfläche und die Körperhöhe h_k. h_k lässt sich mithilfe des Satzes von Pythagoras berechnen.

Lösung:
- Berechnung der quadratischen Grundfläche:

  $G = a \cdot a = a^2 = (14 \text{ cm})^2 = 196 \text{ cm}^2$

- Berechnung der Körperhöhe h_k mit dem Satz des Pythagoras:

  Da die Körperhöhe senkrecht auf der Grundfläche steht, ergibt sich:

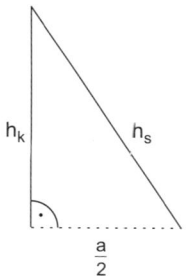

$$h_k^2 + \left(\frac{a}{2}\right)^2 = h_s^2 \qquad \left| -\left(\frac{a}{2}\right)^2 \right.$$

$$h_k^2 = h_s^2 - \left(\frac{a}{2}\right)^2$$

$$h_k^2 = (25 \text{ cm})^2 - (7 \text{ cm})^2$$

$$h_k^2 = 576 \text{ cm}^2 \qquad \left| \sqrt{} \right.$$

$$h_k = 24 \text{ cm}$$

- Einsetzen von G und h_k in die Volumenformel für Pyramiden:

$$V_{\text{Pyr}} = \frac{1}{3} \cdot G \cdot h_k = \frac{1}{3} \cdot 196 \text{ cm}^2 \cdot 24 \text{ cm} = \mathbf{1\,568 \text{ cm}^3}$$

Das Volumen der Pyramide beträgt 1 568 cm³.

Aufgabe W 1

W 1a

Um r zu bestimmen, musst du eine von vielen Möglichkeiten finden, ihn mit der gegebenen Dreiecksseite a = $\overline{AB}$ ins Verhältnis zu setzen.
Das Dreieck ABM ist z. B. gleichschenklig und kann in zwei gleich große rechtwinklige Dreiecke zerlegt werden. In einem dieser Teildreiecke lässt sich dann mithilfe des Kosinus bzw. Sinus und der gegebenen Länge der Seite a der Radius bestimmen. Alternativ kannst du auch im Dreieck ABM mit dem Sinussatz rechnen. Diese Lösungsmöglichkeiten können analog auch in den zu ABM kongruenten Dreiecken MBC und AMC angewandt werden.
Beim gleichseitigen Dreieck sind Seitenhalbierende auch Winkelhalbierende.

Lösung: Mit dem Kosinus im rechtwinkligen Dreieck:

$$\cos 30° = \frac{\text{Ankathete}}{\text{Hypotenuse}}$$

$$\cos 30° = \frac{\frac{a}{2}}{r} \qquad | \cdot r$$

$$r \cdot \cos 30° = \frac{a}{2} \qquad | : \cos 30°$$

$$r = \frac{\frac{a}{2}}{\cos 30°}$$

$$r = \frac{\frac{7,3\,\text{cm}}{2}}{\cos 30°}$$

$$r = 4,2146\ldots\text{cm} \approx \mathbf{4,2\,cm}$$

Der Radius des Umkreises beträgt ca. 4,2 cm.

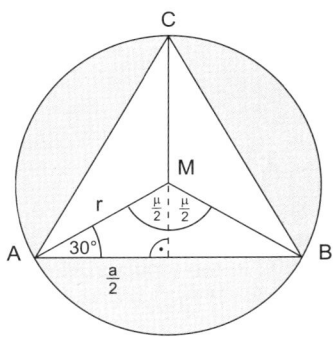

Alternative Lösungsmöglichkeiten über den Winkel μ = ∢AMB:

Berechnung des Winkels μ über die Innenwinkelsumme im Dreieck ABM:
μ = 180° – 2 · 30° = 120°

Alternative Berechnung von μ:
Da die Teildreiecke ABM, BCM und AMC kongruent sind, gilt:
μ = 360° : 3 = 120°

Lösungsmöglichkeit mit dem Sinus im rechtwinkligen Dreieck:

$$\sin \frac{\mu}{2} = \frac{\text{Gegenkathete}}{\text{Hypotenuse}}$$

$$\sin 60° = \frac{\frac{a}{2}}{r} \qquad | \cdot r$$

$$r \cdot \sin 60° = \frac{a}{2} \qquad | : \sin 60°$$

$$r = \frac{\frac{a}{2}}{\sin 60°}$$

$$r = \frac{\frac{7{,}3\,\text{cm}}{2}}{\sin 60°}$$

$$r = 4{,}2146\ldots\text{cm} \approx \mathbf{4{,}2\,cm}$$

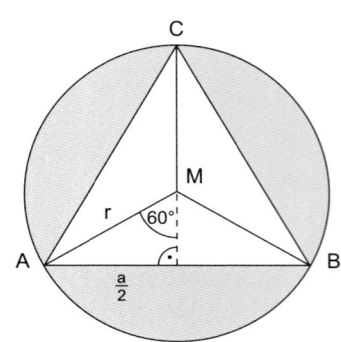

Alternative Berechnung mit dem Sinussatz im Dreieck ABM:

$$\frac{\overline{MB}}{\sin 30°} = \frac{\overline{AB}}{\sin \mu} \qquad | \; \overline{MB} = r;\ \mu = 120°$$

$$\frac{r}{\sin 30°} = \frac{7{,}3\,\text{cm}}{\sin 120°} \qquad | \cdot \sin 30°$$

$$r = \frac{7{,}3\,\text{cm}}{\sin 120°} \cdot \sin 30°$$

$$\mathbf{r \approx 4{,}2\,cm}$$

Der Radius des Umkreises beträgt ca. 4,2 cm.

W 1b

Der Flächeninhalt der grauen Fläche ist die Differenz der Flächeninhalte von Umkreis und Dreieck. Die Höhe des Dreiecks erhältst du mithilfe der Seitenhalbierenden, über den Satz des Pythagoras oder den Sinus im rechtwinkligen Dreieck.

Lösung: Berechnung des Flächeninhalts des Kreises mit der Formel:

$$A_{\text{Kreis}} = \pi \cdot r^2 = \pi \cdot (4{,}2\,\text{cm})^2 = 55{,}417\ldots\text{cm}^2 \approx 55{,}4\,\text{cm}^2$$

Im gleichseitigen Dreieck fallen Höhen und Seitenhalbierende zusammen. Die Seitenhalbierenden schneiden sich im Punkt M und werden im Verhältnis 2:1 geteilt. Der längere Teil ist dabei durch den Radius r gegeben.

Berechnung der Höhe als Seitenhalbierende:

$$h = r + \frac{r}{2} = 4{,}2\,\text{cm} + \frac{4{,}2\,\text{cm}}{2} = 6{,}3\,\text{cm}$$

Alternative Berechnung der Höhe h mithilfe des Sinus im rechtwinkligen Dreieck:

$$\sin = \frac{\text{Gegenkathete}}{\text{Hypotenuse}}$$

$$\sin 60° = \frac{h}{7,3\ \text{cm}} \qquad |\cdot 7,3\ \text{cm}$$

$$h = \sin 60° \cdot 7,3\ \text{cm}$$

$$h \approx 6,3\ \text{cm}$$

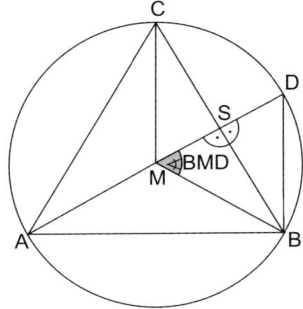

Alternative Berechnung der Höhe h mithilfe des Satzes von Pythagoras:

$$h^2 + \left(\frac{7,3\ \text{cm}}{2}\right)^2 = (7,3\ \text{cm})^2 \qquad \left| -\left(\frac{7,3\ \text{cm}}{2}\right)^2\right.$$

$$h^2 = 53,29\ \text{cm}^2 - 13,3225\ \text{cm}^2$$

$$h^2 = 39,9675\ \text{cm}^2 \qquad |\sqrt{}$$

$$h \approx 6,3\ \text{cm}$$

Berechnung des Flächeninhalts des Dreiecks:

$$A_{\text{Dreieck}} = \frac{1}{2} \cdot g \cdot h = \frac{1}{2} \cdot 7,3\ \text{cm} \cdot 6,3\ \text{cm} = 22,995\ \text{cm}^2 \approx 23,0\ \text{cm}^2$$

Berechnung des Flächeninhalts der grauen Fläche:

$$A_{\text{grau}} = A_{\text{Kreis}} - A_{\text{Dreieck}} = 55,4\ \text{cm}^2 - 23,0\ \text{cm}^2 = 32,4\ \text{cm}^2 \approx \mathbf{32\ cm^2}$$

W 1c

Alle Strecken, die vom Mittelpunkt M auf die Kreislinie treffen, haben die gleiche Länge r. Überlege, welche zusätzliche Eigenschaft ein gleichschenkliges Dreieck haben muss, um auch gleichseitig zu sein.

Lösung: $\overline{MB} = \overline{MD} = r$

Für den Winkel ∢ BMD gilt:

∢ BMD = 180° − ∢ AMB = 180° − 120° = 60°

Alternative Berechnung von ∢BMD:

$\overline{AD}$ unterteilt das gleichschenklige Dreieck MBC in zwei gleich große rechtwinklige Teildreiecke. Es gilt daher:

∢ BMD = ∢ BMC : 2 = 120° : 2 = 60°

Mögliche Begründung:
Da das Dreieck MBD gleichschenklig ist ($\overline{MB}$ und $\overline{MD}$ sind gleich lang) und $\sphericalangle BMD$ 60° beträgt, sind aufgrund der Winkelsumme im Dreieck die anderen beiden Winkel gleich groß und damit ebenfalls 60° (da $(180° - 60°) : 2 = 60°$). MBD ist daher gleichseitig.

Alternative Begründung:
Da $\overline{AM} = \overline{MD} = r$ ist, folgt $\overline{MS} = \frac{r}{2}$ (da M Seitenhalbierende im Verhältnis $2 : 1$ teilt) und $\overline{SD} = r - \frac{r}{2} = \frac{r}{2}$. Da außerdem $\sphericalangle MSB = 90°$ und $\sphericalangle BSD = 90°$ gilt, sind die Dreiecke $\overline{MBS}$ und $\overline{SBD}$ nach SWS (Seite – Winkel – Seite) kongruent und es gilt $\overline{MD} = \overline{MB} = \overline{DB}$.

Aufgabe W 2

W 2a 1

Setze die x-Koordinate des Punktes $P(1 \mid \_)$ in die Gleichung der quadratischen Funktion ein und berechne den Wert der zugehörigen y-Koordinate.

Lösung: Einsetzen von $x = 1$ liefert:
$$y = (x + 1)^2 - 9 = (1 + 1)^2 - 9 = 4 - 9 = \mathbf{-5}$$
Die y-Koordinate lautet $y = -5$ und der Punkt $P(1 \mid -5)$.

W 2a 2

Setze die y-Koordinate des Punktes $R(\_ \mid 27)$ in die Funktionsgleichung ein und berechne die möglichen Lösungen der quadratischen Gleichung. Beachte, dass eine Lösung ausscheidet, da R und Q verschiedene x-Koordinaten haben müssen.

Lösung: Einsetzen von $y = 27$ liefert:
$$
\begin{aligned}
y &= (x + 1)^2 - 9 & &\mid y = 27 \\
27 &= (x + 1)^2 - 9 & &\mid +9 \\
36 &= (x + 1)^2 & &\mid \sqrt{} \\
\pm 6 &= x + 1 & &\mid -1 \\
x_1 &= 6 - 1 = 5 \\
x_2 &= -6 - 1 = -7
\end{aligned}
$$
Der Punkt $Q(5 \mid 27)$ ist bereits gegeben, sodass sich für den gesuchten Punkt R die Koordinaten $\mathbf{R(-7 \mid 27)}$ ergeben.

Du kannst alternativ die Gleichung auch mithilfe der p-q-Formel lösen.

W 2b

Die in der Angabe gegebene Form der Funktionsgleichung nennt sich Scheitelpunktform, da der Scheitelpunkt aus der Gleichung ablesbar ist. Durch Auflösen
des Binoms kann die Gleichung in die Normalform umgewandelt werden.

Lösung: $\quad y = (x+1)^2 - 9 \qquad |\text{Auflösen des Binoms}$

$$y = x^2 + 2x + 1^2 - 9$$

$$\mathbf{y = x^2 + 2x - 8}$$

Die Normalform lautet $y = x^2 + 2x - 8$.

W 2c

Die Nullstellen einer Funktion sind die x-Werte, an denen der zugehörige y-Wert
0 ist. Setze also $y = 0$ in die Funktionsgleichung ein. Du hast dabei die Wahl, ob
du die Scheitelpunktform oder die Normalform mit der p-q-Formel verwendest.
Beachte, dass explizit eine Berechnung verlangt ist.

Lösung: Berechnung mithilfe der Scheitelpunktform:

$$y = (x+1)^2 - 9 \qquad | y = 0$$

$$0 = (x+1)^2 - 9 \qquad | +9$$

$$9 = (x+1)^2 \qquad | \sqrt{\ }$$

$$\pm 3 = x + 1 \qquad | -1$$

$$x_1 = 3 - 1 = \mathbf{2}$$

$$x_2 = -3 - 1 = \mathbf{-4}$$

Die Nullstellen sind bei $x_1 = 2$ und bei $x_2 = -4$.

Alternative Bestimmung der Nullstellen mithilfe der p-q-Formel:

$$y = x^2 + 2x - 8 \qquad | y = 0$$

$$0 = x^2 + 2x - 8$$

Mit Einsetzen von $p = 2$ und $q = -8$ in die p-q-Formel ergibt sich:

$$x_{1,2} = -\frac{p}{2} \pm \sqrt{\left(\frac{p}{2}\right)^2 - q}$$

$$x_{1,2} = -\frac{2}{2} \pm \sqrt{\left(\frac{2}{2}\right)^2 - (-8)}$$

$$x_{1,2} = -1 \pm \sqrt{1 + 8}$$

$$x_{1,2} = -1 \pm \sqrt{9}$$
$$x_1 = -1 + 3 = \mathbf{2}$$
$$x_2 = -1 - 3 = \mathbf{-4}$$

Hinweis zur Überprüfung: Da eine Parabel achsensymmetrisch zur Parallelen zur y-Achse durch den Scheitel ist, muss die x-Koordinate des Scheitelpunktes in der Mitte beider Nullstellen liegen. Aus der Scheitelpunktform und dem Graphen kannst du $x_s = -1$ ablesen, was gleich dem Mittelwert von x_1 und x_2 ist. *Alternative Probe mit dem Satz von Vieta:* Die Nullstellen von $y = x^2 + 2x - 8$ müssen miteinander multipliziert -8 und summiert -2 ergeben. Probe: $2 \cdot (-4) = -8$ (wahr) und $2 + (-4) = -2$ (wahr)

W 2d

Die ursprüngliche Funktionsgleichung lautet $y = (x + 1)^2 - 9$. Die gespiegelte Parabel hat die Gleichung $y = -(x + 1)^2 - 5$. Das Minuszeichen vor dem Binom weist darauf hin, dass die Parabel nach unten geöffnet ist. Die Spiegelung ist demnach parallel zur x-Achse.
$\Rightarrow$ Folglich scheiden die Buchstaben A und B als Lösung aus. Der Scheitelpunkt der ursprünglichen Parabel lautet S($-1 \mid -9$). Die gespiegelte Parabel hat den Scheitelpunkt S($-1 \mid -5$). Da beide Scheitelpunkte von der Spiegelgeraden den identischen Abstand haben müssen, verläuft die Spiegelgerade durch den Punkt P($-1 \mid -7$).

Lösung: **Buchstabe D**

Aufgabe W 3

W 3a 1

„Zu Beginn der Vermehrung" entspricht laut Angabe dem Zeitpunkt $t = 0$. Betrachte für Art A den unteren der beiden Graphen.

Lösung: Ablesen aus dem Diagramm ergibt:
Zu Beginn der Vermehrung ($t = 0$) sind **50** Bakterien der Art A vorhanden.

W 3a 2

Betrachte den oberen Graphen. Ermittle zunächst die Bakterienanzahl der Art B zu Beginn der Vermehrung und multipliziere diese mit 4. Das Ergebnis kannst du im Diagramm einem Zeitpunkt zuordnen.

Lösung: Ablesen aus dem Diagramm ergibt:
Für t = 0 sind 150 Bakterien der Art B vorhanden.
Vierfache Anzahl: 4 · 150 = 600
Ablesen des Zeitpunktes, an dem der Graph den Wert 600 hat: **t = 60**
Die Anzahl der Bakterien der Art B hat sich nach 60 Minuten
vervierfacht.

W 3a 3

Bei der Vermehrung beider Bakterienarten handelt es sich um exponentielles
Wachstum. Zwei Stunden entsprechen 120 Minuten, daher musst du die Werte
der beiden Graphen für den Zeitpunkt t = 120 bestimmen und vergleichen.
Die Aufgabe kann mithilfe einer Tabelle oder direkten Ausrechnens gelöst wer-
den. Nutze dabei die Tatsache, dass sich beim exponentiellen Wachstum eine
Verdopplung immer nach einer festen Zeitspanne wiederholt.

Lösung:

Bakterien Art A	Zeit in min
50	0
100	20
200	40
400	60
800	80
1 600	100
3 200	120

(·2 jeweils links; +20 jeweils rechts)

Alle 20 Minuten verdoppelt sich die Anzahl der Bakterien der Art A.

Bakterien Art B	Zeit in min
150	0
300	30
600	60
1 200	90
2 400	120

(·2 jeweils links; +30 jeweils rechts)

Alle 30 Minuten verdoppelt sich die Anzahl der Bakterien der Art B.
Vergleich der Werte nach 120 Minuten: 3 200 (Art A) > 2 400 (Art B)
Zwei Stunden nach Beginn sind **mehr Bakterien der Art A** vorhanden.

Alternative Lösungsmöglichkeit:

Der Startwert der Bakterien der Art A ist 50 und Verdoppeln bedeutet den Wachstumsfaktor 2.

Anzahl der Verdopplungen der Bakterien in einer Stunde: 3, denn alle 20 Minuten findet eine Verdopplung statt. (60 min : 20 min = 3)

Anzahl der Bakterien der Art A
nach einer Stunde: $50 \cdot 2^3 = 400$
nach zwei Stunden: $50 \cdot 2^6 = 3\,200$

Der Startwert der Bakterien der Art B ist 150 und Verdoppeln bedeutet wieder den Wachstumsfaktor 2.

Anzahl der Verdopplungen der Bakterien in einer Stunde: 2, denn alle 30 Minuten findet eine Verdopplung statt. (60 min : 30 min = 2)

Anzahl der Bakterien der Art B
nach einer Stunde: $150 \cdot 2^2 = 600$
nach zwei Stunden: $150 \cdot 2^4 = 2\,400$

Alternative Berechnung für Art B:
Der Startwert der Bakterien der Art B ist 150. Nach einer Stunde ist es zu einer Vervierfachung gekommen (auf 600 Bakterien). Da die Bakterienanzahl exponentiell wächst, kommt es nach zwei Stunden zu einer weiteren Vervierfachung.

Anzahl der Bakterien der Art B
nach einer Stunde: $150 \cdot 4 = 600$
nach zwei Stunden: $600 \cdot 4 = 2\,400$

Nach zwei Stunden sind also **mehr Bakterien der Art A** als Bakterien der Art B vorhanden.

W 3a 4

Die zur Auswahl stehenden Terme unterscheiden sich nur durch den Zeitfaktor im Bruch im Exponenten, der die Geschwindigkeit der Zunahme angibt.
Folgende Überlegung führt zum richtigen Ergebnis:
Der Startwert der Bakterien der Art B ist 150. Der Wachstumsfaktor 2 entspricht einer Verdopplung, wenn im Exponenten eine 1 steht. Durch Ablesen aus dem Diagramm erfährst du, dass nach $t = 30$ min die doppelte Anzahl an Bakterien (300) vorhanden ist. Eine Verdopplung findet daher alle 30 min statt. Zu diesem Zeitpunkt steht genau dann eine 1 im Exponenten, wenn dort der Bruch $\frac{t}{30}$ steht.
Alternativ: Prüfe, für welchen Term das Einsetzen von $t = 60$ den Wert 600 liefert.

Lösung: **Buchstabe C** ist daher richtig.

W 3a 5

Verwende die allgemeine Form von Termen für exponentielles Wachstum und bestimme schrittweise die einzelnen Parameter. Fange mit dem Wachstumsfaktor an. Aus den vorherigen Aufgabenteilen weißt du, dass der Anfangswert der Bakterien 50 ist und sich die Anzahl der Bakterien alle 20 Minuten verdoppelt.

Lösung: Bestimmung des Wachstumsfaktors: Bei einer Verdopplung ist der Wachstumsfaktor 2.

Mit den bereits bekannten Werten ergibt sich der Term:

$$50 \cdot 2^{\frac{t}{20}}$$

Anfangswert — Wachstumsfaktor — Zeitfaktor (beinhaltet die Verdopplung alle 20 Minuten)

Andere Terme, die ebenfalls Lösungen sind:

Da sich die Anzahl der Bakterien der Art A nach 40 Minuten vervierfacht bzw. nach 60 Minuten verachtfacht, sind die Terme $50 \cdot 4^{\frac{t}{40}}$ und $50 \cdot 8^{\frac{t}{60}}$ ebenfalls mögliche Lösungen. Sie beschreiben alle die gleiche Funktion und können mithilfe der Rechenregeln für Potenzen ineinander umgewandelt werden.

W 3b 1

Für $t = 0$, den Zeitpunkt zu Beginn der Vermehrung, ergibt sich der Termwert $n_0 \cdot 3^{\frac{0}{60}} = n_0 \cdot 3^0 = n_0 \cdot 1 = n_0$.

Lösung: $n_0 \stackrel{\triangle}{=}$ Anzahl der Bakterien zum Zeitpunkt $t = 0$.

W 3b 2

Verdreifachung bedeutet, dass $3 \cdot n_0$ Bakterien vorhanden sein sollen. Gesucht ist also die Zahl der Minuten t, sodass für den Term $n_0 \cdot 3^{\frac{t}{60}}$ gilt: $n_0 \cdot 3^{\frac{t}{60}} = 3 \cdot n_0$

Lösung: Gleichsetzen des Terms mit der dreifachen Anzahl zu Beginn liefert:

$$n_0 \cdot 3^{\frac{t}{60}} = 3 \cdot n_0 \qquad \big| : n_0$$
$$3^{\frac{t}{60}} = 3 \qquad \big| \text{Exponentenvergleich}$$
$$\Rightarrow \frac{t}{60} = 1 \qquad \big| \cdot 60$$
$$t = 60$$

Die Anzahl der Bakterien hat sich nach 60 Minuten verdreifacht.

Aufgabe W 4

W 4a

Das abgebildete Gebäude kann als Zusammensetzung von zwei Körpern gesehen werden. Der obere Teil lässt sich als Dreiecksprisma modellieren und der untere Teil stellt näherungsweise einen Quader dar. Schätze mithilfe des abgebildeten Mannes die Höhe, Breite und Länge des Quaders und die Maße des Dreiecksprismas. Berechne mit diesen Maßen die Volumina von Quader und Dreiecksprisma und vom gesamten Gebäude. Runde das Ergebnis auf ganze Kubikmeter.

Lösung: Geschätzte Größe des Mannes: ca. 1,80 m

Geschätzte Breite des Mannes: ca. 0,50 m

Mit diesen Maßen ergeben sich folgende Werte:

- Schätzung der Höhe:
  Höhe des Quaders h_{Quader} → ca. 2,70 m (ca. $1,5 \times$ Größe des Mannes)
  Höhe des Dreiecks (der Grundfläche des Dreiecksprismas) $h_{Dreieck}$
  → ca. 4,50 m (ca. $2,5 \times$ Größe des Mannes)
  [Gesamthöhe → ca. 7,20 m (ca. $4 \times$ Größe des Mannes)]
- Schätzung der Breite der Vorderansicht:
  Breite Vorderansicht b → ca. 4 m (ca. $8 \times$ Breite des Mannes)
- Schätzung der Länge der Seitenansicht:
  pro Platte passt der Mann knapp 2-mal an die Platte (inkl. Holzbalken)
  Länge Seitenansicht ℓ → ca. $13 \times (2 \times 0,5 \text{ m}) = 13 \text{ m}$

Da davon ausgegangen werden kann, dass das Bild nicht verzerrt ist, kannst du Länge und Breite auch mithilfe der Größe des Mannes abschätzen und brauchst seine Breite daher nicht zwingend zur Lösung der Aufgabe.
Die Länge der Seitenansicht ℓ ist zugleich die Körperhöhe des Dreiecksprismas.

Mithilfe der Formel zur Berechnung des Volumens $V_{Quader} = \ell \cdot b \cdot h_{Quader}$ ergibt sich für den Quader:

$V_{Quader} = 13 \text{ m} \cdot 4 \text{ m} \cdot 2,7 \text{ m} = 140,4 \text{ m}^3$

Mithilfe der Formel zur Berechnung des Volumens eines Prismas $V_{Prisma} = G \cdot h_{Prisma} = G \cdot \ell$ ergibt sich mit $G = \frac{1}{2} \cdot b \cdot h_{Dreieck}$ für das Dreiecksprisma:

$V_{Prisma} = \frac{1}{2} \cdot b \cdot h_{Dreieck} \cdot \ell = \frac{1}{2} \cdot 4 \text{ m} \cdot 4,5 \text{ m} \cdot 13 \text{ m} = 117 \text{ m}^3$

Für das Volumen des gesamten Gebäudes ergibt sich:

$$V = V_{Quader} + V_{Prisma} = 140,4 \text{ m}^3 + 117 \text{ m}^3 = 257,4 \text{ m}^3 \approx \mathbf{257 \text{ m}^3}$$

Das Gebäude hat ein Volumen von ca. 257 m³.

Die Schätzungen der Größen können variieren. Folgende Abschätzungen können als richtig gewertet werden:

$10 \text{ m} \leq \ell \leq 15 \text{ m}$ $3 \text{ m} \leq b \leq 5 \text{ m}$ $2 \text{ m} \leq h_{Quader} \leq 4 \text{ m}$ $3 \text{ m} \leq h_{Prisma} \leq 6 \text{ m}$

Die berechneten Einzelvolumina können daher eine Spanne von 60 bis 300 m³ für den Quader bzw. 45 bis 225 m³ für das Prisma haben. Dementsprechend können Gesamtvolumina von 105 m³ bis 525 m³ zulässig sein.

W 4b

Zur Berechnung der Kosten für das Acrylglas müssen die Flächeninhalte der seitlichen Außenflächen berechnet werden. Die untere Seitenfläche A_1 (des Quaders) sowie die Seitenfläche A_2 des Dachs (des Dreiecksprismas) können jeweils als Rechteck modelliert werden. Beide Seitenflächen kommen jeweils zweimal vor (vom Eingang aus gesehen jeweils rechts und links). Berechne dann die Gesamtfläche des Acrylglases und multipliziere mit dem Preis pro Quadratmeter. Da es sich um eine Modellierungsaufgabe mit Schätzwerten handelt, kann man darauf verzichten, die dünnen Holzbalken, die die einzelnen Acrylplatten verbinden, vom Flächeninhalt zu subtrahieren.

Lösung: Flächeninhalt A_1 einer Seitenfläche des Quaders:

geschätzte Maße: $\ell = 13$ m, $h_{Quader} = 2,7$ m

$A_1 = \ell \cdot h_{Quader} = 13 \text{ m} \cdot 2,7 \text{ m} = 35,1 \text{ m}^2$

Flächeninhalt A_2 einer Seitenfläche des Dreiecksprismas:

geschätzte Maße: $\ell = 13$ m, $b = 4$ m, $h_{Dreieck} = 4,5$ m

Zur Berechnung der Höhe x der Seitenfläche des Dachs kann man schätzen oder den Satz des Pythagoras anwenden:

$$x^2 = \left(\frac{b}{2}\right)^2 + h_{Dreieck}^2$$

$$x^2 = \left(\frac{4 \text{ m}}{2}\right)^2 + (4,5 \text{ m})^2$$

$$x^2 = 4 \text{ m}^2 + 20,25 \text{ m}^2$$

$$x^2 = 24,25 \text{ m}^2 \qquad | \sqrt{}$$

$$x \approx 5 \text{ m}$$

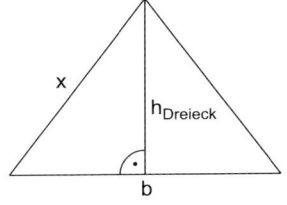

Berechnung der Seitenfläche des Dachs:

$A_2 = \ell \cdot x = 13\ \text{m} \cdot 5\ \text{m} = 65\ \text{m}^2$

Berechnung des gesamten Flächeninhalts:

$A_{ges} = 2 \cdot A_1 + 2 \cdot A_2 = 2 \cdot (A_1 + A_2) = 2 \cdot (35,1\ \text{m}^2 + 65\ \text{m}^2) = 200,2\ \text{m}^2$

Berechnung der Gesamtkosten für das Acrylglas:

$200,2\ \text{m}^2 \cdot 150\ \dfrac{€}{\text{m}^2} = \mathbf{30\,030\ €}$

Die Kosten für das Acrylglas belaufen sich auf ca. 30 030 Euro.

Die Ergebnisse können abhängig von den geschätzten Größen vom vorgerechneten Beispiel abweichen. Mit den zulässigen Schätzwerten aus Teilaufgabe a und $2,5\ \text{m} \leq x \leq 6\ \text{m}$ können Gesamtkosten von 13 500 € bis 45 000 € als richtig gewertet werden.

Aufgabe W 5

W 5a

Es gilt für die Wahrscheinlichkeit eines Ereignisses: $\dfrac{\text{Anzahl der günstigen Ergebnisse}}{\text{Anzahl der möglichen Ergebnisse}}$
Bestimme zunächst die Anzahl aller Felder und die Anzahl der Felder, in denen ein „W" vorkommt.

Lösung: Anzahl aller Felder: 3
Anzahl „W": 1

Wahrscheinlichkeit, dass der Buchstabe „W" angezeigt wird:

$P(\text{„W"}) = \dfrac{\text{Anzahl „W"}}{\text{Anzahl aller Felder}} = \dfrac{1}{3} = \mathbf{0,\overline{3} \approx 33\ \%}$

Die Wahrscheinlichkeit, dass auf Scheibe 1 bei einmaligem Drehen ein „W" erscheint, liegt bei ca. 33 %.

W 5b

🖊 Es handelt sich um ein dreistufiges Zufallsexperiment. Berechne die Wahrscheinlichkeit für jede Scheibe, das Feld mit dem Buchstaben „O" zu treffen. Multipliziere dann nach der 1. Pfadregel die einzelnen Wahrscheinlichkeiten.

Lösung: Scheibe 1:   Anzahl aller Felder: 3   Anzahl „O": 1

$$P_{S1}(\text{„O"}) = \frac{\text{Anzahl „O"}}{\text{Anzahl aller Felder}} = \frac{1}{3}$$

Scheibe 2:   Anzahl aller Felder: 4   Anzahl „O": 1

$$P_{S2}(\text{„O"}) = \frac{\text{Anzahl „O"}}{\text{Anzahl aller Felder}} = \frac{1}{4}$$

Scheibe 3:   Anzahl aller Felder: 5   Anzahl „O": 1

$$P_{S3}(\text{„O"}) = \frac{\text{Anzahl „O"}}{\text{Anzahl aller Felder}} = \frac{1}{5}$$

Für die Wahrscheinlichkeit, dass alle 3 Scheiben ein „O" zeigen, folgt:

$$P = P_{S1}(\text{„O"}) \cdot P_{S2}(\text{„O"}) \cdot P_{S3}(\text{„O"}) = \frac{1}{3} \cdot \frac{1}{4} \cdot \frac{1}{5} = \frac{1}{60} = 0,01\overline{6} \approx 1,7\ \%$$

W 5c

🖊 Es handelt sich wieder um ein dreistufiges Zufallsexperiment, bei dem du die 1. Pfadregel anwenden musst. Überlege zunächst für jeden Buchstaben „W", „E" und „R" die Wahrscheinlichkeit, mit der er gedreht wird. Multipliziere diese Wahrscheinlichkeiten miteinander. Gehe ebenso für die Buchstaben „M", „A" und „I" vor.
🖊 Die geforderte Begründung kann in Worten oder mit einer Rechnung erfolgen.

Lösung: In Worten:
Die Wahrscheinlichkeit, dass eines der beiden Wörter angezeigt wird, ergibt sich aus dem Produkt der Einzelwahrscheinlichkeiten, auf jeder der drei Scheiben den entsprechenden Buchstaben zu erdrehen. Da alle Felder auf einer Scheibe gleich groß sind, sind sie auch gleich wahrscheinlich. Auf Scheibe 1 kommen die Buchstaben „M" und „W" nur einmal vor. Das Gleiche gilt für „I" und „R" auf Scheibe 3. Auf Scheibe 2 hingegen gibt es zwei günstige Ausgänge für „A", aber nur einen für „E". Damit ist auch die Wahrscheinlichkeit für „A" auf Scheibe 2 doppelt so groß wie für „E". Folglich ist auch die Gesamtwahrscheinlichkeit, „MAI" zu drehen, doppelt so groß wie für „WER".

Lösungsalternative mit rechnerischer Begründung:

Wahrscheinlichkeit, dass „WER" angezeigt wird:

$$P_{S1}(\text{„W"}) = \frac{\text{Anzahl „W"}}{\text{Anzahl aller Felder}} = \frac{1}{3}$$

$$P_{S2}(\text{„E"}) = \frac{\text{Anzahl „E"}}{\text{Anzahl aller Felder}} = \frac{1}{4}$$

$$P_{S3}(\text{„R"}) = \frac{\text{Anzahl „R"}}{\text{Anzahl aller Felder}} = \frac{1}{5}$$

$$P(\text{„WER"}) = \frac{1}{3} \cdot \frac{1}{4} \cdot \frac{1}{5} = \frac{1}{60}$$

Wahrscheinlichkeit, dass „MAI" angezeigt wird:

$$P_{S1}(\text{„M"}) = \frac{\text{Anzahl „M"}}{\text{Anzahl aller Felder}} = \frac{1}{3}$$

$$P_{S2}(\text{„A"}) = \frac{\text{Anzahl „A"}}{\text{Anzahl aller Felder}} = \frac{2}{4} = \frac{1}{2}$$

$$P_{S3}(\text{„I"}) = \frac{\text{Anzahl „I"}}{\text{Anzahl aller Felder}} = \frac{1}{5}$$

$$P(\text{„MAI"}) = \frac{1}{3} \cdot \frac{1}{2} \cdot \frac{1}{5} = \frac{1}{30} = \frac{2}{60} = 2 \cdot P(\text{„WER"})$$

Die Wahrscheinlichkeit, „MAI" zu drehen, ist also doppelt so hoch wie die Wahrscheinlichkeit für „WER".

W 5d

Es handelt sich um ein dreistufiges Zufallsexperiment. Überlege (z. B. mit einem Baumdiagramm), welche Ergebnisse möglich und welche für das gesuchte Ereignis günstig sind. Du kannst alle Buchstaben, die nicht A sind, zu einem Ergebnis $\overline{A}$ zusammenfassen. Wende die 1. Pfadregel an, um die Einzelwahrscheinlichkeiten zu bestimmen. Berechne dann die Gesamtwahrscheinlichkeit des Ereignisses „genau einmal A" und vergleiche diese mit Yasins Behauptung.

Lösung: Festlegung: $A \triangleq$ Buchstabe A wird angezeigt

$\overline{A} \triangleq$ Buchstabe A wird nicht angezeigt

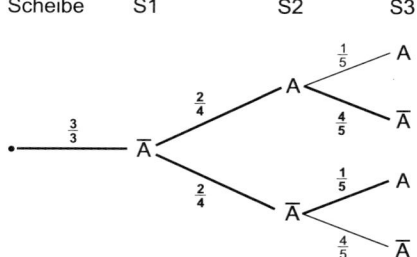

Scheibe   S1   S2   S3

Bei folgenden Konstellationen wird genau einmal A angezeigt:

$P(\overline{A}A\overline{A}) \triangleq$ Scheibe 1: kein A, Scheibe 2: A, Scheibe 3: kein A

und

$P(\overline{A}\overline{A}A) \triangleq$ Scheibe 1: kein A, Scheibe 2: kein A, Scheibe 3: A

Berechnung von $P(\overline{A}A\overline{A})$:

$$P_{S1}(\overline{A}) = \frac{\text{Anzahl } \overline{A}}{\text{Anzahl aller Felder}} = \frac{3}{3} = 1$$

$$P_{S2}(A) = \frac{\text{Anzahl } A}{\text{Anzahl aller Felder}} = \frac{2}{4} = \frac{1}{2}$$

$$P_{S3}(\overline{A}) = \frac{\text{Anzahl } \overline{A}}{\text{Anzahl aller Felder}} = \frac{4}{5}$$

$$P(\overline{A}A\overline{A}) = P_{S1}(\overline{A}) \cdot P_{S2}(A) \cdot P_{S3}(\overline{A}) = 1 \cdot \frac{1}{2} \cdot \frac{4}{5} = \frac{2}{5} = 0,4 = 40\,\%$$

Berechnung von $P(\overline{A}\overline{A}A)$:

$$P_{S2}(\overline{A}) = \frac{\text{Anzahl } \overline{A}}{\text{Anzahl aller Felder}} = \frac{2}{4} = \frac{1}{2} \quad oder \quad P_{S2}(\overline{A}) = 1 - P_{S2}(A) = \frac{1}{2}$$

$$P_{S3}(A) = \frac{\text{Anzahl } A}{\text{Anzahl aller Felder}} = \frac{1}{5} \quad oder \quad P_{S3}(A) = 1 - P_{S3}(\overline{A}) = \frac{1}{5}$$

$$P(\overline{A}\overline{A}A) = P_{S1}(\overline{A}) \cdot P_{S2}(\overline{A}) \cdot P_{S3}(A) = 1 \cdot \frac{1}{2} \cdot \frac{1}{5} = \frac{1}{10} = 0,1 = 10\,\%$$

Da für das gesuchte Ereignis sowohl der Fall $P(\overline{A}A\overline{A})$ als auch der Fall $P(\overline{A}\overline{A}A)$ eintreten kann, musst du die Wahrscheinlichkeiten nach der 2. Pfadregel addieren.

$$P = P(\overline{A}A\overline{A} \text{ oder } \overline{A}\overline{A}A) = 40\,\% + 10\,\% = \mathbf{50\,\%}$$

Yasin hat recht. Die Wahrscheinlichkeit, dass nur genau ein „A" angezeigt wird, beträgt 50 %.

W 5e

Es handelt sich um ein vierstufiges Zufallsexperiment mit einer gewünschten
Wahrscheinlichkeit von 2,5 %.
Um das Wort „MAMI" zu bilden, musst du zunächst die Wahrscheinlichkeit
berechnen, auf den drei vorhandenen Scheiben „MAM" zu erzeugen.

Lösung: Wahrscheinlichkeit für „MAM" auf den ersten drei Scheiben:

$$P_{S1}(\text{„M"}) = \frac{\text{Anzahl „M"}}{\text{Anzahl aller Felder}} = \frac{1}{3}$$

$$P_{S2}(\text{„A"}) = \frac{\text{Anzahl „A"}}{\text{Anzahl aller Felder}} = \frac{2}{4} = \frac{1}{2}$$

$$P_{S3}(\text{„M"}) = \frac{\text{Anzahl „M"}}{\text{Anzahl aller Felder}} = \frac{1}{5}$$

$$P(\text{„MAM"}) = \frac{1}{3} \cdot \frac{1}{2} \cdot \frac{1}{5} = \frac{1}{30}$$

Gesucht ist nun P(„I"). Nach der 1. Pfadregel gilt für P(„MAMI"):

$$P(\text{„MAMI"}) = P(\text{„MAM"}) \cdot P(\text{„I"})$$

$$2,5\,\% = \frac{1}{30} \cdot P(\text{„I"})$$

$$\frac{1}{40} = \frac{1}{30} \cdot P(\text{„I"}) \qquad \Big| \cdot 30$$

$$\frac{30}{40} = P(\text{„I"}) \qquad \Big| \text{kürzen}$$

$$P(\text{„I"}) = \frac{3}{4} = 75\,\%$$

Damit das Wort „MAMI" mit einer Wahrscheinlichkeit von 2,5 % angezeigt
wird, muss die Wahrscheinlichkeit für das „I" bei $\frac{3}{4}$ bzw. 75 % liegen.

Mögliche Vorschläge für die 4. Scheibe:

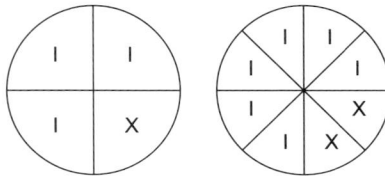

Auch kleinere Unterteilungen und andere Buchstaben als X sind möglich.
Wichtig ist, dass genau $\frac{3}{4}$ der Buchstaben auf Scheibe 4 ein I darstellen.

Aufgabe P 1

P 1a

✎ Um die Zahl in der Mitte zu finden, musst du die beiden Zahlen addieren und die
✎ Summe halbieren. Achte dabei auf die Vorzeichen.
✎ Alternativ kannst du auch die Zahlen auf der Zahlengeraden darstellen und die
✎ Zahl in der Mitte ablesen.

Lösung: Zahl in der Mitte von -4 und 2:

$$x = \frac{-4+2}{2} = \frac{-2}{2} = \mathbf{-1}$$

Alternative Lösung durch Darstellen auf der Zahlengeraden:

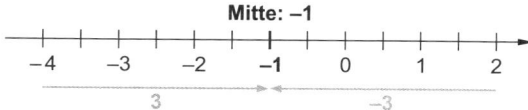

P 1b 1

✎ Eine passende Zahl zur Lösung der Ungleichung ist auf jeden Fall die Zahl,
✎ die genau in der Mitte von $3,14$ und $3,15$ liegt.
✎ Alternativ kannst du die Zahlen auf der Zahlengeraden darstellen und die
✎ dazwischenliegenden Zahlen als Lösungen dieser Ungleichung ablesen.

Lösung: Zahl in der Mitte von $3,14$ und $3,15$:

$$x = \frac{3,14+3,15}{2} = \frac{6,29}{2} = \mathbf{3,145}$$

Alternative Lösung durch Darstellen auf der Zahlengeraden:

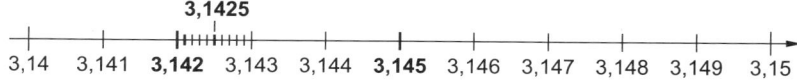

Alle Zahlen $x \neq 3,14$ und $x \neq 3,15$, die auf der Zahlengeraden zwischen
den beiden Zahlen liegen, sind Lösungen für $3,14 < x < 3,15$:
z. B. $\mathbf{x = 3,142}$ *oder* $\mathbf{x = 3,145}$ *oder* $\mathbf{x = 3,1421}$ *oder* $\mathbf{x = 3,1425}$

P 1b 2

Eine passende Zahl zur Lösung der Ungleichung ist wieder die, die in der Mitte von $\frac{1}{10}$ und $\frac{2}{5}$ liegt.

Alternativ kannst du die Brüche zunächst gleichnamig machen und dann einen dazwischenliegenden Zähler suchen.

Eine weitere Möglichkeit ist die Lösung der Ungleichung durch Ablesen auf der Zahlengeraden.

Lösung: Zahl in der Mitte von $\frac{1}{10}$ und $\frac{2}{5}$:

$$y = \frac{1}{2} \cdot \left(\frac{1}{10} + \frac{2}{5} \right) = \frac{1}{2} \cdot \left(\frac{1}{10} + \frac{4}{10} \right) = \frac{1}{2} \cdot \frac{1+4}{10} = \frac{1}{2} \cdot \frac{5}{10} = \frac{5}{20} = \frac{1}{4} = 0,25$$

Alternative Lösung durch Gleichnamigmachen des Nenners:

$$\frac{2}{5} = \frac{4}{10} \quad \Rightarrow \quad \frac{1}{10} < y < \frac{4}{10}$$

z. B. $\quad y = \frac{2}{10} = 0,2 \quad oder \quad y = \frac{3}{10} = 0,3$

Beachte: Suche für den Zähler eine Zahl zwischen 1 und 4 (Nenner bleibt gleich).

Alternative Lösung durch Darstellen am Zahlenstrahl:

Tipp: Wandle die Zahlen zuvor in Dezimalzahlen um, um sie einfacher am Zahlenstrahl darstellen zu können.

$$\frac{1}{10} = 0,1; \quad \frac{2}{5} = \frac{4}{10} = 0,4$$

Mögliche Lösungen für $\frac{1}{10} < y < \frac{2}{5}$:

z. B. $\quad y = 0,2 \quad oder \quad y = 0,25 \quad oder \quad y = 0,3 \quad oder \quad y = 0,31$

P 1c 1

Beachte: 1 min $= 60$ s

Lösung: $\quad 1\frac{1}{4}$ min $= 1\frac{1}{4} \cdot 60$ s $= \frac{5}{4} \cdot \frac{60}{1}$ s $= \frac{300}{4}$ s $= 75$ s

Alternative Lösung mit dem Dreisatz:

Zeit in Minuten	Zeit in Sekunden
1 min	60 s
$\frac{1}{4}$ min	15 s
$1\frac{1}{4}$ min	**75 s**

:4 ↘ ↙ :4
·5 ↘ ↙ ·5

P 1c 2

🖊 *Beachte:* 1 ℓ = 1 000 $m\ell$

Lösung: $\frac{1}{8}\ell = \frac{1}{8}\cdot 1\,000\;m\ell = \mathbf{125\;m\ell}$

Alternative Lösung mit dem Dreisatz:

Volumen in Liter	Volumen in Milliliter
1 ℓ	1 000 $m\ell$
$\frac{1}{8}\ell$	**125 $m\ell$**

:8 ↘ ↙ :8

P 1c 3

🖊 *Beachte:* 1 kg = 1 000 g $\Rightarrow$ 1 g = 0,001 kg

Lösung: 65 g = 65 · 0,001 kg = **0,065 kg**

Alternative Lösung mit dem Dreisatz:

Masse in Gramm	Masse in Kilogramm
1 000 g	1 kg
5 g	$\frac{1}{200}$ kg
65 g	**0,065 kg**

:200 ↘ ↙ :200
·13 ↘ ↙ ·13

Aufgabe P 2

P 2a

Gegeben ist der Anteil des Zuckers am Gesamtgewicht des Joghurts als Bruch.
Der Bruchteil einer Größe ist das Produkt aus Anteil und dem Ganzen der Größe.
Alternativ kannst du den Bruch in Hundertstel umrechnen und ihn somit als Prozentwert darstellen. Durch Anwenden der Lösungsformel der Prozentrechnung
erhältst du das Ergebnis.

Lösung: $\quad 400 \text{ g} \cdot \dfrac{7}{50} = \dfrac{400 \text{ g} \cdot 7}{50} = 8 \text{ g} \cdot 7 = \textbf{56 g}$

Der Joghurt enthält 56 g Zucker.

Alternative Berechnung mit der Lösungsformel:

$$\dfrac{7}{50} = \dfrac{14}{100} = 14\,\%$$

geg.: Grundwert $G = 400$ g; Prozentsatz $p\,\% = 14\,\%$
ges.: Prozentwert P

$$P = \dfrac{G \cdot p}{100}$$

$$P = \dfrac{400 \text{ g} \cdot 14}{100}$$

$\textbf{P = 56 g}$
Der Joghurt enthält 56 g Zucker.

P 2b

Berechne zunächst mithilfe des Dreisatzes den Zuckergehalt des 500-g-Bechers.
Durch Division deines Ergebnisses durch die Masse eines Zuckerwürfels erhältst
du die gesuchte Anzahl der Zuckerstücke.

Lösung: Berechnung der Masse an Zucker im Joghurtbecher mit dem Dreisatz:

Joghurt	Zuckergehalt
100 g	15 g
500 g	75 g

$\cdot 5 \Big(\quad\quad\quad\quad \Big) \cdot 5$

Ein 500-g-Becher enthält 75 g Zucker.

Berechnung der Anzahl der Zuckerwürfel:
1 Zuckerwürfel $\triangleq$ 3 g
75 g : 3 g = **25**

25 Stück Würfelzucker entsprechen der Masse an Zucker im 500-g-Becher Joghurt.

P 2c

🖉 Um den Zuckergehalt beider Joghurtsorten vergleichen zu können, kannst du den
🖉 jeweiligen Prozentsatz an Zucker berechnen. Nutze dazu die Lösungsformel der
🖉 Prozentrechnung oder die Bruchrechnung.
🖉 Alternativ kannst du mithilfe des Dreisatzes den Zuckeranteil direkt vergleichen.

Lösung: Berechnung mit der Lösungsformel:

geg.: Kirsch-Joghurt: Grundwert G = 250 g; Prozentwert P = 30 g
    Erdbeer-Joghurt: Grundwert G = 200 g; Prozentwert P = 28 g

ges.: Prozentsatz p % für beide Sorten

Kirsch-Joghurt: Erdbeer-Joghurt:

$$p\,\% = \frac{P \cdot 100\,\%}{G} \qquad\qquad p\,\% = \frac{P \cdot 100\,\%}{G}$$

$$p\,\% = \frac{30\,g \cdot 100\,\%}{250\,g} \qquad\quad p\,\% = \frac{28\,g \cdot 100\,\%}{200\,g}$$

$$p\,\% = 12\,\% \qquad\qquad\qquad p\,\% = 14\,\%$$

Der **Kirsch-Joghurt** hat einen geringeren Anteil an Zucker.

Alternative Lösung mithilfe der Bruchrechnung:

Kirsch-Joghurt: $\dfrac{30\,g}{250\,g} = \dfrac{6}{50} = \dfrac{12}{100} = 0{,}12 = 12\,\%$

Erdbeer-Joghurt: $\dfrac{28\,g}{200\,g} = \dfrac{7}{50} = \dfrac{14}{100} = 0{,}14 = 14\,\%$

Der **Kirsch-Joghurt** hat einen geringeren Anteil an Zucker.

Alternative Lösung mit dem Dreisatz:

Kirsch-Joghurt	Zucker
:5 ⎛ 250 g	30 g ⎞ :5
·4 ⎝ 50 g	6 g ⎠ ·4
200 g	24 g

200 g Erdbeer-Joghurt enthalten 28 g Zucker. Der **Kirsch-Joghurt** hat also einen geringeren Zuckeranteil.

Oder analog für den Erdbeer-Joghurt:

Erdbeer-Joghurt	Zucker
:4 ⎛ 200 g	28 g ⎞ :4
·5 ⎝ 50 g	7 g ⎠ ·5
250 g	35 g

250 g **Kirsch-Joghurt** enthalten nur 30 g Zucker und damit weniger als der Erdbeer-Joghurt.

Alternative Lösung:

Du kannst den Dreisatz auch nutzen, um zu berechnen, wie viel Gramm Zucker jeweils in 100 g Joghurt vorkommen.

Kirsch-Joghurt	Zucker
:5 ⎛ 250 g	30 g ⎞ :5
·2 ⎝ 50 g	6 g ⎠ ·2
100 g	12 g

Auf 100 g Kirsch-Joghurt kommen 12 g Zucker.

Erdbeer-Joghurt	Zucker
:2 ⎛ 200 g	28 g ⎞ :2
100 g	14 g

Auf 100 g Erdbeer-Joghurt kommen 14 g Zucker.

Der **Kirsch-Joghurt** hat also einen geringeren Anteil an Zucker.

Aufgabe P 3

P 3a

✔ Die Anzahl der Hybridautos im Jahr 2016 setzt sich aus der Anzahl der Autos im
✔ Jahr 2015 und deren Zuwachs um 21 % zusammen. Somit entspricht die Anzahl
✔ der Autos im Jahr 2016 genau 121 % der Anzahl der Autos im Jahr 2015.

Lösung: Berechnung der Anzahl der Autos 2016:

$$107\,700 \cdot 121\,\% = 107\,700 \cdot \frac{121}{100} = 107\,700 \cdot 1,21 = \mathbf{130\,317}$$

Im Jahr 2016 gab es 130 317 Hybridautos.

Alternative Berechnung mit dem Dreisatz:

Prozentsatz	Autos
100 %	107 700
1 %	1 077
121 %	**130 317**

: 100 (...) : 100   · 121 (...) · 121

Im Jahr 2016 gab es 130 317 Hybridautos.

Alternative Berechnung mit der Lösungsformel:

geg.: Grundwert G = 107 700; Prozentsatz p % = 121 %
ges.: Prozentwert P

$$P = \frac{G \cdot p}{100}$$

$$P = \frac{107\,700 \cdot 121}{100}$$

$$\mathbf{P = 130\,317}$$

Im Jahr 2016 gab es 130 317 Hybridautos.

Alternative Lösungsmöglichkeit:

✔ Berechne zunächst die Anzahl der von 2015 bis 2016 neu hinzugekommenen
✔ Autos und addiere diesen Wert zum Wert von 2015.

Lösung: Berechnung mit dem Dreisatz:

Prozentsatz	Autos
$:100 \Big($ 100 %	107 700 $\Big) :100$
$\cdot 21 \Big($ 1 %	1 077 $\Big) \cdot 21$
21 %	**22 617**

Anzahl der Hybridautos im Jahr 2016:
$107\,700 + 22\,617 = \mathbf{130\,317}$

Im Jahr 2016 gab es 130 317 Hybridautos.

Alternative Berechnung der Anzahl der Autos mit der Lösungsformel:

geg.: Grundwert $G = 107\,700$; Prozentsatz $p\,\% = 21\,\%$

ges.: Prozentwert P

$$P = \frac{G \cdot p}{100}$$

$$P = \frac{107\,700 \cdot 21}{100}$$

$$P = 22\,617$$

Anzahl der Hybridautos im Jahr 2016:
$107\,700 + 22\,617 = \mathbf{130\,317}$

Im Jahr 2016 gab es 130 317 Hybridautos.

P 3b

Gesucht ist der Prozentsatz. Verwende zur Lösung entweder die Lösungsformel der Prozentrechnung, den Dreisatz oder den Wachstumsfaktor.
Berechne bei der Verwendung der Prozentformel zunächst den Prozentwert.
Dieser entspricht der Anzahl der Autos, die von 2015 bis 2017 hinzugekommen sind. Runde abschließend das Ergebnis auf ganze Prozent.

Lösung: Durch Berechnung mit der Lösungsformel:

Prozentwert $P = 165\,400 - 107\,700 = 57\,700$

geg.: Grundwert $G = 107\,700$; Prozentwert $P = 57\,700$

ges.: Prozentsatz $p\,\%$

$$p\,\% = \frac{P}{G} \cdot 100\,\%$$

$$p\,\% = \frac{57\,700}{107\,700} \cdot 100\,\%$$

$$p\,\% = 53{,}57\ldots\,\% \approx \mathbf{54\,\%}$$

Die Anzahl der Hybridautos ist um 54 % gestiegen.

Alternative Berechnung mit dem Dreisatz:

Autos	Prozentsatz %
107 700	100 %
1	$\dfrac{100\,\%}{107\,700}$
165 400	154 %

: 107 700 ⤸ : 107 700 ⤹
· 165 400 ⤸ · 165 400 ⤹

154 % bedeuten eine Steigerung um **54 %**, da 100 % dem Ausgangswert (der Anzahl der Hybridautos 2015) entsprechen.

Alternative Berechnung mit dem Wachstumsfaktor:

$$107\,700 \cdot x = 165\,400 \qquad |\,{:}\,107\,700$$

$$x = \frac{165\,400}{107\,700}$$

$$x \approx 1{,}54$$

Es gilt: $\text{Wachstumsfaktor} = 1 + \dfrac{\text{Wachstumsrate in }\%}{100\,\%}$

Somit entspricht der Wachstumsfaktor von 1,54 einer Wachstumsrate von **54 %**.

Aufgabe P 4

P 4a

Es gilt: $\text{Wahrscheinlichkeit eines Ereignisses} = \dfrac{\text{Anzahl der günstigen Ergebnisse}}{\text{Anzahl der möglichen Ergebnisse}}$

Bestimme zunächst die Anzahl der Chips mit der Ziffer 2 (günstige Ergebnisse) und die Gesamtzahl der Chips (mögliche Ergebnisse).

Lösung: Anzahl der Chips mit der Ziffer 2: 10
Anzahl aller Chips im Beutel: 15

Wahrscheinlichkeit, einen Chip mit der Ziffer 2 zu ziehen:

$$P(\text{Ziffer 2}) = \frac{\text{Anzahl der Chips mit der Ziffer 2}}{\text{Anzahl aller Chips}} = \frac{10}{15} = \frac{2}{3} \approx 0{,}667 = 66{,}7\ \%$$

Die Wahrscheinlichkeit, einen Chip mit der Ziffer 2 zu ziehen, beträgt 66,7 %.

P 4b 1

/ Da zweimal gezogen wird, handelt es sich um ein zweistufiges Zufallsexperi-
/ ment. Nutze ein Baumdiagramm zur Veranschaulichung und wende die 1. Pfad-
/ regel an.
/ *Beachte:* Es geht um einen Zufallsversuch ohne Zurücklegen, d. h., die Anzahl
/ der Chips und damit die Wahrscheinlichkeiten verändern sich bei jeder Ziehung.

Lösung: Mithilfe eines Baumdiagramms:

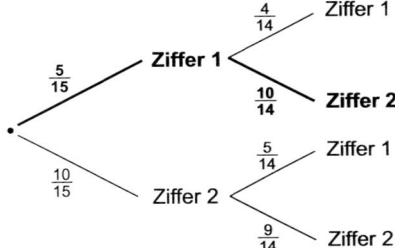

Wahrscheinlichkeit, beim 1. Ziehen eine „1" zu ziehen: $\dfrac{5}{15}$

Wahrscheinlichkeit, beim 2. Ziehen eine „2" zu ziehen: $\dfrac{10}{14}$

Wahrscheinlichkeit, eine „12" zu ziehen (ohne Zurücklegen):

$$P(\text{„12"}) = \frac{5}{15} \cdot \frac{10}{14} = \frac{50}{210} = \frac{5}{21} \approx 0{,}238 = 23{,}8\ \%$$

P 4b 2

/ Um zu berechnen, ob die Wahrscheinlichkeit, die Zahl „12" zu ziehen, höher
/ beim Ziehen mit oder beim Ziehen ohne Zurücklegen ist, kannst du beide Wahr-
/ scheinlichkeiten berechnen und vergleichen.
/ Alternativ kannst du eine Begründung formulieren.

Lösung: durch Berechnung:

P(„12") ohne Zurücklegen $\approx 23,8\%$ (vgl. Teilaufgabe P 4b 1)

P(„12") mit Zurücklegen:

$$P(„12") = \frac{5}{15} \cdot \frac{10}{15} = \frac{50}{225} = \frac{2}{9} \approx 0,222 = 22,2\%$$

Die Wahrscheinlichkeit, eine „12" zu ziehen, ist beim **Ziehen mit Zurücklegen** kleiner.

Alternative Begründung in Worten:

Durch das Zurücklegen sind beim zweiten Zug mehr Chips enthalten. Die „1" wird zurückgelegt und somit besteht die Chance, sie wieder zu ziehen. Folglich wird die Wahrscheinlichkeit für das Ziehen der Ziffer 2 kleiner. Die Gesamtwahrscheinlichkeit, eine „12" zu ziehen, ist also beim **Ziehen mit Zurücklegen** kleiner.

Aufgabe P 5

P 5a 1

Die Nullstellen einer Funktion sind die x-Werte, an denen der zugehörige y-Wert 0 ist. Setze also $y = 0$ in die Funktionsgleichung ein und löse sie nach x auf.

Lösung: Einsetzen von $y = 0$ in die Funktionsgleichung $y = 0,5x + 3$:

$$0 = 0,5x + 3 \quad | -3$$
$$-3 = 0,5x \quad | : 0,5$$
$$\mathbf{x = -6}$$

Die lineare Funktion $y = 0,5x + 3$ hat bei $x = -6$ eine Nullstelle.

P 5a 2

Um zu überprüfen, ob ein Punkt P auf einer Geraden liegt, setzt man seine x- und seine y-Koordinate in die Funktionsgleichung der Geraden ein. Ein Punkt liegt nur dann auf der Geraden, wenn eine wahre Aussage entsteht.

Lösung: Einsetzen der Koordinaten von P(−12,4 | −2,8) in die Funktionsgleichung:

$y = 0,5 \cdot x + 3$

$-2,8 \overset{?}{=} 0,5 \cdot (-12,4) + 3$

$-2,8 \overset{?}{=} -6,2 + 3$

$-2,8 \neq -3,2$ (falsch)

Der Punkt P(−12,4 | −2,8) **liegt nicht** auf der Geraden f.

P 5a 3

Den Schnittpunkt der Geraden f und g kannst du aus dem Koordinatensystem ablesen.

Lösung: Ablesen aus dem Koordinatensystem:

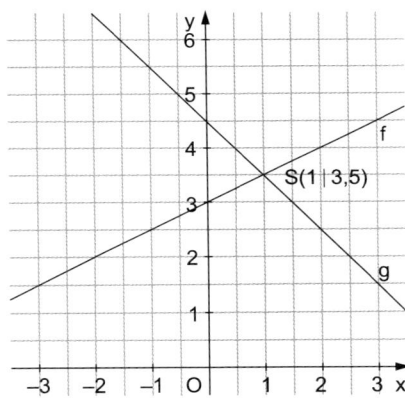

Beide Geraden schneiden sich im Punkt **S(1 | 3,5)**.

Alternative Berechnung durch Gleichsetzen der Funktionsterme:
Du kannst den Schnittpunkt zweier Funktionen berechnen, indem du die Funktionsterme gleichsetzt, in diesem Fall die von g und f, und die so entstehende Gleichung nach x auflöst. Die y-Koordinate des Schnittpunktes erhältst du durch Einsetzen von x in eine der beiden Funktionsgleichungen. Für diese (deutlich schwierigere) Möglichkeit benötigst du den Funktionsterm der Geraden g (vgl. nächste Teilaufgabe).

f: $\quad y = 0,5x + 3$

g: $\quad y = -x + 4,5 \,(\text{vgl. P 5a 4})$

Gleichsetzen der Funktionsterme von f und g:

$$0,5x + 3 = -x + 4,5 \quad | + x - 3$$
$$1,5x = 1,5 \quad | : 1,5$$
$$x = 1$$

x einsetzen in eine der Funktionsgleichungen:
x einsetzen in f: $y = 0,5x + 3$ liefert:

$$y = 0,5 \cdot 1 + 3$$
$$y = 0,5 + 3$$
$$y = 3,5$$
$$\Rightarrow \ \mathbf{S(1 \,|\, 3,5)}$$

Somit ergibt sich der Punkt S(1 | 3,5) als Schnittpunkt der Geraden.

P 5a 4

Eine lineare Funktion wird durch die Funktionsgleichung $y = mx + b$ beschrieben. Dabei gibt m die Steigung der Geraden an und b ist der Achsenabschnitt auf der y-Achse. Bestimme die Steigung m mit einem Steigungsdreieck.

Lösung: $\quad y = mx + b$

Bestimmung von m mit dem Steigungs-dreieck:

$$m = \frac{-1}{1} = -1$$

Ablesen der Schnittstelle der Geraden mit der y-Achse:

$$b = 4,5$$

Zusammen ergibt sich:

$$y = -1x + 4,5$$
$$\mathbf{y = -x + 4,5}$$

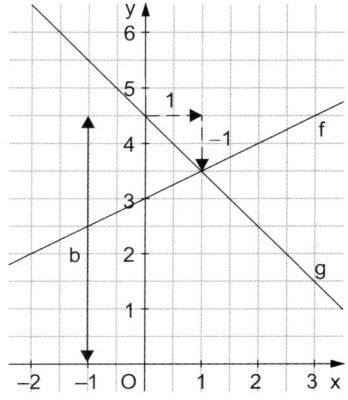

P 5b

Du kannst dir zur besseren Vorstellung eine Gerade und die an der x-Achse gespiegelte Gerade in ein Koordinatensystem zeichnen.
Eine Spiegelung an der x-Achse bedeutet, dass sich das Vorzeichen aller y-Werte der Geraden umkehrt. Folglich ändert sich auch das Vorzeichen der Steigung m.
Aus dem Schnittpunkt $P(0\,|\,b)$ mit der y-Achse wird $P'(0\,|\,{-b})$. Der Betrag der Größen b und –b bleibt gleich.

Lösung: Aus $y = mx + b$ wird durch Spiegelung an der x-Achse $y = -mx - b$. Eine ursprünglich steigende Gerade fällt also, eine ursprünglich fallende Gerade hat jetzt eine positive Steigung. Der Schnittpunkt mit der y-Achse wechselt sein Vorzeichen.

Aufgabe P 6

P 6a

Du kannst das lineare Gleichungssystem mit dem Einsetzungs-, Gleichsetzungs- oder Additionsverfahren lösen. Da die 2. Gleichung bereits nach x umgestellt ist, bietet sich das Einsetzungsverfahren an.

Lösung: Mithilfe des Einsetzungsverfahrens:

I. $\quad 2x - 4y = -32$

II. $\quad\quad x = y - 4$

$x = y - 4$ in I. einsetzen:

$2(y - 4) - 4y = -32 \quad |\,\text{ausmultiplizieren}$

$2y - 8 - 4y = -32 \quad |\,\text{zusammenfassen}$

$-2y - 8 = -32 \quad |+8$

$-2y = -24 \quad |:(-2)$

$y = 12$

Einsetzen von $y = 12$ in II.:

II. $\quad x = 12 - 4$

$\quad\quad x = 8$

Lösungsmenge $\mathbf{L = \{(8\,|\,12)\}}$

Tipp: Mit einer Probe kannst du überprüfen, ob das Ergebnis korrekt ist. Setze dazu x und y in die Gleichungen ein.

P 6b

Die erste Gleichung des gesuchten Gleichungssystems beschreibt den ersten
Einkauf und die zweite Gleichung den zweiten Einkauf.
Überlege dir zunächst für jeden Einkauf, wie viele Apfeltaschen und wie viele
Brezeln gekauft wurden und welcher Betrag dafür ausgegeben wurde. Beachte
die in der Aufgabenstellung vorgegebenen Variablenbezeichnungen:
a: Preis für eine Apfeltasche
b: Preis für eine Brezel

Lösung: Gleichungssystem:
I. $3a + 6b = 10,80$ €
II. $2a + 3b = 5,95$ €

P 6c

Gesucht ist eine Gleichung, die $x = 10$ und zugleich $y = 15$ als mögliche Lösung
hat. Da es keine weiteren Bedingungen gibt, sind unzählige Lösungen möglich.

Lösung: Bedingung:
$x = 10$ und $y = 15$ als mögliche Lösung der Gleichung

Mögliche Gleichungen: Probe:
z. B. **$x + y = 25$** $10 + 15 = 25$
oder **$x + 5 = y$** $10 + 5 = 15$
oder **$2x - y = 5$** $2 \cdot 10 - 15 = 5$
oder **$15x = 10y$** *etc.* $15 \cdot 10 = 10 \cdot 15$

Aufgabe P 7

P 7a

Um den Flächeninhalt der grau gefärbten Fläche angeben zu können, musst du
zunächst den Flächeninhalt des Kreises und den des Dreiecks berechnen. Vom
Flächeninhalt des Kreises subtrahierst du dann den Flächeninhalt des Dreiecks.
Der Radius r des Kreises ergibt sich aus dem Durchmesser $d = \overline{AB} = 32$ cm.
M ist der Mittelpunkt des Kreises und hat zu allen Punkten, die auf dem Kreis-
rand liegen, den Abstand $r = \frac{32}{2}$ cm $= 16$ cm. Somit ist auch die Strecke $\overline{MC}$, die
der Höhe des Dreiecks entspricht, 16 cm lang.

Lösung: Berechnung des Flächeninhalts des Kreises:

$$A_{\text{Kreis}} = \pi \cdot r^2 = \pi \cdot (16\,\text{cm})^2 \approx 804,2477\,\text{cm}^2$$

Berechnung des Flächeninhalts des Dreiecks:

$$A_{\text{Dreieck}} = \frac{g \cdot h}{2} = \frac{32\,\text{cm} \cdot 16\,\text{cm}}{2} = 256\,\text{cm}^2$$

Berechnung des Flächeninhalts der grau gefärbten Fläche:

$$A_{\text{graue Fläche}} = A_{\text{Kreis}} - A_{\text{Dreieck}} = 804,2477\,\text{cm}^2 - 256\,\text{cm}^2 \approx \mathbf{548\,cm^2}$$

Der Flächeninhalt der grau gefärbten Fläche beträgt etwa 548 cm².

P 7b

🖊 Um die Länge der Strecke $\overline{AC}$ berechnen zu können, musst du das Dreieck ABC
🖊 in zwei rechtwinklige Dreiecke zerlegen, indem du die Strecke $\overline{CM}$ einzeichnest.
🖊 Betrachte das Dreieck AMC, das im Punkt M einen rechten Winkel hat.
🖊 Die Längen der Katheten $\overline{AM} = 16\,\text{cm}$ und $\overline{MC} = 16\,\text{cm}$ sind bekannt, sodass du
🖊 den Satz von Pythagoras anwenden kannst.
🖊 Alternativ kannst du den Satz des Thales und die Gleichschenkligkeit des Drei-
🖊 ecks ABC nutzen oder mithilfe der trigonometrischen Funktionen die Länge der
🖊 Strecke $\overline{AC}$ berechnen.

Lösung: Über das Hilfsdreieck AMC:

Mit dem Satz von Pythagoras ergibt sich:

$$\overline{AM}^2 + \overline{MC}^2 = \overline{AC}^2$$

$$(16\,\text{cm})^2 + (16\,\text{cm})^2 = \overline{AC}^2$$

$$\overline{AC}^2 = 512\,\text{cm}^2 \quad | \sqrt{}$$

$$\overline{AC} \approx 22,627\,\text{cm}$$

$$\overline{AC} \approx \mathbf{226\,mm}$$

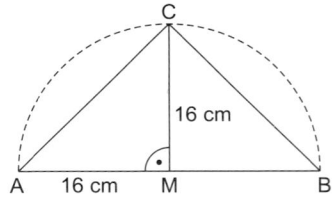

Alternative Lösung mit dem Satz des Thales im gleichschenkligen Dreieck ABC:

🖊 Der Satz des Thales besagt: Ein Dreieck ist am Punkt C rechtwinklig, wenn seine
🖊 Basis $\overline{AB}$ den Durchmesser eines Kreises bildet, auf dem C liegt. Dadurch weißt
🖊 du, dass $\gamma = 90°$ sein muss.
🖊 Zudem handelt es sich um ein gleichschenkliges Dreieck, sodass $\overline{AC} = \overline{BC}$ ist.
🖊 In diesem Fall kannst du den Satz von Pythagoras anwenden.

Mit $\overline{AC} = \overline{BC}$ folgt:

$$\overline{AC}^2 + \overline{BC}^2 = (32\ \text{cm})^2$$

$$\overline{AC}^2 + \overline{BC}^2 = 1\,024\ \text{cm}^2$$

$$2 \cdot \overline{AC}^2 = 1\,024\ \text{cm}^2 \quad |:2$$

$$\overline{AC}^2 = 512\ \text{cm}^2 \quad |\sqrt{\ }$$

$$\mathbf{\overline{AC} \approx 226\ mm}$$

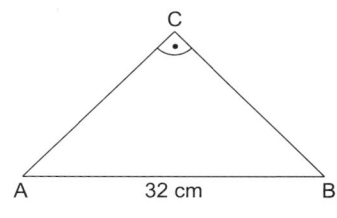

Alternative Lösung mithilfe der trigonometrischen Funktionen:

In einem rechtwinkligen Dreieck gilt:

$$\text{Sinus eines Winkels} = \frac{\text{Gegenkathete}}{\text{Hypotenuse}}$$

Da nach dem Satz des Thales $\gamma = 90°$ ist und es sich um ein gleichschenkliges Dreieck handelt, gilt nach dem Innenwinkelsummensatz:

$$\alpha = \beta = \frac{180° - 90°}{2} = 45°$$

$$\sin 45° = \frac{\overline{AC}}{\overline{AB}}$$

$$\sin 45° = \frac{\overline{AC}}{32\ \text{cm}} \quad |\cdot 32\ \text{cm}$$

$$\overline{AC} = \sin 45° \cdot 32\ \text{cm}$$

$$\overline{AC} \approx 22{,}63\ \text{cm} \approx \mathbf{226\ mm}$$

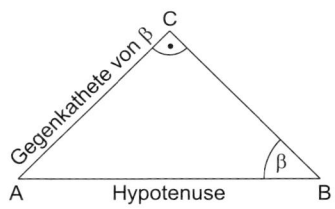

P 7c

Da der Punkt C auf dem Halbkreis über $\overline{AB}$ liegt, gilt der Satz des Thales. Dieser besagt: Wenn der Punkt C eines Dreiecks auf einem Halbkreis über der Strecke $\overline{AB}$ liegt, hat das Dreieck im Punkt C einen rechten Winkel.
Da das Dreieck ABC gleichschenklig ist, sind die Winkel α und β gleich groß.

Lösung: Über den Satz des Thales folgt:

$\gamma = 90°$

Durch die Gleichschenkligkeit des Dreiecks und nach dem Innenwinkelsummensatz ergibt sich:

$$\alpha = \frac{180° - 90°}{2} = \mathbf{45°}$$

Aufgabe P 8

P 8a

Berechne zunächst das Volumen eines Würfels. Bestimme dann die Masse eines Würfels (1 cm³ Kupfer wiegt 8,96 g).

Lösung: *geg.:* Würfelseite $a = 1,5$ cm

Kupfer: 1 cm³ wiegt 8,96 g $\Rightarrow$ $\rho = 8,96 \, \dfrac{g}{cm^3}$

ges.: m

Berechnung des Volumens eines Würfels:

$V_{Würfel} = a^3 = (1,5 \, cm)^3 = 3,375 \, cm^3$

Bestimmung der Masse eines Würfels:

$m = \rho \cdot V_{Würfel} = 8,96 \, \dfrac{g}{cm^3} \cdot 3,375 \, cm^3 = \mathbf{30,24 \, g}$

Ein Würfel hat eine Masse von 30,24 g.

P 8b

Berechne zunächst das Gesamtvolumen aller sechs eingeschmolzenen Würfel. Dieses Volumen entspricht dem Volumen der Kugel. Durch Einsetzen der bekannten Größen in die Formel zur Volumenberechnung einer Kugel kannst du den Radius berechnen. Achte auch auf das korrekte Runden auf Millimeter.

Lösung: Volumen der Kugel:

$V_{Kugel} = V_{alle \, Würfel} = 6 \cdot V_{Würfel} = 6 \cdot 3,375 \, cm^3 = 20,25 \, cm^3$

Berechnung des Radius:

$V_{Kugel} = \dfrac{4}{3} \cdot \pi \cdot r^3$

$20,25 \, cm^3 = \dfrac{4}{3} \cdot \pi \cdot r^3$

$20,25 \, cm^3 \approx 4,189 \cdot r^3 \quad | : 4,189$

$4,834 \, cm^3 \approx r^3 \quad | \sqrt[3]{}$

$1,69 \, cm \approx r$

$\mathbf{r \approx 17 \, mm}$

Der Radius der Kugel beträgt ca. 17 mm.

Aufgabe W 1

W 1a 1

In einem gleichschenkligen Dreieck sind die Winkel, die den beiden gleich langen Schenkeln gegenüberliegen, gleich groß. Bestimme den Winkel γ über den Innenwinkelsummensatz im Dreieck ABC.

Lösung: Mit dem Innenwinkelsummensatz im Dreieck ABC gilt:
$$\gamma = 180° - 2 \cdot 70° = \mathbf{40°}$$

Der Winkel γ beträgt 40°.

W 1a 2

In einem gleichschenkligen Dreieck ist die Höhe h zur Basis zugleich eine Mittelsenkrechte.
Tipp: Verschiebe die Höhe h in das Dreieck, sodass sie die Strecke $\overline{AB}$ teilt und durch C verläuft. Ihr Fußpunkt M halbiert dann die Seite $\overline{AB}$. Mithilfe der trigonometrischen Funktionen kannst du die Höhe h berechnen.

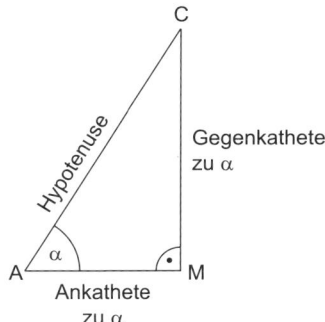

Lösung:

$$\overline{AM} = \frac{\overline{AB}}{2} = \frac{18,7 \text{ cm}}{2} = 9,35 \text{ cm}$$

$$\tan \alpha = \frac{\text{Gegenkathete}}{\text{Ankathete}}$$

$$\tan 70° = \frac{h}{9,35 \text{ cm}} \qquad | \cdot 9,35 \text{ cm}$$

$$h = \tan 70° \cdot 9,35 \text{ cm}$$

$$\mathbf{h \approx 25,7 \text{ cm} = 257 \text{ mm}}$$

W 1b

Zur Berechnung der Strecke x musst du das allgemeine Dreieck ABD und das rechtwinklige Dreieck BCD betrachten.

Den Überstand von 1,7 cm, der in der Strecke x enthalten ist, kannst du im letzten Schritt addieren, sodass du zur Berechnung der Strecke y zunächst die trigonometrischen Beziehungen im rechtwinkligen Dreieck BCD ausnutzen kannst. Zur Berechnung von y wird die Länge von a benötigt, die du durch Anwendung des Sinussatzes im Dreieck ΔABD ermitteln kannst. Ermittle zunächst die fehlenden Winkel.
Achte beim Endergebnis auf das Runden auf Millimeter.

Lösung: Berechnung der fehlenden Winkel:

Berechnung von β über den Nebenwinkel β':
$\beta = 180° - \beta' = 180° - 30,3° = 149,7°$

Berechnung von δ über den Innenwinkelsummensatz im Dreieck:
$\delta = 180° - \beta - 17,9° = 180° - 149,7° - 17,9° = 12,4°$

Berechnung der Strecke $\overline{BD} = a$ mit dem Sinussatz im Dreieck ABD:
geg.: $\alpha = 17,9°$; $\beta = 149,7°$; $\delta = 12,4°$; $d = 11\,cm$
ges.: a

$$\frac{a}{\sin\alpha} = \frac{d}{\sin\delta}$$

$$\frac{a}{\sin 17,9°} = \frac{11\,cm}{\sin 12,4°} \qquad |\cdot\sin 17,9°$$

$$a = \frac{11\,cm \cdot \sin 17,9°}{\sin 12,4°}$$

$$a \approx 15,74\,cm$$

Berechnung der Strecke $\overline{CD}$ = y mit dem Sinus im rechtwinkligen Dreieck BCD:

geg.: a = 15,74 cm ($\stackrel{\triangle}{=}$ Hypotenuse); $\beta' = 30,3°$

ges.: y

$$\sin\beta' = \frac{\text{Gegenkathete}}{\text{Hypotenuse}}$$

$$\sin 30,3° = \frac{y}{15,74\ \text{cm}} \qquad |\cdot 15,74\ \text{cm}$$

$$\sin 30,3° \cdot 15,74\ \text{cm} = y$$

$$7,94\ \text{cm} \approx y$$

Berechnung der Länge von x durch Addition des Überstandes:

x = y + 1,7 cm = 7,94 cm + 1,7 cm = 9,64 cm ≈ **9,6 cm = 96 mm**

Aufgabe W 2

W 2a 1

✎ Setze x = 12 in die Funktionsgleichung ein, um den Flächeninhalt zu berechnen.

✎ Achte darauf, dass du das Ergebnis in der geforderten Einheit (cm^2) angibst.

Lösung: Mit x = 12 ergibt sich:

$A = 4 \cdot x^2 + 560 \cdot x = 4 \cdot 12^2 + 560 \cdot 12 = \mathbf{7\,296\,[cm^2]}$

W 2a 2

✎ Mit x^2 wird der Flächeninhalt eines Quadrats an einer Ecke berechnet

✎ (A = x · x = x^2). Es gibt vier Quadrate an den Ecken der Tischplatte.

Lösung: Die Ahornfläche lässt sich in vier Rechtecke und ein Quadrat in jeder Ecke zerlegen. Die Seitenlänge eines Quadrats wird dabei mit x bezeichnet. Da alle vier Quadrate gleich groß sind, gilt: A = 4 · x · x = 4 · x^2

W 2a 3

✎ Die Fläche aus Nussholz entspricht dem grauen Rechteck in der Abbildung.

✎ Die Gleichung für die Fläche aus Ahornholz ist mit A = 4 · x^2 + 560 · x gegeben.

✎ Setze x = 28,5 in diese Gleichung ein und vergleiche beide Flächeninhalte.

Lösung: Flächeninhaltsformel Rechteck:

$A = a \cdot b$

Daraus folgt:

$A_{\text{Nussholz}} = a \cdot b = 160 \, \text{cm} \cdot 120 \, \text{cm} = 19\,200 \, \text{cm}^2$

Flächeninhalt Umrandung:

$A_{\text{Ahornholz}} = 4 \cdot x^2 + 560 \, \text{cm} \cdot x$

Mit $x = 28,5 \, \text{cm}$ folgt:

$A_{\text{Ahornholz}} = 4 \cdot (28,5 \, \text{cm})^2 + 560 \, \text{cm} \cdot 28,5 \, \text{cm} = 19\,209 \, \text{cm}^2$

Die Flächeninhalte unterscheiden sich lediglich um $9 \, \text{cm}^2$ und sind daher annähernd gleich groß.

W 2b

Um die Länge x für den Tisch zu erhalten, musst du den gegebenen Wert $A_{\text{Gesamtfläche}} = 32\,000 \, \text{cm}^2$ in die quadratische Gleichung einsetzen und diese nach x auflösen.

Die x-Werte einer quadratischen Gleichung berechnest du mithilfe der

p-q-Formel: $x_{1/2} = -\frac{p}{2} \pm \sqrt{\left(\frac{p}{2}\right)^2 - q}$

Beachte, dass die quadratische Gleichung zum Anwenden der p-q-Formel in der Normalform ($0 = x^2 + px + q$) stehen muss.

Lösung: Berechnung der Länge x mithilfe der p-q-Formel:

$A_{\text{Gesamtfläche}} = 4 \cdot x^2 + 560 \cdot x + 19\,200$

$32\,000 = 4 \cdot x^2 + 560 \cdot x + 19\,200 \qquad | - 32\,000$

$0 = 4 \cdot x^2 + 560 \cdot x - 12\,800 \qquad | : 4$

$0 = x^2 + 140 \cdot x - 3\,200$

$x_{1/2} = -\frac{140}{2} \pm \sqrt{\left(\frac{140}{2}\right)^2 - (-3\,200)}$

$x_{1/2} = -70 \pm \sqrt{8\,100}$

$x_{1/2} = -70 \pm 90$

$x_1 = 20 \, [\text{cm}]$

$x_2 = -160 \, [\text{cm}]$

Da die Seitenlänge nicht negativ sein kann, entfällt Lösung x_2 und ein Tisch mit einer Gesamtfläche von $32\,000 \, \text{cm}^2$ hat die Länge $x = 20 \, \text{cm}$.

W 2c

Du kannst die Lösung durch Herleiten, startend bei der ursprünglichen Funktionsgleichung $A = 4 \cdot x^2 + 560 \cdot x$, ermitteln. Überlege dir dazu, woher die Zahl „560"
in dieser Gleichung kommt.
Alternativ kannst du den Flächeninhalt der Umrandung für den zweiten Tisch
mithilfe von Quadraten und Rechtecken berechnen.

Lösung: Durch Herleitung:

$$A = 4 \cdot x^2 + 560 \cdot x$$

Die Zahl 560 in der Funktionsgleichung lässt sich aus dem Umfang des
ursprünglichen Rechtecks herleiten:
$$\text{"560" cm} = 160\,\text{cm} + 120\,\text{cm} + 160\,\text{cm} + 120\,\text{cm}$$
$$= 2 \cdot 160\,\text{cm} + 2 \cdot 120\,\text{cm}$$
$$= 560\,\text{cm}$$

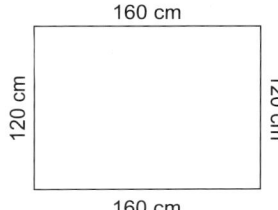

Da die neue Fläche quadratisch sein soll mit
einer Seitenlänge von 160 cm, ändert sich die
Gleichung wie folgt:
$$U_{neu} = 160\,\text{cm} + 160\,\text{cm} + 160\,\text{cm} + 160\,\text{cm}$$
$$= 640\,\text{cm}$$

$$A = 4 \cdot x^2 + 4 \cdot 160 \cdot x$$
$$A = 4 \cdot x^2 + 640 \cdot x$$

Alternative Lösung durch Betrachtung der Teilstücke:
Umrandung:

$4 \cdot x$ ⬛ $\Rightarrow$ $4 \cdot x^2$
x

$4 \cdot x$ ▭ $\Rightarrow$ $4 \cdot 160 \cdot x = 640 \cdot x$
160 cm

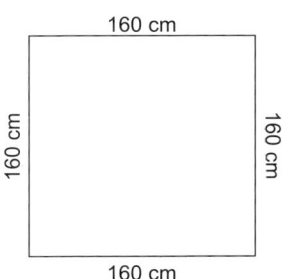

Daraus ergibt sich die neue Flächeninhaltsformel für die Umrandung:
$$A = 4 \cdot x^2 + 640 \cdot x$$

Aufgabe W 3

W 3a 1

Als Spannweite R bezeichnet man die Differenz aus dem größten und dem kleinsten gemessenen Wert (R = Maximum – Minimum).

Lösung: $R = 221 - 102 = \mathbf{119}$

Die Spannweite beträgt 119.

W 3a 2

In einer Rangliste werden die Werte nach ihrer Größe sortiert. Ob aufsteigend oder absteigend ist dabei irrelevant.

Zur Berechnung bzw. Bestimmung des Zentralwertes $\tilde{x}$ – auch Median genannt – musst du zunächst eine Rangliste erstellen. Der Zentralwert steht bei einer ungeraden Anzahl an Werten genau in der Mitte. Bei einer geraden Anzahl ist er der Mittelwert der beiden mittleren Werte.

Da insgesamt sechs Werte vorliegen, liegt der Zentralwert genau zwischen dem dritten und vierten Wert der Rangliste. Zur Berechnung addiert man diese beiden Werte und halbiert die Summe.

Lösung: Rangliste:

102   152   164   186   207   221

Zentralwert $\tilde{x}$ (Median):

$$\tilde{x} = \frac{164 + 186}{2} = \mathbf{175}$$

W 3a 3

Zur Berechnung des arithmetischen Mittels (Durchschnitts) $\overline{x}$ bildest du die Summe aller Werte und dividierst diese durch die Anzahl aller Werte.

Lösung: $\underbrace{102 + 152 + 164 + 186 + 207 + 221}_{6 \text{ Werte}} = 1\,032$

$\overline{x} = 1\,032 : 6 = \mathbf{172}$

Die Seite wurde im Durchschnitt 172-mal pro Tag aufgerufen.

W 3a 4

Den Durchschnitt von 200 Aufrufen pro Tag rechnest du zunächst durch Multiplikation auf 7 Wochentage hoch.

Von diesem Wert subtrahierst du alle Aufrufe der vorausgegangenen 6 Tage. Die Differenz ist die Anzahl der Aufrufe, die am Sonntag erreicht werden müssen, um auf den Durchschnitt von 200 Aufrufen pro Tag zu kommen.

Lösung: $7 \text{ Tage} \cdot 200 \, \frac{\text{Aufrufe}}{\text{Tag}} = 1\,400 \text{ Aufrufe}$

Aufrufe Montag bis Samstag:
$152 + 102 + 207 + 186 + 221 + 164 = 1\,032$

$$1\,400 \quad - \quad 1\,032 \quad = \quad \mathbf{368}$$

$[200 \, \frac{\text{Aufrufe}}{\text{Tag}} \times 7 \text{ Tage}] - [\text{Aufrufe Mo} - \text{Sa}] = [\text{Aufrufe So}]$

Am Sonntag müssen 368 Aufrufe getätigt werden, damit sich für die Woche ein Durchschnitt von 200 Seitenaufrufen pro Tag ergibt.

W 3b 1

Unter einem Boxplot versteht man eine Form der grafischen Darstellung von Häufigkeitsverteilungen. Die Box wird durch das obere und untere Quartil begrenzt, deren Werte ablesbar sind. Dabei entspricht die Box dem Bereich, in dem die mittleren 50 % der Daten liegen. Das untere Quartil begrenzt also die darunterliegenden 25 %, während das obere Quartil die darüberliegenden 25 % begrenzt.

Lösung: Ablesen der Werte aus dem Boxplot:

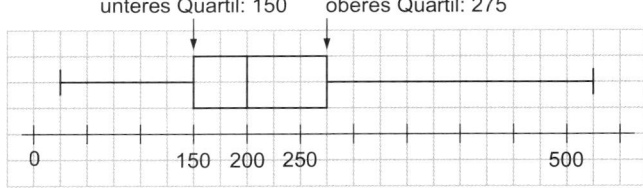

W 3b 2

Der Strich im Inneren der Box eines Boxplots gibt den Median an. 50 % aller Werte liegen jeweils über bzw. unter dem Median.

Lösung: **Tom hat nicht recht.**

Mögliche Begründung mithilfe des Medians:
Die Behauptung ist falsch, da der Median bei 200 und nicht bei 250 Aufrufen liegt.
Wenn an der Hälfte der Tage des Jahres die Homepage bereits häufiger als 250-mal aufgerufen worden wäre, müsste der Median entsprechend hoch ausfallen und bei mindestens 250 liegen. Er liegt aber nur bei 200.

Aufgabe W 4

W 4a 1

Zur Berechnung der Anzahl der Pakete, die man mit einem Klebeband verschließen kann, musst du die Länge des benötigten Klebebands für ein Paket berechnen.
Du kannst das Netz des Quaders zur Veranschaulichung skizzieren.
Dabei wird einmal um die Längsseite (senkrecht in der Skizze) und einmal um die Querseite (waagerecht) geklebt.
Dividiere die Länge des gesamten Klebebands (66 m) durch die benötigte Länge für ein Paket, um die Anzahl der verschließbaren Pakete zu erhalten.

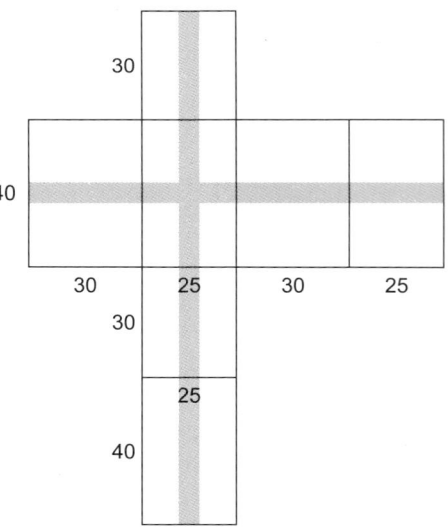

Lösung: Berechnung der benötigten Länge für ein Paket:

Längsseite:
$30 \, cm + 40 \, cm + 30 \, cm + 40 \, cm = 2 \cdot 30 \, cm + 2 \cdot 40 \, cm = 140 \, cm$

Querseite:
$30 \, cm + 25 \, cm + 30 \, cm + 25 \, cm = 2 \cdot 30 \, cm + 2 \cdot 25 \, cm = 110 \, cm$

Gesamt: $140 \text{ cm} + 110 \text{ cm} = 250 \text{ cm}$

Berechnung der Anzahl der verschließbaren Pakete:
$66 \text{ m} : 250 \text{ cm} = 6\,600 \text{ cm} : 250 \text{ cm} = 26,4$

Es können mit 66 m Klebeband **höchstens 26** Pakete verschlossen werden.

W 4a 2

Um zu berechnen, ob die volle Klebebandrolle ausreicht, um 4 m² zu bekleben, musst du das Klebeband abrollen und den Flächeninhalt dieses langen Rechtecks berechnen.
Beachte die Einheiten: $100 \text{ cm} \;\hat{=}\; 1 \text{ m} \;\Rightarrow\; 1 \text{ cm} \;\hat{=}\; 0,01 \text{ m}$

Lösung: Berechnung des Flächeninhalts des ausgerollten Klebebands:

$66 \text{ m} \cdot 5 \text{ cm} = 66 \text{ m} \cdot 0,05 \text{ m} = 3,3 \text{ m}^2 < 4 \text{ m}^2$

Nein, eine volle Rolle Klebeband reicht **nicht** aus, um eine 4 m² große Fläche zu bekleben.

Alternative Lösung:

Berechnung der benötigten Länge des Klebebands:

$4 \text{ m}^2 : 5 \text{ cm} = 4 \text{ m}^2 : 0,05 \text{ m} = 80 \text{ m} > 66 \text{ m}$

Nein, eine volle Rolle Klebeband reicht **nicht** aus, um eine 4 m² große Fläche zu bekleben.

W 4b

Um die Länge des Klebebands zu berechnen, musst du zunächst wissen, wie viele Lagen die Rolle hat. Schätze bzw. lies dazu die Dicke des Klebebands (Kreisringes) ab und dividiere durch die Dicke einer Lage (0,04 mm).
Multiplizierst du nun den mittleren Umfang der Rolle mit der Anzahl der Lagen, so erhältst du die Länge des Klebebands.
Zur Berechnung des Umfangs kannst du entweder die mittlere Breite der Kleberolle als Radius ablesen oder sie alternativ berechnen, indem du den Innen- und den Außenradius addierst und die Summe anschließend halbierst.

Lösung: Berechnung der Anzahl der Lagen:

Dicke des Kreisringes:
10 mm (abgelesen)

Mittlere Dicke des Kreisringes
dividiert durch die Dicke einer
Lage:
10 mm : 0,04 mm = 250 [Lagen]

Berechnung des mittleren
Umfangs der Rolle:
r = 4,5 cm   (abgelesen)

$U = 2 \cdot \pi \cdot r$

$U = 2 \cdot \pi \cdot 4,5 \, cm \approx 28,274 \, cm$

Berechnung der Länge des Klebebands:
$U \cdot 250 = 28,274 \, cm \cdot 250 = 7\,068,5 \, cm \approx \mathbf{71 \, m}$

Die Länge des Klebebands beträgt ca. 71 m.

Hinweis: Der Radius kann alternativ auch als Mittelwert des äußeren (50 mm) und des inneren (40 mm) Radius der Rolle bestimmt werden.

Aufgabe W 5

W 5a

Es gilt: Wahrscheinlichkeit eines Ereignisses $= \dfrac{\text{Anzahl der günstigen Ergebnisse}}{\text{Anzahl der möglichen Ergebnisse}}$

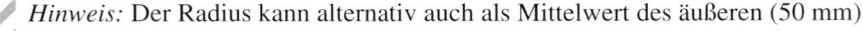

Berechne die Wahrscheinlichkeit dafür, dass eine Kugel mit dem Buchstaben „T" herausfällt, indem du die Anzahl der Kugeln mit „T" durch die Anzahl aller Kugeln dividierst.

Lösung: Anzahl der Kugeln mit „T":   1
Anzahl aller Kugeln: 10

Wahrscheinlichkeit, dass eine Kugel mit „T" herausfällt:

$P(\text{„T"}) = \dfrac{\mathbf{1}}{\mathbf{10}} = \mathbf{0,1 = 10 \, \%}$

W 5b

Berechne die Wahrscheinlichkeit dafür, dass eine Kugel herausfällt, auf der nicht „A" steht, indem du die Anzahl der Kugeln ohne „A" bestimmst und deren Anzahl durch die Anzahl aller Kugeln dividierst.

Lösung: Bestimmung der Anzahl der Kugeln ohne „A":

T 1× ⎫
O 2× ⎬ 6 Kugeln ohne „A"
M 3× ⎭

Anzahl aller Kugeln: 10

Wahrscheinlichkeit, dass eine Kugel ohne „A" herausfällt:

$$P(\text{kein „A"}) = \frac{6}{10} = 0,6 = 60\,\%$$

W 5c

Es handelt sich um ein zweistufiges Zufallsexperiment ohne Zurücklegen. Die Anzahl der möglichen Ergebnisse und die Wahrscheinlichkeiten ändern sich daher mit jeder herausfallenden Kugel.
Überlege zuerst, welche Buchstaben ohne Zurücklegen zweimal herausfallen können. Berechne dann für jeden möglichen Buchstaben die Wahrscheinlichkeit, dass zwei Kugeln mit diesem Buchstaben herausfallen, mit der 1. Pfadregel. Wende abschließend die 2. Pfadregel an, um die Gesamtwahrscheinlichkeit zu erhalten.

Lösung: Die Buchstaben „O", „A" und „M" können – ohne zurückgelegt zu werden – zweimal hintereinander herausfallen:

Anzahl der Kugeln: O: 2×   A: 4×   M: 3×

Anwenden der 1. Pfadregel:

$$P(\text{„OO"}) = \frac{2}{10} \cdot \frac{1}{9}$$

$$P(\text{„AA"}) = \frac{4}{10} \cdot \frac{3}{9}$$

$$P(\text{„MM"}) = \frac{3}{10} \cdot \frac{2}{9}$$

Anwenden der 2. Pfadregel, um die Wahrscheinlichkeit des Eintretens mehrerer möglicher Ergebnisse zu berechnen:

$$P(\text{zwei gleiche Buchstaben}) = P(\text{„OO"}) + P(\text{„AA"}) + P(\text{„MM"})$$

$$= \frac{2}{10} \cdot \frac{1}{9} + \frac{4}{10} \cdot \frac{3}{9} + \frac{3}{10} \cdot \frac{2}{9} = \frac{20}{90}$$

$$= \frac{2}{9} = 0,\overline{2} \approx 22\,\%$$

W 5d 1

Da die Lostrommel dreimal hintereinander betätigt wird, handelt es sich um ein dreistufiges Zufallsexperiment. Berechne die Wahrscheinlichkeit, dass die Buchstaben „T", „O", „M" genau in dieser Reihenfolge herausfallen, mithilfe der 1. Pfadregel.

Beachte: Es handelt sich um einen Zufallsversuch ohne Zurücklegen. Die Wahrscheinlichkeiten verändern sich bei jeder Betätigung der Lostrommel.

Lösung: Anzahl der Kugeln: T: $1\times$ O: $2\times$ M: $3\times$

Wahrscheinlichkeit, dass beim 1. Betätigen der Lostrommel ein „T" fällt:

$$P(\text{„T"}) = \frac{1}{10}$$

Wahrscheinlichkeit, dass beim 2. Betätigen der Lostrommel ein „O" fällt (nachdem das „T" gefallen ist):

$$P(\text{„O"}) = \frac{2}{9}$$

Wahrscheinlichkeit, dass beim 3. Betätigen der Lostrommel ein „M" fällt (nachdem das „T" und das „O" gefallen sind):

$$P(\text{„M"}) = \frac{3}{8}$$

Wahrscheinlichkeit, dass die Buchstaben „T", „O", „M" in der richtigen Reihenfolge fallen:

$$P(\text{„TOM"}) = \frac{1}{10} \cdot \frac{2}{9} \cdot \frac{3}{8} = \frac{6}{720} = \frac{1}{120} \approx 0,0083 = 0,83\ \%$$

W 5d 2

Um zu begründen, warum die Wahrscheinlichkeit, dass die passenden Kugeln fallen, größer ist, wenn die Reihenfolge beliebig ist, kannst du alle Kombinationen mit den Buchstaben „T", „O" und „M" notieren, um deren Anzahl zu ermitteln.

Alternativ lässt sich die Wahrscheinlichkeit, beim dreimaligen Betätigen der Lostrommel ohne Zurücklegen den Namen „TOM" in beliebiger Reihenfolge legen zu können, berechnen.

Lösung: Durch Notieren der Kombinationsmöglichkeiten:

TOM   TMO   OMT   OTM   MOT   MTO

Es gibt insgesamt 6 Möglichkeiten zum Legen des Namens „TOM", wenn die Reihenfolge beliebig ist, aber nur eine, wenn die Reihenfolge vorgegeben ist. Also ist die Wahrscheinlichkeit, dass die passenden Kugeln herausfallen, bei beliebiger Reihenfolge größer.

Alternative Lösung durch Berechnung der Wahrscheinlichkeit:

$$P(\text{„TOM"}) = \frac{1}{10} \cdot \frac{2}{9} \cdot \frac{3}{8} = \frac{1}{120}$$

$$P(\text{„TMO"}) = \frac{1}{10} \cdot \frac{3}{9} \cdot \frac{2}{8} = \frac{1}{120}$$

$$P(\text{„MOT"}) = \frac{3}{10} \cdot \frac{2}{9} \cdot \frac{1}{8} = \frac{1}{120}$$

$$P(\text{„MTO"}) = \frac{3}{10} \cdot \frac{1}{9} \cdot \frac{2}{8} = \frac{1}{120}$$

$$P(\text{„OTM"}) = \frac{2}{10} \cdot \frac{1}{9} \cdot \frac{3}{8} = \frac{1}{120}$$

$$P(\text{„OMT"}) = \frac{2}{10} \cdot \frac{3}{9} \cdot \frac{1}{8} = \frac{1}{120}$$

$$\left. \right\} \; 6 \cdot \frac{1}{120}$$

$$P(\text{„TOM" in beliebiger Reihenfolge}) = 6 \cdot \frac{1}{120} = \frac{6}{120} = \frac{1}{20} = 0,05 = 5\,\%$$

Die Wahrscheinlichkeit, „TOM" bei Nichtbeachten der Reihenfolge legen zu können, beträgt 5 % im Vergleich zu 0,83 % beim Beachten der Reihenfolge.

W 5e

Du kannst die Anzahl aller möglichen Kombinationen aus den vier Buchstaben „T", „M", „A" und „O" durch Überlegung systematisch aufschreiben. Alternativ kannst du die Anzahl der Kombinationen mithilfe der Kombinatorik bestimmen.

Lösung: Durch Aufschreiben der Kombinationen:

AOTM	OATM	TOAM	MATO
AOMT	OAMT	TOMA	MAOT
ATOM	OMTA	TAOM	MOTA
ATMO	OMAT	TAMO	MOAT
AMTO	OTMA	TMAO	MTOA
AMOT	OTAM	TMOA	MTAO

24 Kombinationen

Es können also 24 Kombinationen aus diesen vier Buchstaben gelegt werden.

Alternative Lösung mithilfe der Kombinatorik:

Betrachte die Anzahl aller möglichen Kombinationen aus n = 4 verschiedenen Elementen.

Für die erste Stelle gibt es n = 4 Möglichkeiten. Für die zweite Stelle nur noch n − 1 = 3, da ein Buchstabe bereits für die erste Stelle verbraucht wurde. Für die dritte Stelle sind es dementsprechend nur n − 2 = 2 Möglichkeiten und für die letzte Stelle bleibt nur noch 1 Möglichkeit übrig.

Multipliziere anschließend die Möglichkeiten für die einzelnen Stellen, da diese frei kombiniert werden können (berechne die Fakultät).

Zahl der Kombinationen aus vier Elementen:

$$4 \cdot (4-1) \cdot (4-2) \cdot (4-3) = 4 \cdot 3 \cdot 2 \cdot 1 = \mathbf{24}$$

Es können also 24 Kombinationen aus diesen vier Buchstaben gelegt werden.

Aufgabe P 1

P 1a

/ Wandle zunächst in eine gemeinsame Einheit um.
/ *Beachte:* 1 € = 100 ct

Lösung: Berechnung in Euro:
78 ct = 0,78 €
3,50 € + 0,78 € = **4,28 €**

Alternative Berechnung in Cent:
3,50 € = 350 ct
350 ct + 78 ct = **428 ct**

P 1b

/ Wandle wieder in eine gemeinsame Einheit (kg oder g) um.
/ Bei der Berechnung in Kilogramm kannst du mit Brüchen oder Dezimalbrüchen
/ rechnen.
/ *Beachte:* 1 kg = 1 000 g

Lösung: Berechnung in Kilogramm mit Brüchen:

$$1\frac{1}{4}\,\text{kg} - 750\,\text{g} = \frac{5}{4}\,\text{kg} - 0,75\,\text{kg} = \frac{5}{4}\,\text{kg} - \frac{3}{4}\,\text{kg} = \frac{2}{4}\,\text{kg} = \mathbf{\frac{1}{2}\,kg}$$

Alternative Berechnung in Kilogramm mit Dezimalbrüchen:

$$1\frac{1}{4}\,\text{kg} - 750\,\text{g} = 1,25\,\text{kg} - 0,75\,\text{kg} = \mathbf{0,5\,kg}$$

Alternative Berechnung in Gramm:

$$1\frac{1}{4}\,\text{kg} - 750\,\text{g} = 1,25\,\text{kg} - 750\,\text{g} = 1\,250\,\text{g} - 750\,\text{g} = \mathbf{500\,g}$$

P 1c

Du kannst entweder mit Stunden oder Minuten rechnen. Wandle entsprechend um.

Beachte: $1\,\text{h} = 60\,\text{min} \quad \Rightarrow \quad \dfrac{3}{4}\,\text{h} = \dfrac{3}{4} \cdot 60\,\text{min} = 45\,\text{min}$

Lösung: Berechnung in Minuten:

$$\frac{3}{4}\,\text{h} + 30\,\text{min} = 45\,\text{min} + 30\,\text{min} = 75\,\text{min} = 1\,\text{h} + 15\,\text{min} = 1\,\text{h}\ 15\,\text{min}$$

(gemischte Schreibweise)

Alternative Berechnung in Stunden:

$$\frac{3}{4}\,\text{h} + 30\,\text{min} = \frac{3}{4}\,\text{h} + \frac{1}{2}\,\text{h} = \frac{3}{4}\,\text{h} + \frac{2}{4}\,\text{h} = \frac{5}{4}\,\text{h} = 1\frac{1}{4}\,\textbf{h}$$

P 1d

Der Bruchteil einer Größe ist das Produkt aus Anteil und dem Ganzen der Größe.
Du kannst zunächst $\frac{1}{5}$ von 17 km berechnen und dann auf $\frac{3}{5}$ schließen.
Alternativ kannst du den Dreisatz oder die Lösungsformel anwenden.

Beachte: $\dfrac{3}{5} = \dfrac{6}{10} = \dfrac{60}{100} \;\hat{=}\; 60\,\%$

Lösung: $17\,\text{km} \cdot \dfrac{1}{5} = 17\,\text{km} : 5 = 3{,}4\,\text{km}$ *oder:* $17\,\text{km} \cdot \dfrac{3}{5} = \dfrac{17\,\text{km} \cdot 3}{5} = \dfrac{51}{5}\,\textbf{km}$

$3{,}4\,\text{km} \cdot 3 = \textbf{10,2 km}$

Alternative Lösung mit dem Dreisatz:

Prozentsatz	Kilometer
100 %	17 km
1 %	0,17 km
60 %	**10,2 km**

$: 100$ und $\cdot 60$ auf der Prozentsatz-Seite; $: 100$ und $\cdot 60$ auf der Kilometer-Seite.

Alternative Lösung mit der Lösungsformel:

geg.:   Grundwert $G = 17\,\text{km}$; Prozentsatz $p\,\% = 60\,\%$

ges.:   Prozentwert P

$$P = \frac{G \cdot p}{100}$$

$$P = \frac{17\,\text{km} \cdot 60}{100}$$

$$P = \textbf{10,2 km}$$

Aufgabe P 2

P 2a

Multipliziere zunächst die Klammer aus. Ordne, indem du alle Glieder mit der Variablen x auf eine Seite und die Glieder ohne Variable auf die andere Seite bringst. Löse dann nach x auf.

Lösung:

$$6 \cdot (x + 5) = 2x + 18$$
$$6x + 30 = 2x + 18 \quad | -2x$$
$$6x - 2x + 30 = 18$$
$$4x + 30 = 18 \quad | -30$$
$$4x = -12 \quad | :4$$
$$\mathbf{x = -3}$$

Anhand einer Probe kannst du überprüfen, ob dein Ergebnis richtig ist. Setze dazu x = −3 in die Ausgangsgleichung ein.

$$6 \cdot (-3 + 5) = 2 \cdot (-3) + 18$$
$$6 \cdot 2 = -6 + 18$$
$$12 = 12$$

P 2b

Ordne zunächst die Gleichung, indem du die Glieder ohne x auf die rechte Seite bringst. Um die Quadratwurzel zu beseitigen, musst du die gesamte Gleichung quadrieren.

Lösung:

$$\sqrt{x} + 0,4 = 2,4 \quad | -0,4$$
$$\sqrt{x} = 2 \quad | ^2$$
$$x = 2^2$$
$$\mathbf{x = 4}$$

P 2c

Du kannst das lineare Gleichungssystem mit dem Einsetzungs-, Gleichsetzungs- oder Additionsverfahren lösen. Da in einer Gleichung das Glied „− 8y" und in der anderen Gleichung „+ 8y" vorkommt, bietet sich hier das Additionsverfahren an. Setze dann die so erhaltene Lösung für x oder y in eine der beiden Gleichungen ein, um die andere Variable zu berechnen.

Lösung: Mithilfe des Additionsverfahrens:

I. $2x - 8y = -89$
II. $4x + 8y = 110$ $\quad | +$

$$6x = 21 \quad | : 6$$
$$x = 3,5$$

Einsetzen von $x = 3,5$ in I. (Einsetzen in II. ist ebenfalls möglich):

$2 \cdot 3,5 - 8y = -89$
$7 - 8y = -89 \quad | -7$
$-8y = -96 \quad | : (-8)$
$y = 12$

Lösungsmenge **L = {(3,5 | 12)}**

Tipp: Mit einer Probe kannst du überprüfen, ob das Ergebnis korrekt ist. Setze dazu x und y in die Ausgangsgleichungen ein.

Alternative Lösungsmöglichkeit mit dem Gleichsetzungsverfahren:

I. $2x - 8y = -89 \quad | -2x$
II. $4x + 8y = 110 \quad | -4x$

I. $-8y = -89 - 2x \quad | \cdot (-1)$
II. $8y = 110 - 4x$

I. $8y = 89 + 2x$
II. $8y = 110 - 4x$

Gleichsetzen von I. und II.:

$89 + 2x = 110 - 4x \quad | +4x$
$89 + 6x = 110 \quad | -89$
$6x = 21 \quad | : 6$
$x = 3,5$

Einsetzen von $x = 3,5$ in I. (Einsetzen in II. ist ebenfalls möglich):

$2 \cdot 3,5 - 8y = -89$
$7 - 8y = -89 \quad | -7$
$-8y = -96 \quad | : (-8)$
$y = 12$

Lösungsmenge **L = {(3,5 | 12)}**

P 2d

Ein lineares Gleichungssystem hat unendlich viele Lösungen, wenn die Geraden, die durch die Gleichungen beschrieben werden, identisch sind, also aufeinander-liegen. Zwei lineare Gleichungen beschreiben dieselbe Gerade, wenn sie Vielfache voneinander sind. Die gesuchte Gleichung ergibt sich also durch Multiplikation oder Division aus der Ursprungsgleichung.

Lösung: Alle Geraden, die identisch zur Geraden mit der Gleichung $y = 2x + 1$ sind, werden beschrieben durch Vielfache dieser Gleichung. Jede vielfache Gleichung von $y = 2x + 1$ stellt somit eine Lösung dar.

$z.\,B.:$ I. $y = 2x + 1$ *oder:*   I. $y = 2x + 1$

        II. $\mathbf{3y = 6x + 3}$ II. $\mathbf{0,5y = x + 0,5}$

Aufgabe P 3

P 3a 1

Die Lösung erfolgt mit dem Dreisatz oder der Lösungsformel.

Lösung: Mit dem Dreisatz:

Prozentsatz	Anzahl Jugendliche
$:100\,\big(\;100\,\%$	$25\;\big):100$
$\cdot 56\,\big(\;\;\;1\,\%$	$0,25\;\big)\cdot 56$
$56\,\%$	$\mathbf{14}$

In der Klasse 10a gibt es 14 Mädchen.

Alternative Lösungsmöglichkeit mit der Lösungsformel:

geg.: Grundwert $G = 25$; Prozentsatz $p\,\% = 56\,\%$

ges.: Prozentwert P

$$P = \frac{G \cdot p}{100}$$

$$P = \frac{25 \cdot 56}{100}$$

$$\mathbf{P = 14}$$

In der Klasse 10a gibt es 14 Mädchen.

P 3a 2

Beachte, dass bei solchen Behauptungen immer der zugrunde liegende Grundwert eine entscheidende Rolle spielt. Damit dem doppelten Prozentsatz auch der doppelte Prozentwert entspricht, muss der Grundwert gleich sein.

Lösung: 56 % ist das Doppelte von 28 %. Damit dem doppelten Prozentsatz auch die doppelte Anzahl an Mädchen entspricht, müssen beide Klassen die gleiche Anzahl an Schülerinnen und Schülern haben.
Die Klasse 10 a und die Klasse 10 b müssen also die gleiche Anzahl an Schülerinnen und Schülern haben.
Nur bei gleichem Grundwert ist ein Vergleich der Prozentsätze sinnvoll.

P 3b

Die Lösung erfolgt mit dem Dreisatz oder der Lösungsformel.

Lösung: Mit dem Dreisatz:

Prozentsatz	Anzahl Schülerinnen und Schüler
5 %	25
1 %	5
100 %	**500**

$:5$ und $\cdot 100$ links; $:5$ und $\cdot 100$ rechts

Die Schule hat insgesamt 500 Schülerinnen und Schüler.

Alternative Lösungsmöglichkeit mit der Lösungsformel:

geg.: Prozentsatz p % = 5 %; Prozentwert P = 25

ges.: Grundwert G

$$G = \frac{P \cdot 100}{p}$$

$$G = \frac{25 \cdot 100}{5}$$

$$G = 500$$

Die Schule hat insgesamt 500 Schülerinnen und Schüler.

P 3c 1

Die Lösung erfolgt mit dem Dreisatz oder der Lösungsformel.

Lösung: Mit dem Dreisatz:

Anzahl Jugendliche	Prozentsatz
25	100 %
1	4 %
4	**16 %**

$:25$ auf 25 → 1, $\cdot 4$ auf 1 → 4; $:25$ auf 100 % → 4 %, $\cdot 4$ auf 4 % → 16 %

16 % der Jugendlichen aus Klasse 10a haben zwei Geschwister.

Alternative Lösungsmöglichkeit mit der Lösungsformel:

geg.: Grundwert G = 25; Prozentwert P = 4
ges.: Prozentsatz p %

$$p \% = \frac{P}{G} \cdot 100 \%$$

$$p \% = \frac{4}{25} \cdot 100 \%$$

$$\mathbf{p \% = 16 \%}$$

16 % der Jugendlichen aus Klasse 10a haben zwei Geschwister.

P 3c 2

Beachte, dass in einem Kreisdiagramm 100 % dem ganzen Kreis, also 360° entsprechen. Z. B. entsprechen 25 % einem Viertelkreis und es gilt:

$$25 \% = \frac{25}{100} = \frac{1}{4} \quad \Rightarrow \quad \frac{1}{4} \cdot 360° = \frac{360°}{4} = 90°$$

Du brauchst den darzustellenden Anteil also nur mit 360° multiplizieren, um die entsprechende Winkelgröße zu erhalten.
Alternativ kannst du zur Berechnung der Winkelgröße zunächst mit dem Dreisatz oder der Lösungsformel den Prozentsatz ausrechnen.

Lösung: Berechnung der Winkelgröße für „null Geschwister" anteilig am Kreis:

7 von 25 Jugendlichen haben null Geschwister.

$$\frac{7}{25} \cdot 360° = 100,8°$$

Die gewählte Winkelgröße von 7° ist **nicht korrekt**, da dem darzustellenden Anteil von 7 Jugendlichen ein Winkel von 100,8° entspricht.

Alternative Lösung durch Berechnung des Prozentsatzes:

Anzahl Jugendliche	Prozentsatz
25	100 %
1	4 %
7	28 %

$:25$ … $\cdot 7$ (left), $:25$ … $\cdot 7$ (right)

Oder mithilfe der Lösungsformel:

geg.: Grundwert G = 25; Prozentwert P = 7

ges.: Prozentsatz p %

$$p \% = \frac{P}{G} \cdot 100 \%$$

$$p \% = \frac{7}{25} \cdot 100 \%$$

$$p \% = 28 \%$$

Umrechnung des Prozentsatzes in die Winkelgröße:

$$28 \% = \frac{28}{100} \quad \Rightarrow \quad \frac{28}{100} \cdot 360° = 100,8°$$

Oder mit dem Dreisatz:

Prozentsatz	Winkelgröße
100 %	360°
1 %	3,6°
28 %	100,8°

$:100$ … $\cdot 28$ (left), $:100$ … $\cdot 28$ (right)

Die gewählte Winkelgröße von 7° ist **nicht korrekt**, da dem darzustellenden Anteil von 7 Jugendlichen ein Winkel von 100,8° entspricht.

Aufgabe P 4

P 4a

✎ Der Wert, der in einer Liste von Daten am häufigsten vorkommt, wird als
✎ Modalwert bezeichnet.

Lösung:

40	39	35	**37**	41	41	38	47	**37**	**37**

Modalwert: **37**

Die Zahl 37 kommt 3-mal und somit am häufigsten vor.

P 4b

In einer Rangliste werden die Werte nach ihrer Größe sortiert. Ob aufsteigend oder absteigend, ist dabei irrelevant.

Der Zentralwert (Median) $\tilde{x}$ steht bei einer ungeraden Anzahl an Werten genau in der Mitte der Rangliste. Bei einer geraden Anzahl ist er der Mittelwert der beiden mittleren Werte. Da hier insgesamt zehn Werte vorliegen, liegt der Zentralwert genau zwischen dem fünften und sechsten Wert der Rangliste. Zur Berechnung addiert man diese beiden Werte und halbiert die Summe.

Lösung: Rangliste:

35	37	37	37	**38**	**39**	40	41	41	47

Alternative Rangliste (absteigend):

47	41	41	40	**39**	**38**	37	37	37	35

Zentralwert (Median) $\tilde{x}$:

$$\tilde{x} = \frac{38 + 39}{2} = \mathbf{38,5}$$

P 4c

Zur Berechnung des arithmetischen Mittels (Durchschnitt) $\bar{x}$ bildest du die Summe aller Werte und dividierst anschließend durch die Anzahl aller Werte.

Lösung: $\underbrace{40 + 39 + 35 + 37 + 41 + 41 + 38 + 47 + 37 + 37}_{10 \text{ Werte}} = 392$

$$\bar{x} = \frac{392}{10} = \mathbf{39,2}$$

Aufgabe P 5

P 5a

Die Nullstellen einer Funktion sind die x-Werte, an denen der zugehörige y-Wert 0 ist. Setze also $y = 0$ in die Funktionsgleichung ein und löse sie nach x auf.

Lösung: Einsetzen von $y = 0$ in die Funktionsgleichung $y = -0{,}5x + 2{,}5$:

$$0 = -0{,}5 \cdot x + 2{,}5 \quad | -2{,}5$$
$$-2{,}5 = -0{,}5 \cdot x \quad | : (-0{,}5)$$
$$\mathbf{x = 5}$$

Die lineare Funktion $y = -0{,}5x + 2{,}5$ hat bei $x = 5$ eine Nullstelle.

P 5b

Um zu überprüfen, ob ein Punkt P auf einer Geraden liegt, setzt man seine x- und seine y-Koordinate in die Funktionsgleichung der Geraden ein. Ein Punkt liegt nur dann auf der Geraden, wenn eine wahre Aussage entsteht.

Lösung: Einsetzen der Koordinaten von Q(79|−36) in die Funktionsgleichung:

$$y = -0{,}5 \cdot x + 2{,}5$$
$$-36 \overset{?}{=} -0{,}5 \cdot 79 + 2{,}5$$
$$-36 \overset{?}{=} -39{,}5 + 2{,}5$$
$$-36 \neq -37 \quad \text{(falsch)}$$

Der Punkt Q(79|−36) **liegt nicht** auf der Geraden f.

P 5c

Es gibt drei mögliche Lagebeziehungen zwischen zwei Geraden:
- Sie können sich schneiden.
- Sie können parallel verlaufen.
- Sie können identisch sein.

Wenn die zwei Funktionsgleichungen eine unterschiedliche Steigung besitzen, schneiden sich die Geraden in einem Schnittpunkt.

Beachte: $y = m \cdot x + b$ mit Steigung m

Lösung: Betrachte die Steigungen der beiden Geraden f und g:

f: $y = -0{,}5x + 2{,}5$ mit Steigung $m_f = -0{,}5$

g: $y = 5x - 2{,}5$ mit Steigung $m_g = 5$

Da die Steigungen beider Geraden verschieden sind, schneiden sich die Geraden f und g.

Aufgabe P 6

Das Viereck ABCD hat die Winkel $\alpha = 80°$ und $\beta = 100°$ vorgegeben. Addiert man die Winkel α und β, die an einer Vierecksseite liegen, so ergeben sich 180°. Zur Strecke $\overline{AB}$ ist außerdem eine Parallele $\overline{CD}$ zu zeichnen. An diesen beiden Eigenschaften kann man bereits erkennen, dass es sich bei dem zu konstruierenden Viereck um ein Parallelogramm handelt. Achte auf die korrekte Beschriftung.

Lösung:

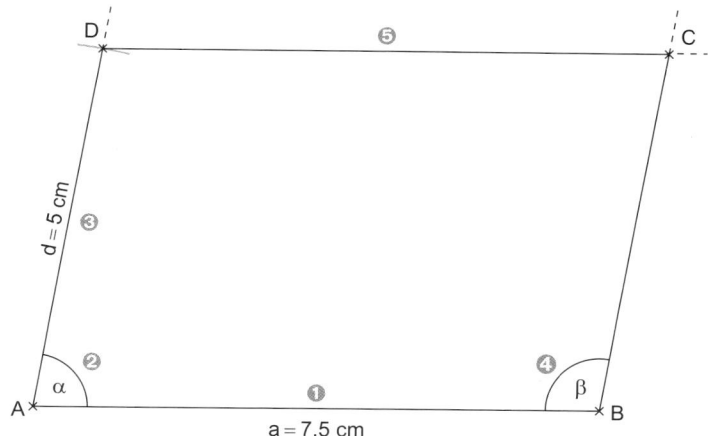

Aufgabe P 7

P 7a

Jedes Viereck hat eine Innenwinkelsumme von 360°. Ziehe die bekannten Winkel von 360° ab, um die Größe von α zu erhalten.

Lösung: $\alpha = 360° - 90° - 90° - 133,6° = \mathbf{46,4°}$

P 7b

Den Flächeninhalt eines Trapezes berechnet man mit der Formel $A = \dfrac{a+c}{2} \cdot h$. Die Seiten a und c liegen dabei parallel zueinander.

Lösung: $A_{Trapez} = \dfrac{67,0 \text{ cm} + 17,0 \text{ cm}}{2} \cdot 52,5 \text{ cm} = \dfrac{84,0 \text{ cm}}{2} \cdot 52,5 \text{ cm} = \mathbf{2\,205 \text{ cm}^2}$

P 7c

- Den Umfang eines Vierecks berechnet man, indem man die Seitenlängen addiert:
- $U = a + b + c + d$
- Zur Berechnung der fehlenden Seitenlänge d zeichnet man eine Parallele zu b
- durch den Punkt D ein, sodass ein rechtwinkliges Dreieck entsteht (vgl. Skizze).
- Durch Anwendung des Satzes von Pythagoras im neu entstandenen Dreieck kann
- man die Seitenlänge d als Hypotenuse berechnen.

Lösung: Mithilfe des Satzes von Pythagoras:

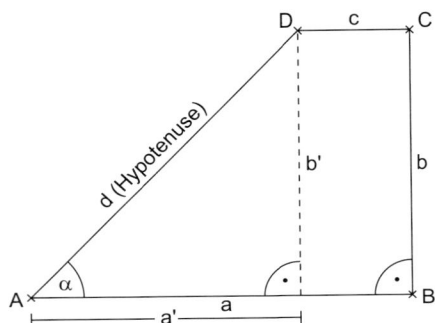

$b' = b = 52,5$ cm

$a' = a - c$
$a' = 67,0$ cm $- 17,0$ cm
$a' = 50,0$ cm

Berechnung der Seitenlänge d:
$$d^2 = (a')^2 + (b')^2$$
$$d^2 = (50,0 \text{ cm})^2 + (52,5 \text{ cm})^2$$
$$d^2 = 5\,256,25 \text{ cm}^2 \qquad | \sqrt{}$$
$$d = 72,5 \text{ cm}$$

Berechnung des Umfangs:
$$U = a + b + c + d = 67,0 \text{ cm} + 52,5 \text{ cm} + 17,0 \text{ cm} + 72,5 \text{ cm} = \mathbf{209 \text{ cm}}$$

Alternative Berechnung der Seitenlänge d mithilfe des Sinus oder Kosinus:

- Den Sinus eines Winkels erhält man, indem man die Gegenkathete des Winkels
- durch die Hypotenuse dividiert. Den Kosinus eines Winkels erhält man, indem man
- die Ankathete des Winkels durch die Hypotenuse dividiert. Es wird nur die Rech-
- nung mit dem Sinus ausgeführt; die Rechnung mit dem Kosinus verläuft analog.

$$\sin \alpha = \frac{\text{Gegenkathete}}{\text{Hypotenuse}}$$

$$\sin \alpha = \frac{b'}{d} \qquad | \alpha = 46,4° \text{ (siehe Teilaufgabe P 7a)}$$

$$\sin 46,4° = \frac{52,5 \text{ cm}}{d} \qquad | \cdot d$$

$$\sin 46,4° \cdot d = 52,5 \text{ cm} \qquad | : \sin 46,4°$$

$$d = \frac{52,5 \text{ cm}}{\sin 46,4°}$$

$$d = 72,5 \text{ cm}$$

Aufgabe P 8

P 8a

Die Anzahl der Flächen erhält man, indem man sich das Netz des Werkstücks vorstellt.
Körperkanten entstehen, wenn Begrenzungsflächen aufeinanderstoßen.
Kanten treffen sich in einer Ecke.

Lösung: Für das Werkstück ergibt sich:

Flächen: **f = 7** (siehe Netz-Skizze)

Ecken:

e = 10

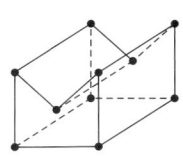

Kanten:
vorne und hinten jeweils 5 (s. Skizze),
plus 5 an den Seiten (Mantelfläche)
$\Rightarrow$ 5 + 5 + 5 = 15, also **k = 15**

P 8b

Es gibt verschiedene Möglichkeiten, das Volumen des Werkstücks zu berechnen.
Man kann z. B. verwenden, wie das Werkstück entstanden ist (Quader, aus dem ein Dreiecksprisma herausgeschnitten wurde).
Um alternativ das Volumen des Werkstücks als zusammengesetzten Körper berechnen zu können, muss der Körper zunächst in Teilkörper zerlegt werden.

Lösung: Berechnung des Volumens V des Werkstücks:

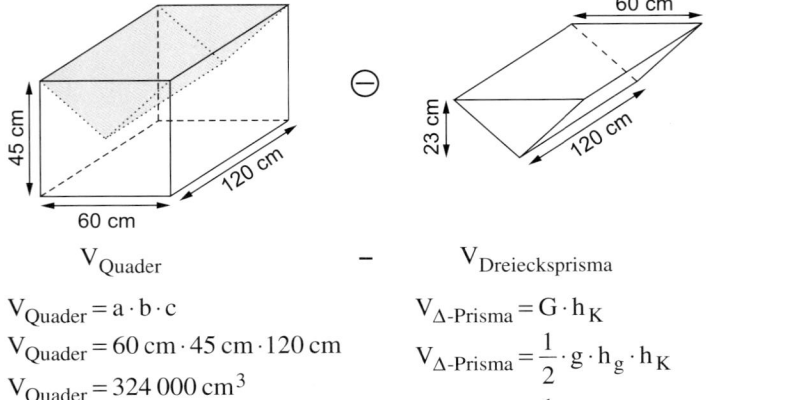

$$V_{\text{Quader}} \qquad - \qquad V_{\text{Dreiecksprisma}}$$

$V_{\text{Quader}} = a \cdot b \cdot c$

$V_{\text{Quader}} = 60\,\text{cm} \cdot 45\,\text{cm} \cdot 120\,\text{cm}$

$V_{\text{Quader}} = 324\,000\,\text{cm}^3$

$V_{\Delta\text{-Prisma}} = G \cdot h_K$

$V_{\Delta\text{-Prisma}} = \dfrac{1}{2} \cdot g \cdot h_g \cdot h_K$

$V_{\Delta\text{-Prisma}} = \dfrac{1}{2} \cdot 60\,\text{cm} \cdot 23\,\text{cm} \cdot 120\,\text{cm}$

$V_{\Delta\text{-Prisma}} = 82\,800\,\text{cm}^3$

$$V = V_{\text{Quader}} - V_{\Delta\text{-Prisma}} = 324\,000\,\text{cm}^3 - 82\,800\,\text{cm}^3 = \mathbf{241\,200\ cm^3}$$

Alternative Berechnung über die Aufteilung in zwei trapezförmige Prismen:

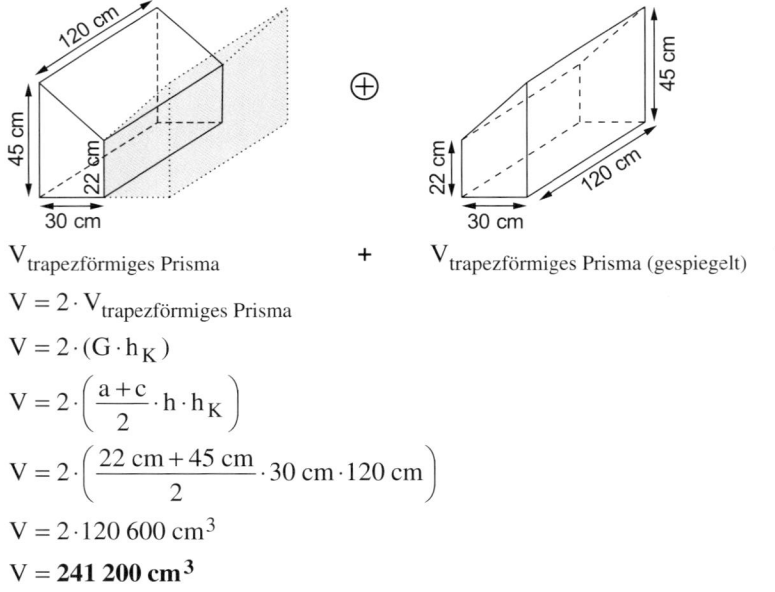

$$V_{\text{trapezförmiges Prisma}} \qquad + \qquad V_{\text{trapezförmiges Prisma (gespiegelt)}}$$

$V = 2 \cdot V_{\text{trapezförmiges Prisma}}$

$V = 2 \cdot (G \cdot h_K)$

$V = 2 \cdot \left(\dfrac{a+c}{2} \cdot h \cdot h_K \right)$

$V = 2 \cdot \left(\dfrac{22\,\text{cm} + 45\,\text{cm}}{2} \cdot 30\,\text{cm} \cdot 120\,\text{cm} \right)$

$V = 2 \cdot 120\,600\,\text{cm}^3$

$V = \mathbf{241\,200\ cm^3}$

Alternative Berechnung über die Aufteilung in einen Quader und zwei Prismen:

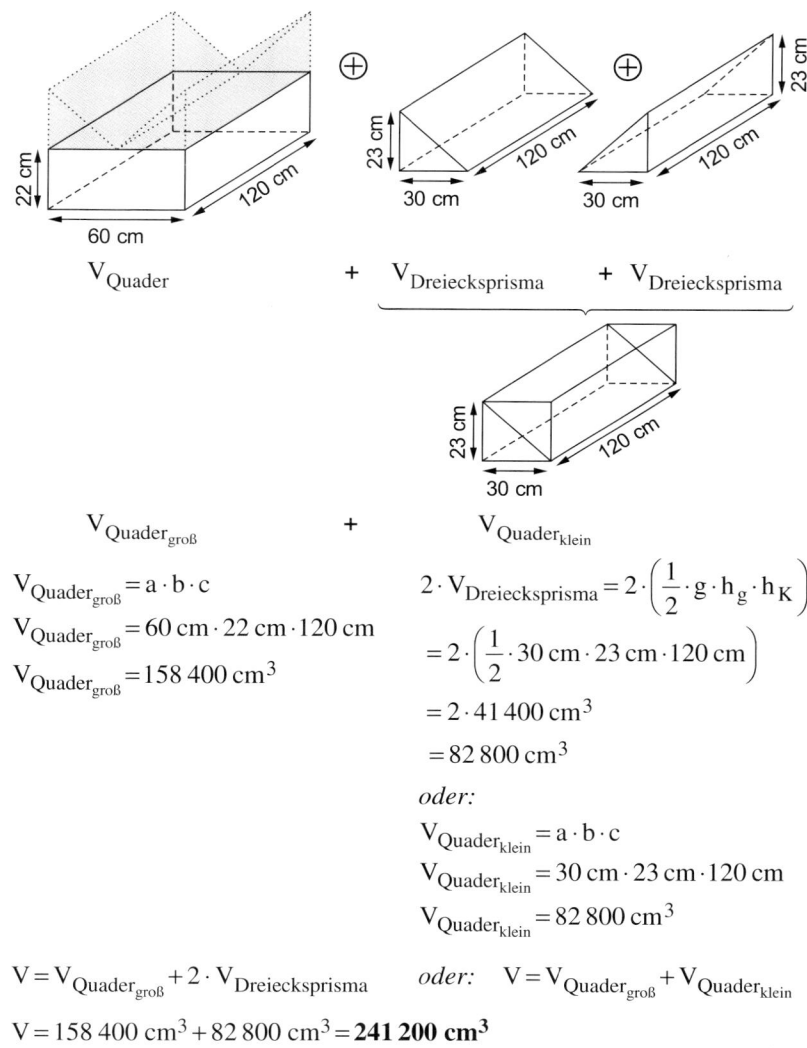

V_{Quader} + $V_{\text{Dreiecksprisma}}$ + $V_{\text{Dreiecksprisma}}$

$V_{\text{Quader}_{\text{groß}}}$ + $V_{\text{Quader}_{\text{klein}}}$

$V_{\text{Quader}_{\text{groß}}} = a \cdot b \cdot c$

$V_{\text{Quader}_{\text{groß}}} = 60 \text{ cm} \cdot 22 \text{ cm} \cdot 120 \text{ cm}$

$V_{\text{Quader}_{\text{groß}}} = 158\,400 \text{ cm}^3$

$2 \cdot V_{\text{Dreiecksprisma}} = 2 \cdot \left(\frac{1}{2} \cdot g \cdot h_g \cdot h_K \right)$

$\quad = 2 \cdot \left(\frac{1}{2} \cdot 30 \text{ cm} \cdot 23 \text{ cm} \cdot 120 \text{ cm} \right)$

$\quad = 2 \cdot 41\,400 \text{ cm}^3$

$\quad = 82\,800 \text{ cm}^3$

oder:

$V_{\text{Quader}_{\text{klein}}} = a \cdot b \cdot c$

$V_{\text{Quader}_{\text{klein}}} = 30 \text{ cm} \cdot 23 \text{ cm} \cdot 120 \text{ cm}$

$V_{\text{Quader}_{\text{klein}}} = 82\,800 \text{ cm}^3$

$V = V_{\text{Quader}_{\text{groß}}} + 2 \cdot V_{\text{Dreiecksprisma}}$ *oder:* $V = V_{\text{Quader}_{\text{groß}}} + V_{\text{Quader}_{\text{klein}}}$

$V = 158\,400 \text{ cm}^3 + 82\,800 \text{ cm}^3 = \mathbf{241\,200 \text{ cm}^3}$

Aufgabe W 1

W 1a

Das Dreieck ABE ist rechtwinklig. Da M Mittelpunkt der Strecke $\overline{BE}$ ist, ist $\overline{BM}$ genau halb so lang wie die Strecke $\overline{BE}$. Berechne also zunächst die Länge der Strecke $\overline{BE}$ mithilfe der trigonometrischen Beziehungen im rechtwinkligen Dreieck ABE.

Du kannst dazu sowohl den Kosinus des Winkels β als Quotient aus Ankathete und Hypotenuse anwenden als auch den Sinus des Winkels ε, der sich aus dem Quotienten der Gegenkathete und der Hypotenuse berechnet. Die Größe des Winkels ε erhältst du über den Innenwinkelsummensatz. Alternativ kannst du die Länge der Strecke $\overline{BM}$ auch mithilfe der trigonometrischen Beziehungen im Dreieck M'BM berechnen; dafür halbierst du die Strecke $\overline{AB}$, sodass ein neues rechtwinkliges Dreieck entsteht (s. Skizze). Achte beim Ergebnis auf das richtige Runden.

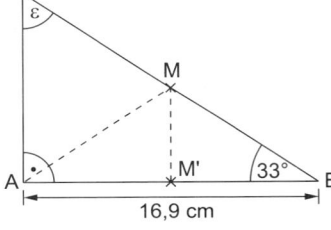

Lösung: Berechnung der Länge der Strecke $\overline{BE}$ mit dem Kosinus im Dreieck ABE:

$$\cos\beta = \frac{\text{Ankathete}}{\text{Hypotenuse}}$$

$$\cos 33° = \frac{16,9\ \text{cm}}{\overline{BE}} \qquad |\cdot\overline{BE}$$

$$\cos 33° \cdot \overline{BE} = 16,9\ \text{cm} \qquad |:\cos 33°$$

$$\overline{BE} = \frac{16,9\ \text{cm}}{\cos 33°}$$

$$\overline{BE} \approx 20,15\ \text{cm}$$

Berechnung der Länge der Strecke $\overline{BM}$:

$$\overline{BM} = \frac{\overline{BE}}{2} = \frac{20,15\ \text{cm}}{2} \approx \mathbf{10,1\ cm}$$

Alternative Lösungsmöglichkeit mit dem Sinus im Dreieck ABE:

Berechnung von ε über den Innenwinkelsummensatz im Dreieck:

$$\varepsilon = 180° - 90° - 33° = 57°$$

$$\sin \varepsilon = \frac{\text{Gegenkathete}}{\text{Hypotenuse}}$$

$$\sin 57° = \frac{16,9 \text{ cm}}{\overline{BE}} \qquad | \cdot \overline{BE}$$

$$\sin 57° \cdot \overline{BE} = 16,9 \text{ cm} \qquad | : \sin 57°$$

$$\overline{BE} = \frac{16,9 \text{ cm}}{\sin 57°}$$

$$\overline{BE} \approx 20,15 \text{ cm}$$

$$\Rightarrow \overline{BM} = \frac{\overline{BE}}{2} = \frac{20,15 \text{ cm}}{2} \approx \mathbf{10,1 \text{ cm}}$$

Alternative Lösungsmöglichkeit über Berechnung am Dreieck M'BM (Kosinus):

$$\cos 33° = \frac{\frac{16,9 \text{ cm}}{2}}{\overline{BM}} \qquad | \cdot \overline{BM}$$

$$\cos 33° \cdot \overline{BM} = 8,45 \text{ cm} \qquad | : \cos 33°$$

$$\overline{BM} = \frac{8,45 \text{ cm}}{\cos 33°}$$

$$\overline{BM} \approx \mathbf{10,1 \text{ cm}}$$

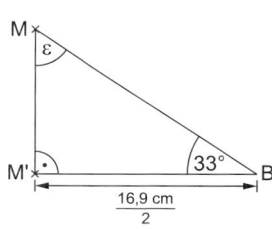

Hinweis: Die Berechnung mit dem Sinus im Dreieck M'BM erfolgt analog; dazu muss wie oben zunächst ε über den Innenwinkelsummensatz berechnet werden.

W 1b

Die Länge der Strecke $\overline{CE}$ kannst du durch Anwendung des Sinussatzes im beliebigen Dreieck AEC berechnen.
Dazu benötigst du die Größe des Winkels γ, die über den Innenwinkelsummensatz berechnet werden kann. Außerdem benötigst du die Länge der Strecke $\overline{AE}$.
Diese kannst du mithilfe der trigonometrischen Beziehungen im rechtwinkligen Dreieck ABE berechnen (der Tangens eines Winkels ist der Quotient aus Gegenkathete und Ankathete). Alternativ kannst du den Satz des Pythagoras im rechtwinkligen Dreieck ABE anwenden.

✏ Alternativ kannst du die Länge der Strecke $\overline{CE}$ als Differenz der Strecken $\overline{BC}$ und
✏ $\overline{BE}$ berechnen. Die Länge der Strecke $\overline{BC}$ erhältst du mithilfe des Sinussatzes im
✏ Dreieck ABC.
✏ Achte beim Ergebnis auf das richtige Runden.

Lösung: Berechnung von γ über den Innenwinkelsummensatz im Dreieck ABC:

$$\gamma = 180° - 90° - 30° - 33° = 27°$$

Berechnung der Länge der Strecke $\overline{AE}$ mit dem Tangens im rechtwinkligen Dreieck ABE:

$$\tan \beta = \frac{\text{Gegenkathete}}{\text{Ankathete}}$$

$$\tan 33° = \frac{\overline{AE}}{16,9 \text{ cm}} \qquad | \cdot 16,9 \text{ cm}$$

$$\tan 33° \cdot 16,9 \text{ cm} = \overline{AE}$$

$$\overline{AE} \approx 10,97 \text{ cm}$$

Alternative Berechnung der Länge der Strecke $\overline{AE}$ über den Satz des Pythagoras:

Mit dem Satz des Pythagoras im rechtwinkligen Dreieck ABE gilt:

$$\overline{AB}^2 + \overline{AE}^2 = \overline{BE}^2 \qquad | \overline{BE} = 20,15 \text{ cm (vgl. Teilaufgabe W 1a)}$$

$$(16,9 \text{ cm})^2 + \overline{AE}^2 = (20,15 \text{ cm})^2 \qquad | - (16,9 \text{ cm})^2$$

$$\overline{AE}^2 \approx 406,02 \text{ cm}^2 - 285,61 \text{ cm}^2$$

$$\overline{AE}^2 = 120,41 \text{ cm}^2 \qquad | \sqrt{}$$

$$\overline{AE} \approx 10,97 \text{ cm}$$

Berechnung der Länge der Strecke $\overline{CE}$ mit dem Sinussatz im Dreieck AEC:

$$\frac{\overline{CE}}{\sin 30°} = \frac{\overline{AE}}{\sin \gamma}$$

$$\frac{\overline{CE}}{\sin 30°} = \frac{\overline{AE}}{\sin 27°} \qquad | \cdot \sin 30°$$

$$\overline{CE} = \frac{\overline{AE} \cdot \sin 30°}{\sin 27°}$$

$$\overline{CE} = \frac{10,97 \text{ cm} \cdot \sin 30°}{\sin 27°}$$

$$\overline{CE} \approx \textbf{12,1 cm}$$

Alternative Lösungsmöglichkeit über die Differenz der Strecken $\overline{CB}$ und $\overline{BE}$:

Berechnung der Länge der Strecke $\overline{CB}$ mit dem Sinussatz im Dreieck ABC:

$$\frac{\overline{CB}}{\sin(30°+90°)} = \frac{\overline{AB}}{\sin\gamma}$$

$$\frac{\overline{CB}}{\sin 120°} = \frac{16,9\text{ cm}}{\sin 27°} \qquad |\cdot\sin 120°$$

$$\overline{CB} = \frac{16,9\text{ cm}\cdot\sin 120°}{\sin 27°}$$

$$\overline{CB} \approx 32,24\text{ cm}$$

Differenz bilden:

$$\overline{CE} = \overline{CB} - \overline{BE} = 32,24\text{ cm} - 20,15\text{ cm} \approx \mathbf{12,1\,cm}$$

W 1c 1

In einem gleichschenkligen Dreieck sind
zwei Seiten (genannt Schenkel) gleich lang.
Die dritte Seite nennt man Basis.
Die Basiswinkel sind gleich groß.

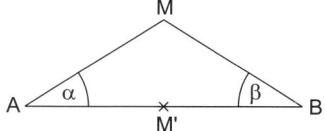

Lösung: Das gleichschenklige Dreieck mit der Basis $\overline{AB}$ hat zwei gleich lange
Schenkel: Strecke $\overline{AM}$ und Strecke $\overline{BM}$ (vgl. Skizze)

Folglich sind auch die zugehörigen Basiswinkel gleich groß.

Aus $\beta = 33°$ folgt deshalb $\boldsymbol{\alpha = 33°}$.

W 1c 2

Im gleichschenkligen Dreieck mit der Basis $\overline{AE}$ befinden sich die beiden gleich
großen Basiswinkel in den Punkten A und E, also bei α und ε.
Über die Innenwinkelsumme im Dreieck ABE und den gegebenen Winkel an der
Spitze, die gegenüber der Basis liegt, lässt sich der gesuchte Winkel berechnen.

Lösung: Innenwinkelsumme im Dreieck ABE:

$$\alpha + \varepsilon + 33° = 180° \qquad |-33°$$

$$\alpha + \varepsilon = 147°$$

Aus $\alpha = \varepsilon$ folgt: $\alpha = \varepsilon = \dfrac{147°}{2} = \mathbf{73,5°}$

Aufgabe W 2

W 2a 1

Der Scheitelpunkt S(d|e) ist der tiefste bzw. höchste Punkt der Parabel, je nachdem, ob die Parabel nach oben oder unten geöffnet ist.

Mithilfe der Koordinaten des Scheitelpunktes S(d|e) einer verschobenen Normalparabel kann man deren Scheitelpunktform $y = (x-d)^2 + e$ direkt angeben. Achte dabei auf die Vorzeichen der Koordinaten d und e!

Die vorliegende Normalparabel ist nach oben geöffnet und auf der x-Achse um 1,5 Einheiten nach links, auf der y-Achse um 9 Einheiten nach unten verschoben.

Lösung: Als Scheitelpunkt liest man aus der Zeichnung ab: **S(–1,5|–9)**

Für den Scheitelpunkt S(–1,5|–9) ergibt sich die Scheitelpunktform:

$$y = [x-(-1,5)]^2 + (-9)$$

$$\mathbf{y = (x+1,5)^2 - 9}$$

Hinweis: Die Scheitelpunktform erhält man auch durch quadratische Ergänzung aus der gegebenen Normalform der Parabelgleichung. Laut Aufgabenstellung soll der Scheitelpunkt jedoch aus der Zeichnung abgelesen werden.

W 2a 2

Setze die x-Koordinate des Punktes P(–7|y) in die Gleichung der Parabel ein und berechne den Wert der zugehörigen y-Koordinate.

Achte bei negativen Werten auf die Klammersetzung!

Lösung: Einsetzen von $x = -7$ in die Parabelgleichung $y = x^2 + 3x - 6,75$ ergibt:

$$y = (-7)^2 + 3 \cdot (-7) - 6,75$$

$$y = 49 - 21 - 6,75$$

$$\mathbf{y = 21,25}$$

Die y-Koordinate des Punktes P(–7|y) lautet $y = 21,25$.

W 2a 3

Zur Bestimmung der fehlenden x-Koordinate kannst du die Symmetrieeigenschaften von Parabeln nutzen: Der Graph einer Parabel ist achsensymmetrisch.

Die Symmetrieachse verläuft parallel zur y-Achse durch den Scheitelpunkt.

Zu zwei verschiedenen Punkten, die die gleiche y-Koordinate besitzen, kann man mithilfe des Scheitelpunktes die x-Koordinaten bestimmen.

Alternativ setzt du die y-Koordinate der Punkte in die Parabelgleichung ein und berechnest den Wert der gesuchten x-Koordinate mithilfe der p-q-Formel.

Lösung: Mithilfe der Symmetrieeigenschaften von Parabeln:

Zwei Punkte mit gleichem y-Wert auf einer Parabel haben in x-Richtung den gleichen Abstand zum Scheitelpunkt.

Der Punkt A hat hier in x-Richtung den Abstand 2 vom Scheitelpunkt S:
$0{,}5 - (-1{,}5) = 2$

Folglich hat der Punkt B in x-Richtung auch den Abstand 2 zum Punkt S:

$-1{,}5 + 2 = 0{,}5 \quad \Rightarrow \quad A(0{,}5 \,|\, -5)$

$-1{,}5 - 2 = -3{,}5 \quad \Rightarrow \quad B(\mathbf{-3{,}5} \,|\, -5)$

Alternative Lösung mithilfe der p-q-Formel:

Einsetzen von $y = -5$ in die Parabelgleichung:

$y = x^2 + 3x - 6{,}75$

$-5 = x^2 + 3x - 6{,}75 \qquad |+5$

$0 = x^2 + 3x - 1{,}75$

Anwenden der p-q-Formel mit $p = 3$ und $q = -1{,}75$:

$$x_{1/2} = -\frac{p}{2} \pm \sqrt{\left(\frac{p}{2}\right)^2 - q}$$

$$x_{1/2} = -\frac{3}{2} \pm \sqrt{\left(\frac{3}{2}\right)^2 - (-1{,}75)}$$

$$x_{1/2} = -1{,}5 \pm \sqrt{4}$$

$$x_1 = -1{,}5 + 2 = 0{,}5$$

$$x_2 = -1{,}5 - 2 = -3{,}5$$

Die fehlende x-Koordinate lautet folglich $x = -3{,}5$, sodass sich der Punkt $B(\mathbf{-3{,}5} \,|\, -5)$ ergibt.

W 2a 4

Die Nullstellen einer Funktion sind die x-Werte, an denen der zugehörige y-Wert 0 ist. Setze also $y = 0$ in die Funktionsgleichung ein.

Lösung: Berechnung mithilfe der Scheitelpunktform:

$$y = (x+1,5)^2 - 9 \qquad | \; y = 0$$
$$0 = (x+1,5)^2 - 9 \qquad | +9$$
$$9 = (x+1,5)^2 \qquad | \sqrt{}$$
$$\pm 3 = x + 1,5 \qquad | -1,5$$
$$x_1 = 3 - 1,5 = \mathbf{1,5}$$
$$x_2 = -3 - 1,5 = \mathbf{-4,5}$$

Alternative Bestimmung der Nullstellen mithilfe der p-q-Formel:

$$y = x^2 + 3x - 6,75 \qquad | \; y = 0$$
$$0 = x^2 + 3x - 6,75$$

Anwenden der p-q-Formel mit $p = 3$ und $q = -6,75$:

$$x_{1/2} = -\frac{p}{2} \pm \sqrt{\left(\frac{p}{2}\right)^2 - q}$$

$$x_{1/2} = -\frac{3}{2} \pm \sqrt{\left(\frac{3}{2}\right)^2 - (-6,75)}$$

$$x_{1/2} = -\frac{3}{2} \pm \sqrt{9}$$

$$x_{1/2} = -1,5 \pm 3$$

$$x_1 = -1,5 + 3 = \mathbf{1,5}$$

$$x_2 = -1,5 - 3 = \mathbf{-4,5}$$

Hinweis zur Überprüfung:
Die Nullstellen von $y = x^2 + 3x - \mathbf{6,75}$ müssen miteinander multipliziert $\mathbf{-6,75}$ ergeben: $1,5 \cdot (-4,5) = -6,75$ (wahr)

W 2b 1

Die Anzahl der Nullstellen einer quadratischen Funktion hängt von der Lage der zugehörigen Parabel im Koordinatensystem ab.
Liegt der Scheitelpunkt oberhalb der x-Achse, also im I. oder II. Quadranten, und ist die Parabel nach oben geöffnet, so schneidet der Graph nicht die x-Achse.
Gleiches gilt für nach unten geöffnete Parabeln, deren Scheitelpunkt unterhalb der x-Achse, also im III. oder IV. Quadranten liegt.
Eine quadratische Funktion hat keine Nullstelle, wenn der Graph die x-Achse nicht schneidet.

Lösung: Die Funktionsgleichung $y = -(x+2)^2 - 3$ beschreibt eine nach unten geöffnete Parabel, was am „–" vor der Klammer erkennbar ist.

Aus der Scheitelpunktform lässt sich der Scheitelpunkt $P(-2\,|-3)$ ablesen, also eine Verschiebung um 2 auf der x-Achse nach links und um 3 auf der y-Achse nach unten. Der Scheitelpunkt der nach unten geöffneten Parabel liegt im III. Quadranten und die Parabel schneidet die x-Achse nicht. Folglich hat die Funktion keine Nullstelle.

W 2b 2

Die Spiegelung an der x-Achse bedeutet, dass die Vorzeichen geändert werden müssen. Man multipliziert folglich den Funktionsterm mit „–1".

Es ergibt sich eine nach oben geöffnete Parabel.

Überlege, wie sich das auf die Funktionsgleichung auswirkt.

Lösung: Bei der Spiegelung an der x-Achse erhält man die neue Funktionsgleichung durch Multiplikation mit „–1" auf der rechten Seite.

Ausgangsgleichung: $\qquad y = -(x+2)^2 - 3$

neue Gleichung: $\qquad \mathbf{y = (x+2)^2 + 3}$

Aufgabe W 3

W 3a 1

Berechne das stündliche Wachstum der Bakterien mit dem Dreisatz. Beachte dabei, dass sich der Grundwert stündlich ändert.

Alternativ kannst du das prozentuale Wachstum durch die Bestimmung des Wachstumsfaktors berechnen.

Lösung: Mithilfe des Dreisatzes:

Anzahl Bakterien	Prozentsatz
$:200\ \big(\ 200$	$100\ \%\ \big)\ :200$
$\cdot 300\ \big(\quad 1$	$0{,}5\ \%\ \big)\ \cdot 300$
300	$150\ \%$

Prozentuales Wachstum:

$$150\ \% \underbrace{-\ 100\ \%}_{\text{Ausgangswert}} = \underbrace{50\ \%}_{\text{Wachstum}}$$

Die Anzahl der Bakterien nimmt stündlich um p % = **50 %** zu.

Alternative Lösungsmöglichkeit mithilfe der Bestimmung des Wachstumsfaktors:

$$\text{Wachstumsfaktor} = 1 + \frac{\text{Wachstumsrate}}{100}$$

$$a = 1 + \frac{p}{100}$$

Wachstum in der ersten Stunde:

$$200 \cdot a = 300$$

$$a = \frac{300}{200} = 1,5$$

$$a = 1,5 = 1 + \frac{p}{100} \qquad | -1$$

$$0,5 = \frac{p}{100} \qquad | \cdot 100$$

$$50 = p \qquad \Rightarrow \quad \text{Wachstumsrate entspricht } p\,\% = \textbf{50 \%}.$$

Hinweis: Zur Berechnung kannst du jeweils auch die Wertepaare $(1\,|\,300)$ und $(2\,|\,450)$ oder $(2\,|\,450)$ und $(3\,|\,675)$ verwenden.

W 3a 2

Es handelt sich um exponentielles Wachstum. Die Anzahl der Bakterien nimmt stündlich um $p\,\% = 50\,\%$ zu; der Wachstumsfaktor beträgt also 1,5. Berechne zunächst den Wert nach 4 Stunden und dann den Wert nach 5 Stunden.

Lösung: Anzahl nach 4 Stunden: $675 \cdot 1,5 = 1\,012,5$
Anzahl nach 5 Stunden: $1\,012,5 \cdot 1,5 = 1\,518,75$

Nach 5 Stunden sind **1 518 Bakterien** vorhanden.

Alternative Lösungsmöglichkeit mithilfe der allgemeinen Funktionsgleichung:

(Das Aufstellen der Funktionsgleichung erfolgt in Teilaufgabe W 3a 3.)

Für $x = 5$ Stunden folgt:
$$y = 200 \cdot 1,5^5 = 1\,518,75$$

Nach 5 Stunden sind **1 518 Bakterien** vorhanden.

Hinweis: Gerundet ergeben 1 518,75 Bakterien 1 519 Bakterien. Da aber 0,75 Bakterien keine ganze Bakterie sind, rundet man in diesem Fall auf 1 518 ab. Die Lösung 1 519 wird aber auch als richtig anerkannt.

W 3a 3

Es handelt sich um exponentielles Wachstum, wobei die Anzahl der Bakterien stündlich um $p \% = 50 \%$ steigt. Stelle die allgemeine Funktionsgleichung der Form $y = c \cdot a^x$ mit dem Wachstumsfaktor a auf.

Lösung: Bestimmung des Wachstumsfaktors:

$$a = 1 + \frac{p}{100} = 1 + \frac{50}{100} = 1,5$$

Aufstellen der Funktionsgleichung:

Wachstumsfaktor: $\quad a = 1,5$

Anfangswert (für $x = 0$): $\quad c = 200$

Anzahl der Stunden: $\quad x$

$$y = c \cdot a^x$$

$$\mathbf{y = 200 \cdot 1{,}5^x}$$

W 3a 4

Berechne die Anzahl der Bakterien mit der Funktionsgleichung oder mit dem Dreisatz, bis erstmalig mehr als 10 000 Bakterien erreicht sind.

Lösung: Mithilfe der Funktionsgleichung:

$x = 5:\quad y = 200 \cdot 1,5^5 = 1\,518,75$

$x = 6:\quad y = 200 \cdot 1,5^6 \approx 2\,278,13$

$x = 7:\quad y = 200 \cdot 1,5^7 \approx 3\,417,19$

$x = 8:\quad y = 200 \cdot 1,5^8 \approx 5\,125,78$

$x = 9:\quad y = 200 \cdot 1,5^9 \approx 7\,688,67$

$x = 10:\quad y = 200 \cdot 1,5^{10} \approx 11\,533,0$

Nach 10 ganzen Stunden sind erstmalig mehr als 10 000 Bakterien vorhanden.

Alternative Lösungsmöglichkeit mit dem Dreisatz:

(Die Anzahl nach 5 Stunden ist bereits aus Teilaufgabe W 3a 2 bekannt.)

Anzahl nach 6 Stunden:

Prozentsatz	Anzahl Bakterien
100 %	1 518,75
1 %	15,1875
150 %	2 278,13

: 100 ( ) : 100
· 150 ( ) · 150

Anzahl nach 7 Stunden:

Prozentsatz	Anzahl Bakterien
100 %	2 278,13
1 %	22,7813
150 %	3 417,19

: 100 ⟨ 100 % → 1 %; · 150 ⟨ 1 % → 150 %   : 100 ⟩ 2 278,13 → 22,7813; · 150 ⟩ 22,7813 → 3 417,19

Anzahl nach 8 Stunden:

Prozentsatz	Anzahl Bakterien
100 %	3 417,19
1 %	34,1719
150 %	5 125,78

: 100 · 150   : 100 · 150

Anzahl nach 9 Stunden:

Prozentsatz	Anzahl Bakterien
100 %	5 125,78
1 %	51,2578
150 %	7 688,67

: 100 · 150   : 100 · 150

Anzahl nach 10 Stunden:

Prozentsatz	Anzahl Bakterien
100 %	7 688,67
1 %	76,8867
150 %	11 533,0

: 100 · 150   : 100 · 150

Nach **10 ganzen Stunden** sind erstmalig mehr als 10 000 Bakterien vorhanden.

Hinweis: Alternativ kannst du die Stundenzahl auch mithilfe der allgemeinen Funktionsgleichung $y = 200 \cdot 1,5^x$ berechnen, indem du $y = 10\,000$ einsetzt und durch Anwendung des Logarithmus nach x auflöst. Diese alternative Lösungsmöglichkeit wird hier nicht ausgeführt, da der Logarithmus nicht zwingend im Unterricht behandelt wird.

W 3a 5

Beim Wachstum der Anzahl der Bakterien handelt es sich um exponentielles Wachstum. Der zugehörige Graph beschreibt also eine Linkskurve und wird für große x-Werte immer steiler. Der Anfangswert entspricht dem Schnittpunkt des Graphen mit der y-Achse.

Lösung: Graph A: Lineares Wachstum $\Rightarrow$ falsch

Graph B: Anfangswert 0 $\Rightarrow$ falsch

Graph D: Graph beschreibt langsamer
werdendes Wachstum. $\Rightarrow$ falsch

$\Rightarrow$ Graph **C** ist richtig.

W 3b 1

Bei linearem Wachstum kommt im gleichen Zeitraum die gleiche Menge hinzu, sodass eine konstante Änderungsrate gegeben ist.

Pro Stunde wird die gleiche Anzahl an Bakterien (in diesem Fall 60) addiert.

Lösung:

Uhrzeit	Anzahl Bakterien
9	60
10	120
11	180
12	240

$+1$ zwischen den Uhrzeiten, $+60$ zwischen den Anzahlen.

Um 12 Uhr sind es bei linearem Wachstum **240 Bakterien**.

W 3b 2

Bei exponentiellem Wachstum vervielfacht sich der jeweilige Wert im gleichen Zeitraum um einen bestimmten Wachstumsfaktor.

Pro Stunde wird die Anzahl der Bakterien verdoppelt (Wachstumsfaktor 2).

Lösung:

Uhrzeit	Anzahl Bakterien
9	60
10	120
11	240
12	480

$+1$ zwischen den Uhrzeiten, $\cdot 2$ zwischen den Anzahlen.

Um 12 Uhr sind es bei exponentiellem Wachstum **480 Bakterien**.

Aufgabe W 4

W 4a

Der Golfball hat die Form einer Kugel, die mit kreisförmigen Dellen versehen ist.
Um zu überprüfen, ob auf den Golfball 380 Dellen passen, musst du zunächst die
Oberfläche der Kugel und die Gesamtfläche der 380 Kreise berechnen.
Ist die Oberfläche des Golfballs kleiner als die Gesamtfläche aller 380 Kreise, so
ist die Behauptung falsch.
Beachte: Durch Runden der Zahlen kann es zu kleinen Abweichungen kommen.

Lösung: Golfball: $d_{Golfball} = 43 \text{ mm} \implies r_{Golfball} = d_{Golfball} : 2 = 21,5 \text{ mm}$

Delle: $d_{Delle} = 4,5 \text{ mm} \implies r_{Delle} = d_{Delle} : 2 = 2,25 \text{ mm}$

Berechnung Oberfläche des Golfballs (Kugel):

$O_{Golfball} = 4 \cdot \pi \cdot (r_{Golfball})^2$

$O_{Golfball} = 4 \cdot \pi \cdot (21,5 \text{ mm})^2 \approx 5\,808,8 \text{ mm}^2$

Berechnung Gesamtfläche der Dellen (Kreise):

$A_{Delle} = \pi \cdot (r_{Delle})^2$

$A_{Delle} = \pi \cdot (2,25 \text{ mm})^2 \approx 15,904 \text{ mm}^2$

$A_{alle\ Dellen} = 380 \cdot A_{Delle}$

$A_{alle\ Dellen} = 380 \cdot 15,904 \text{ mm}^2 = 6\,043,52 \text{ mm}^2$

Vergleich der Oberfläche des Golfballs mit der Gesamtfläche der Dellen:
$5\,808,8 \text{ mm}^2 < 6\,043,52 \text{ mm}^2$

$\implies$ Die Oberfläche des Golfballs reicht für 380 Dellen nicht aus.
Die Behauptung ist somit **falsch**.

W 4b 1

Schätze zunächst den Durchmesser des überdimensionalen Golfballs. Orientiere
dich dabei an der Größe der beiden Männer. Berechne anschließend das Volumen
der Marmorkugel. Die Masse berechnest du dann mit der Formel:
Masse = Volumen $\cdot$ Dichte $(m = V \cdot \rho)$
Beachte: Das Ergebnis soll in ganzen Kilogramm angegeben werden.

Lösung: Geschätzte Größen der Männer:
kleiner Mann: ca. 1,80 m $\,\hat{=}\,$ ca. 3 cm im Bild
großer Mann: ca. 2,00 m $\,\hat{=}\,$ ca. 3,7 cm im Bild

Berechnung des Maßstabs anhand des kleineren Mannes:
(Wie vielen cm entspricht 1 cm auf dem Bild in der Realität?)

Bild	Realität
3 cm	180 cm
1 cm	60 cm

$:3$ (3 cm / 1 cm) (180 cm / 60 cm) $:3$

$\Rightarrow$ 1 cm : 60 cm   (1 cm im Bild entspricht 60 cm in der Realität.)

Durchmesser des Marmor-Golfballs im Bild: ca. 2 cm

Bild	Realität
1 cm	60 cm
2 cm	120 cm

$\cdot 2$ (1 cm / 2 cm) (60 cm / 120 cm) $\cdot 2$ (Maßstab)

$\Rightarrow$ Marmor-Golfball: d = 120 cm   und   r = 60 cm

Alternative Berechnung mit dem Streckfaktor:

kleiner Mann: ca. 1,80 m $\stackrel{\triangle}{=}$ ca. 3 cm im Bild

$3\,\text{cm} \cdot k = 180\,\text{cm} \quad |:3\,\text{cm}$

$\qquad\quad k = 60$

$\Rightarrow$ Streckfaktor k = 60

Durchmesser des Marmor-Golfballs im Bild: ca. 2 cm

$2\,\text{cm} \cdot k = 2\,\text{cm} \cdot 60 = 120\,\text{cm}$

Hinweis: Den Berechnungen wurde hier die Schätzgröße des kleineren Mannes zugrunde gelegt. Ebenso hätte der große Mann als Bezugsgröße dienen können.

Berechnung des Volumens des Marmor-Golfballs:

$$V_{\text{Kugel}} = \frac{4}{3} \cdot \pi \cdot r^3$$

$$V_{\text{Kugel}} = \frac{4}{3} \cdot \pi \cdot (60\,\text{cm})^3 \approx 904\,778,68\,\text{cm}^3$$

Berechnung der Masse mit der Formel m = V · ρ:

$$\rho = 2{,}8\,\frac{\text{g}}{\text{cm}^3}$$

$$m = 904\,778,68\,\text{cm}^3 \cdot 2{,}8\,\frac{\text{g}}{\text{cm}^3} \approx 2\,533\,380,3\,\text{g} \approx 2\,533,38\,\text{kg} \approx \mathbf{2\,533\,kg}$$

Die Marmorkugel wiegt ca. 2 533 kg.

Beachte: Als geschätzter Wert für den Durchmesser der Marmorkugel wird jede Angabe zwischen 80 cm und 150 cm akzeptiert. Für das Gewicht der Marmorkugel sind damit Ergebnisse von ca. 751 kg bis ca. 4 948 kg zulässig.

W 4b 2

Ein Golfball hat einen Durchmesser von 43 mm. Die Schätzwerte aus der vorherigen Teilaufgabe haben ergeben, dass der Marmor-Golfball in der Realität einen Durchmesser von ca. 1,20 m = 120 cm hat.
Ermittle zunächst den Maßstab, mit dem der Golfball vergrößert wurde, und wende diesen dann auf die Größe eines 1,80 m großen Golfspielers an.

Lösung: Durchmesser kleiner Golfball = 43 mm = 4,3 cm
Durchmesser Marmor-Golfball = 120 cm

Berechnung des Maßstabs mit dem Streckfaktor:

$$4,3 \text{ cm} \cdot x = 120 \text{ cm} \qquad | : 4,3 \text{ cm}$$
$$x \approx 27,9 \approx 28$$

Alternative Berechnung des Maßstabs über den Dreisatz:

kleiner Golfball	Marmor-Golfball
$4,3$ cm	120 cm
1 cm	$27,9$ cm ≈ 28 cm

$: 4,3$ ... $: 4,3$

$\Rightarrow$ Maßstab $1 : 28$

Der Durchmesser des Marmor-Golfballs ist ca. 28-mal größer als der des echten (kleinen) Golfballs.

Anwendung des Maßstabs 1 : 28 auf den Golfspieler:

$180 \text{ cm} \cdot 28 = 5040 \text{ cm} = \textbf{50,40 m}$

Der 1,80 m große Golfspieler hätte bei einer Vergrößerung mit dem Maßstab 1 : 28 eine Größe von ca. 50,4 m.

Beachte: Als geschätzter Wert für den Durchmesser der Marmorkugel wird jede Angabe zwischen 80 cm und 150 cm akzeptiert. D. h., dass für den Durchmesser der Marmorkugel im Vergleich zum kleinen Golfball das 18- bis 35-Fache als richtig anerkannt wird. Für die Größe des Golfspielers sind entsprechend Ergebnisse von 32 m bis 63 m mit sinnvoller Begründung richtig.
Deine Ergebnisse können also vom gerechneten Beispiel abweichen, falls du andere Ausgangswerte gewählt hast.

Aufgabe W 5

W 5a 1

Es gilt: Wahrscheinlichkeit eines Ereignisses $= \dfrac{\text{Anzahl der günstigen Ergebnisse}}{\text{Anzahl der möglichen Ergebnisse}}$

Bestimme die Anzahl der Felder mit einem Eisgutschein ($\hat{=}$ Eistüte) und teile diese durch die Anzahl aller Felder.

Lösung: Anzahl aller Felder: 10
Anzahl der Felder mit Eistüte: 4

Wahrscheinlichkeit, ein Feld mit Eistüte zu treffen:

$$P(\text{\textbf{Y}}) = \frac{\text{Anzahl der Felder mit Eistüte}}{\text{Anzahl aller Felder}} = \frac{4}{10} = \frac{2}{5} = 0,4 = 40\,\%$$

Bei einmaligem Drehen gewinnt man einen Eisgutschein mit einer Wahrscheinlichkeit von 40 %.

W 5a 2

Da dreimal gedreht wird, handelt es sich um ein dreistufiges Zufallsexperiment. Die Wahrscheinlichkeit, dass ein bestimmtes Feld beim zweiten bzw. dritten Drehen getroffen wird, ist jeweils unabhängig davon, welches Feld beim Drehen zuvor getroffen wurde. Es handelt sich somit um ein Zufallsexperiment *mit Zurücklegen*, d. h., die Wahrscheinlichkeiten sind bei jedem Drehen gleich. Antonia gewinnt keinen Eisgutschein, wenn sie bei allen drei Drehungen eine Niete (also keine Eistüte) trifft. Berechne zunächst die Wahrscheinlichkeit, beim ersten Drehen eine Niete zu treffen, und dann mit der 1. Pfadregel die Wahrscheinlichkeit für drei Nieten nacheinander.

Lösung: Wahrscheinlichkeit, beim ersten Drehen eine Niete zu treffen:

$$P(N) = \frac{\text{Anzahl der Felder mit Niete}}{\text{Anzahl aller Felder}} = \frac{6}{10}$$

Wahrscheinlichkeit, bei dreimaligem Drehen nur Nieten zu treffen:

$$P(N\,N\,N) = \frac{6}{10} \cdot \frac{6}{10} \cdot \frac{6}{10} = \frac{216}{1\,000} = \frac{27}{125} = 0,216 = 21,6\,\%$$

Antonia gewinnt bei dreimaligem Drehen mit einer Wahrscheinlichkeit von 21,6 % keinen Eisgutschein.

W 5a 3

✎ Da zweimal gedreht wird, handelt es sich um ein zweistufiges Zufallsexperiment.
✎ Die Wahrscheinlichkeiten sind bei jedem Drehen gleich (s. Hinweis zu W 5a 2).
✎ Die Aussage, dass Gino mindestens einen Eisgutschein gewinnt, impliziert, dass
✎ er auch zwei Eisgutscheine erdrehen kann. Wende die 1. und 2. Pfadregel an.
✎ *Beachte:* Die Reihenfolge, ob zunächst der Eisgutschein und dann die Niete oder
✎ erst die Niete und dann der Eisgutschein erdreht wird, ist von Bedeutung, da
✎ beide Fälle betrachtet werden müssen.

Lösung: Wahrscheinlichkeit, beim Drehen einen Eisgutschein zu treffen $= \dfrac{4}{10}$

Wahrscheinlichkeit, beim Drehen eine Niete zu treffen $= \dfrac{6}{10}$

Möglichkeit 1: $P(\text{Gutschein}; \text{Niete}) = \dfrac{4}{10} \cdot \dfrac{6}{10}$

Möglichkeit 2: $P(\text{Niete}; \text{Gutschein}) = \dfrac{6}{10} \cdot \dfrac{4}{10}$

Möglichkeit 3: $P(\text{Gutschein}; \text{Gutschein}) = \dfrac{4}{10} \cdot \dfrac{4}{10}$

Es folgt für die Wahrscheinlichkeit für mindestens einen Eisgutschein:

$$P(\text{mindestens 1 } \mathbf{?}) = \frac{4}{10} \cdot \frac{6}{10} + \frac{6}{10} \cdot \frac{4}{10} + \frac{4}{10} \cdot \frac{4}{10} = \frac{64}{100} = \mathbf{\frac{16}{25}} = \mathbf{0,64} = \mathbf{64\,\%}$$

Bei zweimaligem Drehen gewinnt Gino mit einer Wahrscheinlichkeit von 64 % mindestens einen Eisgutschein.

Alternative Lösungsmöglichkeit über das Gegenereignis:

✎ Die einzige Kombination, die die Bedingung „mindestens ein Eisgutschein" nicht
✎ erfüllt, ist, sowohl beim ersten als auch beim zweiten Drehen eine Niete zu treffen.
✎ *Beachte:* Eine Wahrscheinlichkeit von $P = 1$ entspricht einer 100 %igen Wahr-
✎ scheinlichkeit.

Lösung: $P(\text{mindestens 1 } \mathbf{?}) = 1 - P(N\,N) = 1 - \dfrac{6}{10} \cdot \dfrac{6}{10} = \dfrac{64}{100} = \mathbf{\dfrac{16}{25}} = \mathbf{0,64} = \mathbf{64\,\%}$

W 5b 1

✎ Der Einsatz pro Drehung beträgt 1,00 €. Verschaffe dir einen Überblick über die
✎ zu erzielenden Gewinne bei einmaligem oder mehrmaligem Drehen.

Lösung: Einsatz pro Drehung: 1,00 €
Das Vierfache des Einsatzes entspricht $4 \cdot 1,00 € = 4,00 €$.

Der maximale Gewinnbetrag wird erzielt, wenn der Eisbecher getroffen wird (entweder direkt oder nachdem das Feld „noch 1×" getroffen wurde), und entspricht pro Drehung 3,00 €, also nur dem Dreifachen des Einsatzes.

Somit kann auch bei mehrmaligem Drehen nie das Vierfache des Einsatzes erreicht werden.

Hinweis: Du kannst dir den Sachverhalt auch an einem Beispiel veranschaulichen.
Mehrfaches Drehen entspricht z. B. 3-mal Drehen; Einsatz: $3 \cdot 1,00 € = 3,00 €$
Maximaler Gewinn pro Drehung (Eisbecher): 3,00 €
Maximaler Gewinnbetrag bei dreimaligem Drehen: $3 \cdot 3,00 € = 9,00 €$
Das Vierfache des Einsatzes wären aber $4 \cdot 3,00 € = 12,00 €$.
Der Gewinn kann also nicht das Vierfache des Einsatzes betragen.

W 5b 2

Da der Einsatz 1,00 € beträgt, dreht Lea nur einmal. Betrachte alle Ergebnisse, bei denen man etwas gewinnt, und notiere die Wahrscheinlichkeiten. Die Nieten entfallen als günstige Ergebnisse.

$P(\text{Gutschein } 3,00 €) = \dfrac{1}{10}$ $\qquad$ $P(\text{Gutschein } 1,50 €) = \dfrac{4}{10}$ $\qquad$ $P(\text{noch } 1×) = \dfrac{1}{10}$

Lösung: Gegeben ist die Wahrscheinlichkeit:

$$P = \frac{1}{10} \cdot \frac{4}{10} = \frac{1}{25}$$

Diese Wahrscheinlichkeit gehört zu einem zweistufigen Zufallsexperiment, da sie aus zwei Faktoren besteht.

Zweistufig kann das Experiment bei einem Einsatz von 1,00 € nur sein, wenn beim ersten Drehen das Feld „noch 1×" erscheint.

$P(\text{noch } 1×) = \dfrac{1}{10}$ $\qquad$ (entspricht dem ersten Faktor)

Die Wahrscheinlichkeit von $\frac{4}{10}$ für das Ergebnis des zweiten (zusätzlichen) Drehens kann nur beim „Eisgutschein im Wert von 1,50 €" (Eistüte) erzielt werden.

$$P = \frac{1}{10} \cdot \frac{4}{10} = \frac{1}{25} = P(\text{noch } 1×; \text{🍦})$$

Das gesuchte Ereignis lautet:
Beim ersten Drehen wird das Feld „noch 1×" getroffen und beim zusätzlichen Drehen das Feld „Eistüte" (Eisgutschein im Wert von 1,50 €).

W 5b 3

Betrachte die Wahrscheinlichkeiten für einen beliebigen Gewinn bei einmaligem Drehen. Überlege, wie das Ergebnis „noch 1×" die Gewinnwahrscheinlichkeit beeinflusst.

Lösung: $P(\text{beliebiger Eisgutschein}) = \dfrac{5}{10} = 50\,\%$

$P(\text{kein Gewinn}) = \dfrac{4}{10}$

$P(\text{noch } 1\times) = \dfrac{1}{10}$

50 % entsprechen der Wahrscheinlichkeit, direkt einen Eisgutschein zu gewinnen. Da aber auch noch die Möglichkeit berücksichtigt werden muss, erst das Feld „noch 1×" zu treffen und anschließend ein Feld mit einem Eisgutschein, liegt die Gewinnwahrscheinlichkeit tatsächlich höher.

Hinweis: Die tatsächliche Gewinnwahrscheinlichkeit ist nicht so einfach zu berechnen. Theoretisch kann man immer wieder das Feld „noch 1×" treffen und so „unendlich" oft am Rad drehen. Selbst wenn vorgegeben wäre, dass man höchstens einmal das Feld „noch 1×" nutzen kann, wäre die Gewinnwahrscheinlichkeit größer als 50 %:

$P(\text{beliebiger Eisgutschein}) + P(\text{noch } 1\times) \cdot P(\text{beliebiger Eisgutschein})$

$= \dfrac{5}{10} + \dfrac{1}{10} \cdot \dfrac{5}{10} = \dfrac{55}{100} = 0{,}55 = 55\,\%$

Aufgabe P 1

P 1a

✎ Wandle in eine gemeinsame Einheit um und addiere.

✎ *Beachte:* $1 \, \text{cm} = 10 \, \text{mm} \quad \Rightarrow \quad 1 \, \text{mm} = 0,1 \, \text{cm}$

Lösung: Berechnung in Millimeter:

$55 \, \text{cm} = 55 \cdot 10 \, \text{mm} = 550 \, \text{mm}$

$550 \, \text{mm} + 7 \, \text{mm} = \textbf{557 mm}$

Alternative Berechnung in Zentimeter:

$7 \, \text{mm} = 7 \cdot 0,1 \, \text{cm} = 0,7 \, \text{cm}$

$55 \, \text{cm} + 0,7 \, \text{cm} = \textbf{55,7 cm}$

P 1b

✎ Wandle in eine gemeinsame Einheit um und addiere.

✎ *Beachte:* $1 \, \text{kg} = 1\,000 \, \text{g} \quad \Rightarrow \quad 1 \, \text{g} = 0,001 \, \text{kg}$

Lösung: Berechnung in Gramm:

$7,8 \, \text{kg} = 7,8 \cdot 1\,000 \, \text{g} = 7\,800 \, \text{g}$

$7\,800 \, \text{g} + 225 \, \text{g} = \textbf{8\,025 g}$

Alternative Berechnung in Kilogramm:

$225 \, \text{g} = 225 \cdot 0,001 \, \text{kg} = 0,225 \, \text{kg}$

$7,8 \, \text{kg} + 0,225 \, \text{kg} = \textbf{8,025 kg}$

P 1c

✎ Du kannst entweder mit Stunden oder Minuten rechnen. Wandle entsprechend um.

✎ *Beachte:* $1 \, \text{h} = 60 \, \text{min} \quad \Rightarrow \quad \dfrac{1}{2} \, \text{h} = \dfrac{1}{2} \cdot 60 \, \text{min} = 30 \, \text{min}$

Lösung: Berechnung in Minuten:

$1\dfrac{1}{2} \, \text{h} = 1,5 \, \text{h} = 1,5 \cdot 60 \, \text{min} = 90 \, \text{min}$

$90 \, \text{min} + 3 \, \text{min} = \textbf{93 min}$

Alternative Berechnung in gemischten Einheiten:

$$1\frac{1}{2}\,\text{h} = 1\,\text{h} + \frac{1}{2}\,\text{h} = 1\,\text{h} + 30\,\text{min}$$

$$1\,\text{h} + 30\,\text{min} + 3\,\text{min} = 1\,\text{h} + 33\,\text{min} = \mathbf{1\ h\ 33\ min}$$

🖊 *Hinweis:* Die Schreibweise 1:33 h wird auch als richtig gewertet.

P 1 d 1

🖊 Der Bruchteil einer Größe ist das Produkt aus Anteil und dem Ganzen der Größe.

🖊 Du kannst zunächst $\frac{1}{7}$ von 42 ℓ berechnen und dann auf $\frac{3}{7}$ schließen.

🖊 Rechne alternativ mit dem Dreisatz.

Lösung: $\quad 42\,\ell \cdot \dfrac{1}{7} = 42\,\ell : 7 = 6\,\ell \qquad oder: \quad 42\,\ell \cdot \dfrac{3}{7} = \dfrac{42\,\ell \cdot 3}{7} = \dfrac{126\,\ell}{7} = \mathbf{18\ \ell}$

$\qquad\qquad 6\,\ell \cdot 3 = \mathbf{18\ \ell}$

Alternative Lösung mit dem Dreisatz:

Bruchteil	Liter
$\frac{7}{7}$	42 ℓ
$\frac{1}{7}$	6 ℓ
$\frac{3}{7}$	**18 ℓ**

$:7\ \Big(\ \Big)\ :7$

$\cdot 3\ \Big(\ \Big)\ \cdot 3$

P 1 d 2

🖊 Teile den Anteil (600 m) durch den Bruchteil, um die ganze Strecke zu erhalten.

🖊 Die Division durch einen Bruch entspricht der Multiplikation mit dem Kehrwert.

🖊 Löse alternativ mit dem Dreisatz und rechne zuerst auf $\frac{1}{3}$ zurück.

Lösung: $\quad 600\,\text{m} : \dfrac{2}{3} = 600\,\text{m} \cdot \dfrac{3}{2} = \mathbf{900\ m}$

Die gesamte Strecke ist 900 m lang.

Alternative Lösung mit dem Dreisatz:

Anteil	Strecke
$\dfrac{2}{3}$	600 m
$\dfrac{1}{3}$	300 m
$\dfrac{3}{3}$	**900 m**

(: 2 und · 3 links, : 2 und · 3 rechts)

Die gesamte Strecke ist 900 m lang.

Aufgabe P 2

P 2a

Gesucht ist die Anzahl der im Jahr 2021 geborenen Jungen. Da 45 % Mädchen geboren wurden, musst du mit dem Prozentsatz 55 % (= 100 % − 45 %) rechnen. Die Lösung erfolgt mit dem Dreisatz oder der Lösungsformel.

Lösung: Mit dem Dreisatz:

Prozentsatz	Geburten
100 %	4 220
1 %	42,2
55 %	**2 321**

(: 100 und · 55)

Es wurden 2 321 Jungen im Jahr 2021 in Waldstadt geboren.

Alternative Lösung mit dem Dreisatz:

Berechne zunächst die Anzahl der geborenen Mädchen. Diese musst du dann von der Gesamtzahl aller Geburten subtrahieren, um die Zahl der Jungen zu erhalten.

Prozentsatz	Geburten
100 %	4 220
1 %	42,2
45 %	1 899

(: 100 und · 45)

$4\,220 - 1\,899 = \mathbf{2\,321}$

Es wurden 2 321 Jungen im Jahr 2021 in Waldstadt geboren.

Alternative Lösung mit der Lösungsformel:

  geg.: Grundwert G = 4 220; Prozentsatz p % = 55 %

  ges.: Prozentwert P

  $$P = \frac{G \cdot p}{100}$$

  $$P = \frac{4\,220 \cdot 55}{100}$$

  P = 2 321

  Es wurden 2 321 Jungen im Jahr 2021 in Waldstadt geboren.

Alternative Lösung mit der Lösungsformel über die Anzahl der geborenen Mädchen:

🖊 Berechne die Anzahl der geborenen Mädchen und subtrahiere diese anschließend
🖊 von der Gesamtzahl aller geborenen Kinder.

  geg.: Grundwert G = 4 220; Prozentsatz p % = 45 %

  ges.: Prozentwert P

  $$P = \frac{G \cdot p}{100}$$

  $$P = \frac{4\,220 \cdot 45}{100}$$

  $$P = 1\,899$$

  $4\,220 - 1\,899 = \textbf{2 321}$

  Es wurden 2 321 Jungen im Jahr 2021 in Waldstadt geboren.

P 2b

🖊 Verwende wieder die Lösungsformel der Prozentrechnung oder den Dreisatz.
🖊 Runde das Ergebnis auf eine Stelle nach dem Komma.

Lösung: Mit der Lösungsformel:

  geg.: Grundwert G = 4 220; Prozentwert P = 2 276

  ges.: Prozentsatz p %

  $$p\,\% = \frac{P}{G} \cdot 100\,\%$$

  $$p\,\% = \frac{2\,276}{4\,220} \cdot 100\,\%$$

  p % ≈ 53,9 %

  53,9 % der geborenen Mädchen und Jungen hatten nur einen Vornamen.

Alternative Lösung mit dem Dreisatz:

Geburten	Prozentsatz
4 220	100 %
1	$\dfrac{100\,\%}{4\,220}$
2 276	**53,9 %**

$:4\,220$ · $2\,276$ ⟶ $:4\,220$ · $2\,276$

53,9 % der geborenen Mädchen und Jungen hatten nur einen Vornamen.

P 2c

Im Jahr 2021 gab es 5,5 % mehr Geburten als im Jahr 2020. Die gesuchte Zahl
der geborenen Mädchen und Jungen im Jahr 2020 ist also der Grundwert. Die
Geburtenzahl im Jahr 2021 entspricht dann 105,5 % des Grundwerts.
Du kannst die Lösung auch mit dem Dreisatz, der Lösungsformel oder dem
vermehrten Grundwert berechnen.

Lösung: Berechnung der Anzahl der Geburten im Jahr 2020:
$4\,220 : 1,055 = \textbf{4\,000}$

Im Jahr 2020 wurden 4 000 Mädchen und Jungen in Waldstadt geboren.

Alternative Berechnung mit dem Dreisatz:

In diesem Fall entsprechen die 4 220 Geburten nicht mehr 100 %, sondern 105,5 %,
da die Geburten in Beziehung zu den Geburten im Jahr 2020 zu setzen sind.

Prozentsatz	Geburten
105,5 %	4 220
1 %	$\dfrac{4\,220}{105,5}$
100 %	**4 000**

$:105,5$ · 100 ⟶ $:105,5$ · 100

Im Jahr 2020 wurden 4 000 Mädchen und Jungen in Waldstadt geboren.

Alternative Lösung mit der Lösungsformel:

  geg.: Prozentwert $P = 4\,220$; Prozentsatz $p\,\% = 105,5\,\%$

  ges.: Grundwert G

  $$G = \frac{P \cdot 100}{p}$$

  $$G = \frac{4\,220 \cdot 100}{105,5}$$

  G = 4 000

  Im Jahr 2020 wurden 4 000 Mädchen und Jungen in Waldstadt geboren.

Alternative Lösung mit dem vermehrten Grundwert:

Da sich die Anzahl der Geburten im Vergleich von 2020 zu 2021 um 5,5 %
erhöht hat, errechnet sich die Anzahl der Geburten im Jahr 2021 aus
100 % + 5,5 % = 105,5 % der Anzahl der Geburten im Jahr 2020. Deren Zahl im
Jahr 2021 ist der vermehrte Grundwert.

  geg.: vermehrter Grundwert $G_{vermehrt} = 4\,220$; Prozentsatz $p\,\% = 5,5\,\%$

  ges.: Grundwert G

  $$G_{vermehrt} = G \cdot \left(1 + \frac{p}{100}\right)$$

  $$4\,220 = G \cdot \left(1 + \frac{5,5}{100}\right)$$

  $$4\,220 = G \cdot 1,055 \qquad \vert : 1,055$$

  G = 4 000

  Im Jahr 2020 wurden 4 000 Mädchen und Jungen in Waldstadt geboren.

Aufgabe P 3

P 3a

Multipliziere zunächst die Klammer aus.
Fasse dann Glieder mit der Variablen x zusammen.

Lösung: $3 \cdot (x + 5) - 8x = 3x + 15 - 8x = \mathbf{-5x + 15}$

P 3b

Der Umfang U eines Rechtecks ist die Summe seiner Seitenlängen:

$U = a + a + b + b = 2 \cdot a + 2 \cdot b = 2 \cdot (a + b)$

Achte bei der zweiten Gleichung auf die Vorzeichen: Wenn von der Seite b 4 cm subtrahiert werden, ist sie genauso lang wie die kürzere Seite a.

Lösung: Bei einem Umfang von 20 cm ergibt sich:

$$2 \cdot (a + b) = 20$$

„Die Seite a ist 4 cm kürzer als die Seite b.":

$$a = b - 4$$

P 3c

Du kannst ein lineares Gleichungssystem mit dem Einsetzungs-, Gleichsetzungs- oder Additionsverfahren lösen. Da die beiden Gleichungen bereits nach y aufgelöst sind, bietet sich hier das Gleichsetzungsverfahren an.

Lösung: Mithilfe des Gleichsetzungsverfahrens:

I. $\quad y = 4x + 6$

II. $\quad y = 3x - 2$

Gleichsetzen von I. und II.:

$$
\begin{aligned}
4x + 6 &= 3x - 2 \quad \big| -3x \\
x + 6 &= -2 \quad \big| -6 \\
x &= -8
\end{aligned}
$$

Einsetzen von $x = -8$ in I. (Einsetzen in II. ist ebenfalls möglich):

$y = 4 \cdot (-8) + 6$

$y = -32 + 6$

$y = -26$

Lösungsmenge $L = \{(-8 \,|\, -26)\}$

Tipp: Mit einer Probe kannst du überprüfen, ob das Ergebnis korrekt ist. Setze dazu x und y in die Gleichungen ein.

P 3d

Ein lineares Gleichungssystem hat keine Lösung, wenn die beiden zu den Gleichungen gehörenden Geraden parallel verlaufen und nicht identisch sind. Parallele Geraden haben die gleiche Steigung: $m = 4$.

Da die Geraden nicht aufeinander liegen dürfen (sonst gäbe es unendlich viele Lösungen), müssen sie sich im y-Achsenabschnitt (hier: n) unterscheiden. Für n ist daher jeder Wert ungleich 6 möglich.

Lösung: z. B.
$$\left| \begin{array}{l} y = 4x + 6 \\ y = 4x + 3 \end{array} \right| \; oder \; \left| \begin{array}{l} y = 4x + 6 \\ y = 4x - 7 \end{array} \right|$$

$$\mathbf{m = 4; \; n = 3} \; oder \; \mathbf{m = 4; \; n = -7}$$

Aufgabe P 4

P 4a

In einer Rangliste werden die Werte nach ihrer Größe sortiert. Ob aufsteigend oder absteigend ist dabei irrelevant.

Lösung: Rangliste:

2,7	2,8	2,9	3,3	3,4	3,9	3,9	4,0	4,2	4,3

Alternative Rangliste (absteigend):

4,3	4,2	4,0	3,9	3,9	3,4	3,3	2,9	2,8	2,7

P 4b

Die Spannweite R ist der Abstand zwischen dem kleinsten und dem größten gemessenen Wert ($R = $ Maximum $-$ Minimum).

Lösung: größter Wert: 4,3 kg
kleinster Wert: 2,7 kg

$R = 4,3 \text{ kg} - 2,7 \text{ kg} = \mathbf{1,6 \text{ kg}}$

Die Spannweite beträgt 1,6 kg.

P 4c

Zur Berechnung des arithmetischen Mittels (Durchschnitts) $\overline{x}$ bildest du die Summe aller Werte und dividierst diese durch die Anzahl aller Werte.

Beachte: Kommt ein Wert mehrfach vor, so wird er auch mehrfach addiert.

Lösung: $\underbrace{2,7+2,8+2,9+3,3+3,4+3,9+3,9+4,0+4,2+4,3}_{10 \text{ Werte}} = 35,4$

$\bar{x} = 35,4 : 10 = \mathbf{3,54}$

Das arithmetische Mittel beträgt 3,54 kg.

P 4d 1

Zur Bestimmung des Zentralwertes x̃ (Median) benötigst du die in Aufgabe P 4a erstellte Rangliste.
Der Zentralwert steht bei einer ungeraden Anzahl an Werten genau in der Mitte der Rangliste. Bei einer geraden Anzahl ist er der Mittelwert der beiden mittleren Werte. Da hier insgesamt zehn Werte vorliegen, liegt der Zentralwert genau zwischen dem fünften und sechsten Wert der Rangliste. Zur Berechnung addiert man diese beiden Werte und halbiert die Summe.
Eine Lösung mit absteigender Rangliste ist ebenfalls möglich.

Lösung: Rangliste:

2,7	2,8	2,9	3,3	**3,4**	**3,9**	3,9	4,0	4,2	4,3

Zentralwert x̃ (Median):

$$\tilde{x} = \frac{3,4 \text{ kg} + 3,9 \text{ kg}}{2} = \mathbf{3,65 \text{ kg}}$$

P 4d 2

Da zwei Werte ergänzt werden, liegt wieder eine gerade Zahl an Werten vor und der Zentralwert wird wie in der vorherigen Teilaufgabe berechnet.
Die beiden ergänzten Werte bilden das Minimum bzw. Maximum der neuen Rangliste, sodass der Zentralwert wieder der Durchschnitt von 3,4 kg und 3,9 kg ist. Die hinzugekommenen Werte verändern den Zentralwert also nicht.

Lösung: ergänzte Rangliste:

2,7	2,7	2,8	2,9	3,3	**3,4**	**3,9**	3,9	4,0	4,2	4,3	**6,5**

C Der Zentralwert bleibt gleich.

Aufgabe P 5

P 5a

Die Nullstellen einer Funktion sind die x-Werte, an denen der zugehörige y-Wert 0 ist. Setze also $y = 0$ in die Funktionsgleichung ein und löse nach x auf.

Lösung: Einsetzen von $y = 0$ in die Funktionsgleichung $y = -0,5x + 3$:

$$0 = -0,5x + 3 \quad | -3$$
$$-3 = -0,5x \quad | : (-0,5)$$
$$\mathbf{x = 6}$$

Die lineare Funktion $y = -0,5x + 3$ hat bei $x = 6$ eine Nullstelle.

Hinweis: Da eine Berechnung in der Aufgabenstellung verlangt wird, ist eine grafische Lösung nicht erlaubt.

P 5b

Setze $x = 12$ in die Funktionsgleichung ein und berechne den zugehörigen y-Wert.

Lösung: Einsetzen von $x = 12$ in die Funktionsgleichung $y = -0,5x + 3$ ergibt:
$$y = -0,5 \cdot 12 + 3 = -6 + 3 = \mathbf{-3}$$
Die y-Koordinate des Punktes $P(12\,|\,y)$ lautet $y = -3$.

P 5c

Parallele Geraden müssen die gleiche Steigung haben. Du musst also nur noch den y-Achsenabschnitt bestimmen. Setze dazu die Koordinaten von R in die allgemeine Form einer linearen Funktion $y = m \cdot x + b$ ein und berechne b.

Lösung: Da die Geraden parallel verlaufen, ist ihre Steigung identisch:
$$m = -0,5$$
Einsetzen der Koordinaten von $R(0\,|-1,5)$ in die Funktionsgleichung $y = -0,5x + b$ liefert:
$$-1,5 = -0,5 \cdot 0 + b$$
$$-1,5 = b$$

Mit $b = -1,5$ ergibt sich die Funktionsgleichung der Geraden h:
$$\mathbf{y = -0,5x - 1,5}$$

Aufgabe P 6

P 6a

🖉 Achte auf das angegebene Maß und die Genauigkeit beim Zeichnen.
🖉 Ermittle den Punkt M (Fußpunkt der Mittelsenkrechten und Mittelpunkt des
🖉 Vollkreises) durch Halbieren der Strecke $\overline{AB} = 8$ cm mit dem Geodreieck.
🖉 Alternativ kannst du den Punkt M durch Zeichnen eines Kreises um A und eines
🖉 Kreises um B mit gleichem Radius r > 4 konstruieren.
🖉 Die Beschriftung der Punkte eines Dreiecks erfolgt entgegen dem Uhrzeigersinn.
🖉 Daher muss der Punkt C oberhalb der Strecke $\overline{AB}$ liegen.

Lösung:

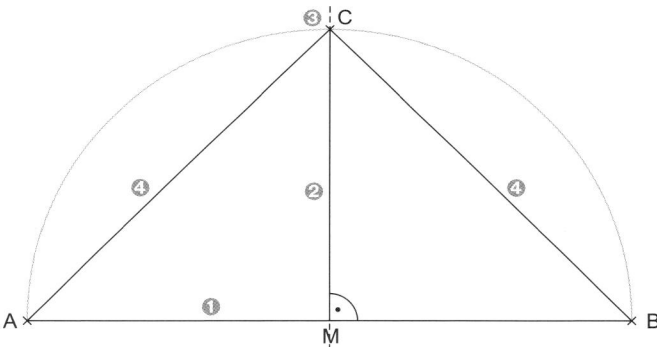

P 6b

🖉 Stufenwinkel an parallelen Geraden sind immer gleich groß.
🖉 Die Innenwinkelsumme in einem Dreieck beträgt 180°.
🖉 Nebenwinkel an einer Geraden ergänzen sich zu 180° (einem gestreckten Winkel).

Lösung: Bestimmung von β:
β und 35° sind Stufenwinkel:
β = 35°

Berechnung von γ mit der Winkelsumme im Dreieck ABC:
$$60° + β + γ = 180°$$
$$60° + 35° + γ = 180°$$
$$95° + γ = 180° \qquad |-95°$$
$$\mathbf{γ = 85°}$$

Bestimmung von δ:
δ und 35° sind Nebenwinkel:
δ = 180° − 35° = **145°**

M 2022-11

Aufgabe P 7

P 7a

Benutze die Formel für den Flächeninhalt eines Drachenvierecks.
Die Strecken e und f sind die Diagonalen.

Lösung: $A = \dfrac{e \cdot f}{2} = \dfrac{40 \text{ cm} \cdot 60 \text{ cm}}{2} = \dfrac{2\,400 \text{ cm}^2}{2} = \mathbf{1\,200 \text{ cm}^2}$

P 7b

Die Länge der Strecke x berechnest du mithilfe des Satzes von
Pythagoras. Der rechte Winkel entsteht am Schnittpunkt der
beiden Diagonalen. Berechne zunächst die Teilstrecken e' und
f' und anschließend x.

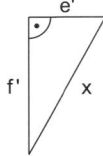

Lösung: e' = 40 cm : 2 = 20 cm

f' = 60 cm − 12 cm = 48 cm

Berechnung von x mit dem Satz von Pythagoras:

$x^2 = e'^2 + f'^2$

$x^2 = (20 \text{ cm})^2 + (48 \text{ cm})^2$

$x^2 = 2\,704 \text{ cm}^2 \qquad |\sqrt{}$

$\mathbf{x = 52 \text{ cm}}$

Die Strecke x ist 52 cm lang.

P 7c

Jedes Drachenviereck ist achsensymmetrisch zu einer seiner Diagonalen. Die
andere Diagonale wird von dieser halbiert. Beide Diagonalen stehen immer
senkrecht aufeinander und gegenüberliegende Winkel sind gleich groß.
Betrachte das abgebildete Drachenviereck in der Angabe und prüfe, ob eine der
abgedruckten Aussagen in diesem speziellen Fall zusätzlich gilt.

Lösung: Richtige Aussagen:

    A   Die Diagonalen sind senkrecht zueinander.

    C   Die längere Diagonale halbiert die kürzere Diagonale.

Aufgabe P 8

Berechne zunächst die Volumina des großen Würfels und des Zylinders mithilfe der Formeln. Ihre Differenz ergibt dann das Volumen des kleinen Würfels. Setze dieses in die Volumenformel für Würfel ein und löse nach der Seitenlänge a auf. Achte auf das korrekte Runden auf eine Stelle nach dem Komma.

Lösung: Berechnung des Volumens des großen Würfels:

$$V_{\text{großer Würfel}} = a_{\text{groß}}{}^3$$
$$V_{\text{großer Würfel}} = (8\,\text{cm})^3$$
$$V_{\text{großer Würfel}} = 512\,\text{cm}^3$$

Berechnung des Volumens des Zylinders:

$$d = 8\,\text{cm} \quad \Rightarrow \quad r = 4\,\text{cm}$$
$$V_{\text{Zylinder}} = \pi \cdot r^2 \cdot h_K$$
$$V_{\text{Zylinder}} = \pi \cdot (4\,\text{cm})^2 \cdot 8\,\text{cm}$$
$$V_{\text{Zylinder}} \approx 402,123\,\text{cm}^3$$

Berechnung des Volumens des kleinen Würfels:

$$V_{\text{kleiner Würfel}} = V_{\text{großer Würfel}} - V_{\text{Zylinder}} = 109,876\,\text{cm}^3$$

Berechnung der Kantenlänge a:

$$V_{\text{kleiner Würfel}} = a^3$$
$$109,876\,\text{cm}^3 = a^3 \qquad |\sqrt[3]{}$$
$$4,789\,\text{cm} \approx a$$
$$\mathbf{a \approx 4,8\,cm}$$

Die gesuchte Kantenlänge a des kleinen Würfels beträgt ca. 4,8 cm.

Aufgabe W 1

W 1a

Die gesuchte Strecke $\overline{AE}$ ist die Hypotenuse im rechtwinkligen Dreieck AED. Der Winkel von 70° im Punkt E und die zugehörige Ankathete $\overline{DE}$ sind gegeben. Die Strecke $\overline{AE}$ lässt sich also mithilfe des Kosinus des Winkels 70° als Quotient aus Ankathete und Hypotenuse berechnen.
Alternativ kannst du über die Innenwinkelsumme im Dreieck AED den Winkel α' im Punkt A bestimmen und mit dem Sinus als Quotient aus Gegenkathete $\overline{DE}$ und Hypotenuse $\overline{AE}$ rechnen.
Achte auf die Angabe des Ergebnisses in ganzen Zentimetern.

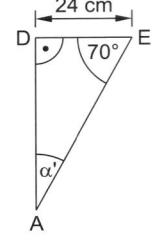

Lösung: Berechnung mit dem Kosinus im rechtwinkligen Dreieck AED:

$$\cos 70° = \frac{\text{Ankathete}}{\text{Hypotenuse}}$$

$$\cos 70° = \frac{\overline{DE}}{\overline{AE}}$$

$$\cos 70° = \frac{24\,\text{cm}}{\overline{AE}} \qquad \big|\cdot \overline{AE}$$

$$\cos 70° \cdot \overline{AE} = 24\,\text{cm} \qquad \big|:\cos 70°$$

$$\overline{AE} = \frac{24\,\text{cm}}{\cos 70°}$$

$$\mathbf{\overline{AE} \approx 70\,cm}$$

Die Strecke $\overline{AE}$ ist ca. 70 cm lang.

Alternative Lösungsmöglichkeit mit dem Sinus im rechtwinkligen Dreieck AED:
Berechnung von α' über den Innenwinkelsummensatz im Dreieck AED:
$$α' = 180° - 90° - 70° = 20°$$

M 2022-14

$$\sin 20° = \frac{\text{Gegenkathete}}{\text{Hypotenuse}}$$

$$\sin 20° = \frac{24\,\text{cm}}{\overline{AE}} \qquad \vert \cdot \overline{AE}$$

$$\sin 20° \cdot \overline{AE} = 24\,\text{cm} \qquad \vert : \sin 20°$$

$$\overline{AE} = \frac{24\,\text{cm}}{\sin 20°}$$

$$\overline{AE} \approx \mathbf{70\,cm}$$

Die Strecke $\overline{AE}$ ist ca. 70 cm lang.

W 1b

Du kannst den Flächeninhalt eines Trapezes mit der Formel $A_{\text{Trapez}} = \frac{1}{2}(a+c) \cdot h$ berechnen, wobei $a \parallel c$ gilt. Im gegebenen Trapez ABCD sind die Strecken $\overline{AB}$ und $\overline{CD}$ parallel und die Strecke $\overline{AD}$ entspricht der Höhe h.
Berechne zunächst die Länge der Höhe h mithilfe der trigonometrischen Beziehungen im Dreieck AED. Die Strecke $\overline{AD}$ ist die Gegenkathete, $\overline{DE}$ die Ankathete zum Winkel 70° im Punkt E. Du kannst daher den Tangens anwenden.
Alternativ kannst du zur Berechnung von $\overline{AD}$ auf die Länge der Strecke $\overline{AE}$ aus Aufgabe W 1a zurückgreifen und entweder den Sinus, den Kosinus oder den Satz des Pythagoras im rechtwinkligen Dreieck AED anwenden. In diesen Fällen weicht dein Ergebnis aber aufgrund von Rundungsfehlern vom exakten Wert ab.
Achte auf die Angabe des Flächeninhalts in ganzen Quadratzentimetern.

Lösung: Berechnung der Länge der Strecke $\overline{AD}$ über den Tangens:

$$\tan 70° = \frac{\text{Gegenkathete}}{\text{Ankathete}}$$

$$\tan 70° = \frac{\overline{AD}}{\overline{DE}}$$

$$\tan 70° = \frac{\overline{AD}}{24\,\text{cm}} \qquad \vert \cdot 24\,\text{cm}$$

$$\tan 70° \cdot 24\,\text{cm} = \overline{AD}$$

$$\overline{AD} \approx 65{,}939\,\text{cm}$$

Hinweis: Die Berechnung von $\overline{AD}$ mit dem Ansatz $\tan 20° = \frac{\overline{DE}}{\overline{AD}}$ ist ebenfalls möglich und führt zum selben Ergebnis.

Alternative Berechnung der Länge der Strecke $\overline{AD}$ über den Sinus:

$$\sin 70° = \frac{\text{Gegenkathete}}{\text{Hypotenuse}}$$

$$\sin 70° = \frac{\overline{AD}}{70\ \text{cm}} \qquad \big| \cdot 70\ \text{cm}$$

$$\sin 70° \cdot 70\ \text{cm} = \overline{AD}$$

$$\overline{AD} \approx 65{,}778\ \text{cm}$$

Alternative Berechnung der Länge der Strecke $\overline{AD}$ über den Kosinus:

$$\cos 20° = \frac{\text{Ankathete}}{\text{Hyptoenuse}}$$

$$\cos 20° = \frac{\overline{AD}}{70\ \text{cm}} \qquad \big| \cdot 70\ \text{cm}$$

$$\cos 20° \cdot 70\ \text{cm} = \overline{AD}$$

$$\overline{AD} \approx 65{,}778\ \text{cm}$$

Alternative Berechnung mit dem Satz von Pythagoras:

$$\overline{AD}^2 + \overline{DE}^2 = \overline{AE}^2 \qquad \big| -\overline{DE}^2$$

$$\overline{AD}^2 = \overline{AE}^2 - \overline{DE}^2$$

$$\overline{AD}^2 = (70\ \text{cm})^2 - (24\ \text{cm})^2$$

$$\overline{AD}^2 = 4\,324\ \text{cm}^2 \qquad \big| \sqrt{}$$

$$\overline{AD} \approx 65{,}757\ \text{cm}$$

Flächeninhalts des Trapezes ABCD:

$$\overline{DC} = \overline{DE} + \overline{EC} = 24\ \text{cm} + 52\ \text{cm} = 76\ \text{cm}$$

$$A_{\text{Trapez}} = \frac{a + c}{2} \cdot h$$

$$A_{\text{Trapez}} = \frac{\overline{AB} + \overline{DC}}{2} \cdot \overline{AD}$$

$$A_{\text{Trapez}} = \frac{52\ \text{cm} + 76\ \text{cm}}{2} \cdot 65{,}939\ \text{cm}$$

$$A_{\text{Trapez}} \approx \mathbf{4\,220\ cm^2}$$

Der Flächeninhalt des Trapezes ABCD beträgt ca. $4\,220\ \text{cm}^2$.

Hinweis: Wird mit $\overline{AD} = 65{,}778\ \text{cm}$ gerechnet, ergibt sich $A_{\text{Trapez}} \approx 4\,210\ \text{cm}^2$.
Mit $\overline{AD} = 65{,}757\ \text{cm}$ ergibt sich $A_{\text{Trapez}} \approx 4\,208\ \text{cm}^2$.

W 1c

Du kannst die Strecke $\overline{BE}$ mithilfe des Sinussatzes im Dreieck ABE berechnen. Nutze die Parallelität der Seiten $\overline{EC}$ und $\overline{AB}$, um die benötigten Innenwinkel zu bestimmen. Den Winkel α'' im Punkt A erhältst du alternativ über die Innenwinkelsumme im rechtwinkligen Dreieck AED.
Im Parallelogramm ABCE ist die Länge der Strecke $\overline{AE}$ gleich der Länge der parallelen Strecke $\overline{BC}$ und $\alpha'' = \gamma$ gilt. Mithilfe des Sinussatzes im Dreieck BCE lässt sich die Länge der Strecke $\overline{AE}$ daher ebenfalls berechnen.
Eine dritte Möglichkeit ist, die Seite $\overline{AD}$ (die Höhe des Trapezes) so zu verschieben, dass sie durch den Punkt E verläuft. Dadurch entsteht das rechtwinklige Dreieck FBE und $\overline{AE}$ kann mit dem Satz des Pythagoras berechnet werden.
Runde dein Ergebnis auf eine Stelle nach dem Komma.

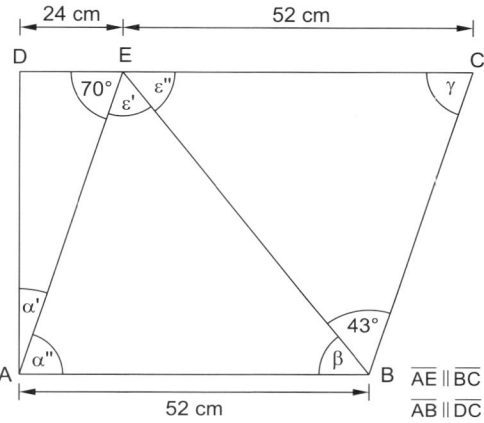

Lösung: Berechnung über den Sinussatz im Dreieck ABE:

Bestimmung der benötigten Innenwinkel im Dreieck ABE:
$\varepsilon' = 43°$ (Wechselwinkel zum Winkel ECB)
$\alpha'' = 70°$ (Wechselwinkel zum Winkel AED)

Alternative Berechnung von α'' über das rechtwinklige Dreieck AED:
Mit der Innenwinkelsumme im Dreieck AED gilt:
$\alpha' = 180° - 90° - 70° = 20°$
Da die Strecken $\overline{AB}$ und $\overline{CD}$ parallel sind, folgt:
$\alpha'' = 90° - \alpha' = 90° - 20° = 70°$

Mit dem Sinussatz im Dreieck ABE ergibt sich für $\overline{BE}$:

$$\frac{\overline{BE}}{\sin\alpha''} = \frac{\overline{AB}}{\sin\varepsilon'}$$

$$\frac{\overline{BE}}{\sin 70°} = \frac{52 \text{ cm}}{\sin 43°} \qquad | \cdot \sin 70°$$

$$\overline{BE} = \frac{52 \text{ cm} \cdot \sin 70°}{\sin 43°}$$

$$\overline{BE} \approx \mathbf{71,6 \text{ cm}}$$

Hinweis: Mit der Innenwinkelsumme im Dreieck ABE ergibt sich:

$\beta = 180° - \alpha'' - \varepsilon' = 180° - 70° - 43° = 67°$

Du kannst daher den Sinussatz auch in der Form $\dfrac{\overline{BE}}{\sin 70°} = \dfrac{\overline{AE}}{\sin 67°}$ verwenden.

Durch den gerundeten Wert der Länge der Strecke $\overline{AE}$ in Aufgabe W 1a weicht das Ergebnis ($\overline{BE} \approx 71,5$ cm) leicht vom exakten Wert ab.

Alternative Lösungsmöglichkeit über den Sinussatz im Dreieck BCE:

Da gegenüberliegende Winkel im Parallelogramm gleich groß sind, gilt $\alpha'' = \gamma$.

α'' ist ein Wechselwinkel zu 70°. Es folgt: $\alpha'' = \gamma = 70°$.

Alternativ ergibt sich α'' über die Innenwinkelsumme im Dreieck AED.

Mithilfe des Sinussatzes im Dreieck BCE folgt:

$$\frac{\overline{BE}}{\sin 70°} = \frac{\overline{EC}}{\sin 43°}$$

$$\frac{\overline{BE}}{\sin 70°} = \frac{52 \text{ cm}}{\sin 43°} \qquad | \cdot \sin 70°$$

$$\overline{BE} = \frac{52 \text{ cm} \cdot \sin 70°}{\sin 43°}$$

$$\overline{BE} \approx \mathbf{71{,}6 \text{ cm}}$$

Hinweis: Mit dem gestreckten Winkel im Punkt E ergibt sich $\varepsilon'' = 67°$.

Du kannst daher den Sinussatz auch in der Form $\dfrac{\overline{BE}}{\sin 70°} = \dfrac{\overline{BC}}{\sin 67°}$ verwenden.

Durch den gerundeten Wert der Länge der Strecke $\overline{AE}$ in Aufgabe W 1a weicht das Ergebnis ($\overline{BE} \approx 71,5$ cm) leicht vom exakten Wert ab.

Alternative Lösungsmöglichkeit mithilfe des Satzes von Pythagoras:

Verschiebe die Höhe h so, dass sie durch den Punkt E verläuft. Die Strecke $\overline{BE}$ ist dann die Hypotenuse im so entstandenen rechtwinkligen Dreieck FBE, h und $\overline{FB}$ sind die Katheten. Da das Viereck AFED ein Rechteck ist, gilt $\overline{AF} = \overline{DE}$. Berechne zunächst die Strecke $\overline{FB}$ und wende dann den Satz des Pythagoras im Dreieck FBE an.

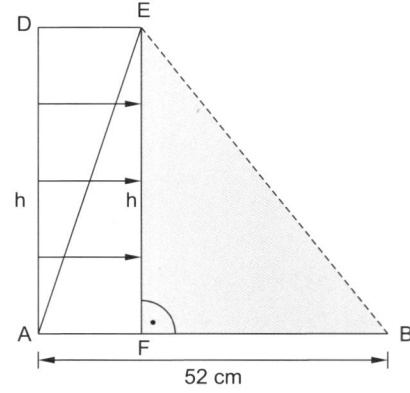

Berechnung von $\overline{FB}$:

$\overline{FB} = \overline{AB} - \overline{AF} = \overline{AB} - \overline{DE}$

$\overline{FB} = 52 \text{ cm} - 24 \text{ cm} = 28 \text{ cm}$

Mit dem Satz des Pythagoras im rechtwinkligen Dreieck FBE ergibt sich:

$$\overline{FB}^2 + h^2 = \overline{BE}^2$$

$$(28\,\text{cm})^2 + (65{,}939\,\text{cm})^2 = \overline{BE}^2$$

$$5\,131{,}951721\,\text{cm}^2 = \overline{BE}^2 \qquad | \sqrt{}$$

$$\overline{BE} \approx \mathbf{71{,}6\,cm}$$

🖋 *Hinweis:* Du kannst die Höhe h auch durch den Punkt B verschieben und das so
🖋 entstehende rechtwinklige Dreieck betrachten. Die Berechnungen sind analog.

W 1d

🖋 Ein gleichschenkliges Dreieck hat (mindestens) zwei gleich lange Seiten und zwei
🖋 gleich große Winkel. Begründe mithilfe bereits berechneter Größen, warum das
🖋 beim Dreieck BCE nicht der Fall ist. Da das Viereck ABCE ein Parallelogramm
🖋 ist, ist die Länge der Seite $\overline{BC}$ gleich der in Teilaufgabe W 1a berechneten Länge
🖋 der Strecke $\overline{AE}$.

Lösung: Das Dreieck BCE ist nicht gleichschenklig, da seine Seiten alle unter-
schiedlich lang sind ($\overline{BE} \approx 71{,}6\,\text{cm}$, $\overline{BC} = \overline{AE} \approx 70\,\text{cm}$, $\overline{EC} = 52\,\text{cm}$).

Alternativ (falls γ und ε'' wie in Teilaufgabe W 1c berechnet wurden):
Das Dreieck BCE ist nicht gleichschenklig, da seine Innenwinkel $43°$,
$\varepsilon'' = 67°$ und $\gamma = 70°$ alle unterschiedlich groß sind.

Aufgabe W 2

W 2a 1

🖋 Die Nullstellen einer Funktion sind die x-Werte, an denen der zugehörige y-Wert
🖋 0 ist. Der Graph der Funktion schneidet an diesen Stellen die x-Achse.

Lösung: Ablesen der Nullstellen:
$$x_1 = -4 \text{ und } x_2 = 0$$

W 2a 2

🖋 Der Scheitelpunkt $S(d\,|\,e)$ ist der tiefste Punkt der Parabel, falls diese wie hier
🖋 nach oben geöffnet ist. Du kannst den Scheitelpunkt aus dem Graphen der ab-
🖋 gebildeten Parabel ablesen und mithilfe seiner Koordinaten die Scheitelpunktform
🖋 $y = (x - d)^2 + e$ direkt angeben. Achte dabei auf die Vorzeichen von d und e!

Alternativ kannst du die Funktionsgleichung $y = x^2 + 4x$ mithilfe der quadratischen Ergänzung in die Scheitelpunktform umformen.

Lösung: Über das Ablesen des Scheitelpunktes:
Für den Scheitelpunkt $S(-2 \mid -4)$ ergibt sich die Scheitelpunktform:

$$y = (x - d)^2 + e$$
$$y = (x - (-2))^2 + (-4)$$
$$\mathbf{y = (x + 2)^2 - 4}$$

Alternative Lösungsmöglichkeit mithilfe der quadratischen Ergänzung:

$$y = x^2 + 4x$$
$$y = \underbrace{x^2 + 2 \cdot \frac{4}{2} \cdot x + \left(\frac{4}{2}\right)^2}_{\text{1. binomische Formel}} - \left(\frac{4}{2}\right)^2$$
$$\mathbf{y = (x + 2)^2 - 4}$$

W 2a 3

Berechne die Schnittpunkte einer Geraden mit einer Parabel, indem du die Gerade und die quadratische Funktion zunächst gleichsetzt. Bringe die so entstandene quadratische Gleichung in die Normalform und wende die p-q-Formel an. Die Lösungen sind die gesuchten x-Koordinaten der beiden Punkte.

Lösung: Gleichsetzen der beiden Funktionen:

$$x^2 + 4x = 2x + 15 \quad \big| -2x - 15$$
$$x^2 + 2x - 15 = 0$$

Anwenden der p-q-Formel mit $p = 2$ und $q = -15$:

$$x_{1/2} = -\frac{p}{2} \pm \sqrt{\left(\frac{p}{2}\right)^2 - q}$$

$$x_{1/2} = -\frac{2}{2} \pm \sqrt{\left(\frac{2}{2}\right)^2 - (-15)}$$

$$x_{1/2} = -1 \pm \sqrt{1 + 15}$$

$$x_{1/2} = -1 \pm 4$$

$$x_1 = -1 + 4 = \mathbf{3}$$

$$x_2 = -1 - 4 = \mathbf{-5}$$

Die beiden Funktionen schneiden sich bei $x_1 = 3$ und $x_2 = -5$.

W 2b

Zeichne die verschobene Normalparabel anhand der angegebenen Informationen in ein Koordinatensystem ein und lies den Scheitelpunkt $S(d|e)$ ab. Lege dazu deine Parabelschablone durch die Nullstellen an und beachte, dass die Parabel nach unten geöffnet ist.

Die Lage des Scheitelpunktes lässt sich stattdessen auch anhand folgender Überlegung bestimmen: Die x-Koordinate des Scheitelpunktes liegt immer genau in der Mitte zwischen den beiden Nullstellen ($d=-4$). Da die Differenz zwischen den beiden Nullstellen 2 beträgt und eine nicht verschobene Normalparabel durch die Punkte $(1|1)$ und $(-1|1)$ verläuft, muss die y-Koordinate des Scheitelpunkts bei ± 1 liegen. Da die Normalparabel nach unten geöffnet und der Scheitelpunkt somit ihr höchster Punkt ist, gilt $e=+1$.

Gib schließlich die Funktionsgleichung in der Scheitelpunktform $y = a(x-d)^2 + e$ an. Für eine nach unten geöffnete Normalparabel gilt $a=-1$.

Alternativ kannst du die Scheitelpunktform rechnerisch bestimmen, indem du die beiden Nullstellen $x_1=-5$ und $x_2=-3$ in die Nullstellengleichung (Linearfaktordarstellung) $f(x) = a(x-x_1)(x-x_2)$ einträgst. Auch hier gilt $a=-1$. Achte auf die Vorzeichen. Multipliziere dann die Klammern aus und wandle mithilfe der quadratischen Ergänzung in die Scheitelpunktform um.

Lösung:

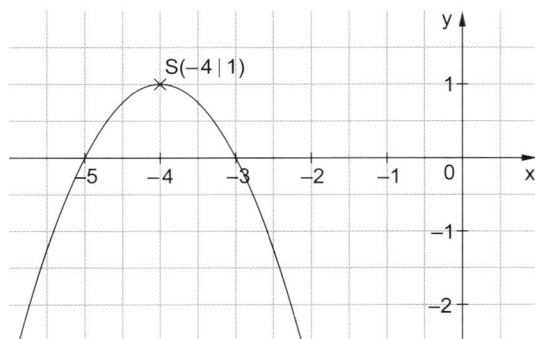

Anlegen der Normalparabel führt zum Scheitelpunkt $S(-4|1)$.

Es folgt für die Scheitelpunktform:

$$y = a(x-d)^2 + e$$
$$y = a(x+4)^2 + 1$$

Da die Parabel nach unten geöffnet ist, gilt $a=-1$:

$$\mathbf{y = -(x+4)^2 + 1}$$

Alternative Lösungsmöglichkeit mithilfe der Nullstellengleichung:

Es gilt:

$x_1 = -5$, $x_2 = -3$ und $a = -1$, da die Parabel nach unten geöffnet ist.

Einsetzen in die Nullstellengleichung:

$y = a \cdot (x - x_1)(x - x_2)$

$y = -1 \cdot (x + 5)(x + 3)$

$y = -1 \cdot [(x^2 + 5x + 3x + 15)]$

$y = -1 \cdot [(x^2 + 8x + 15)]$

$y = -1 \cdot [\underbrace{(x^2 + 2 \cdot 4x + (4)^2}_{\text{1. binomische Formel}} - (4)^2 + 15)]$

$y = -1 \cdot [(x + 4)^2 - 1]$

$\mathbf{y = -(x + 4)^2 + 1}$

Aufgabe W 3

W 3a

Es gilt: Wahrscheinlichkeit eines Ereignisses $= \dfrac{\text{Anzahl der günstigen Ergebnisse}}{\text{Anzahl der möglichen Ergebnisse}}$

Bestimme die Anzahl der Gewinnlose mit einer Eintrittskarte für ein Fußballspiel und teile durch die Anzahl aller Lose.

Lösung: Anzahl der Gewinnlose mit Eintrittskarte für ein Fußballspiel: 1

Anzahl aller Lose: 200

Wahrscheinlichkeit, das Gewinnlos mit der Eintrittskarte zu ziehen:

$P(\text{Eintrittskarte}) = \dfrac{\text{Anzahl Lose Eintrittskarte}}{\text{Anzahl aller Lose}} = \dfrac{1}{200} = 0,005 = 0,5\,\%$

Beim einmaligen Ziehen beträgt die Wahrscheinlichkeit für das Gewinnlos mit der Eintrittskarte 0,5 %.

W 3b 1

Da zweimal gezogen wird, handelt es sich um ein zweistufiges Zufallsexperiment. Die Wahrscheinlichkeiten ändern sich in jeder Stufe, da das gezogene Los nicht zurückgelegt wird. Berechne die Wahrscheinlichkeit, nur Nieten zu ziehen, mithilfe der 1. Pfadregel.

Lösung: Anzahl der Gewinnlose vor dem 1. Ziehen: 20
Anzahl der Nieten vor dem 1. Ziehen: $200 - 20 = 180$
Anzahl aller Lose: 200

Wahrscheinlichkeit, beim 1. Ziehen eine Niete zu ziehen $= \dfrac{180}{200} = \dfrac{9}{10}$

Wahrscheinlichkeit, danach wieder eine Niete zu ziehen $= \dfrac{180-1}{200-1} = \dfrac{179}{199}$

Wahrscheinlichkeit, nacheinander zwei Nieten zu ziehen:

$$P(\text{zwei Nieten}) = \frac{9}{10} \cdot \frac{179}{199} = \frac{\mathbf{1611}}{\mathbf{1\,990}} \approx \mathbf{0{,}8095} \approx \mathbf{81\,\%}$$

Die Wahrscheinlichkeit, zwei Nieten zu ziehen, beträgt rund **81 %**.

W 3b 2

Es handelt sich wieder um ein zweistufiges Zufallsexperiment. Da die Reihenfolge der gezogenen Lose egal ist, führen zwei Pfade zum Erfolg: Es kann sowohl erst das Gewinnlos und dann eine Niete als auch erst eine Niete und dann das Gewinnlos gezogen werden. Wende die 1. und 2. Pfadregel an.

Lösung: Anzahl der Gewinnlose vor dem 1. Zug: 20
Anzahl aller Lose vor dem 1. Zug: 200
Anzahl der Nieten vor dem 1. Zug: $200 - 20 = 180$

Pfad 1: $P(\text{Gewinn; Niete}) = \dfrac{20}{200} \cdot \dfrac{180}{199} = \dfrac{18}{199}$

Pfad 2: $P(\text{Niete; Gewinn}) = \dfrac{180}{200} \cdot \dfrac{20}{199} = \dfrac{18}{199}$

Es folgt für die Gesamtwahrscheinlichkeit (2. Pfadregel):

$$P(\text{genau ein Gewinn}) = \frac{18}{199} + \frac{18}{199} = \frac{\mathbf{36}}{\mathbf{199}} \approx \mathbf{0{,}1809} \approx \mathbf{18{,}1\,\%}$$

Die Wahrscheinlichkeit, dass genau ein Gewinnlos unter den beiden gezogenen Losen ist, beträgt rund 18,1 %.

W 3c

Wenn man Pech hat, zieht man zuerst alle Nieten. Man muss also mindestens ein Los mehr kaufen als es Nieten gibt, um mit Sicherheit ein Gewinnlos zu ziehen.

Lösung: Anzahl der Gewinnlose: 20
Anzahl der Nieten: $200 - 20 = 180$

Für einen sicheren Gewinn muss man also mindestens **181 Lose** kaufen.

W 3d

Der Term $\frac{3}{200} \cdot \frac{180}{199}$ beschreibt ein zweistufiges Zufallsexperiment, da er aus zwei Faktoren besteht. Jeder Bruch beschreibt dabei die Einzelwahrscheinlichkeit einer Stufe: Sein Zähler steht für die Anzahl aller günstigen Ergebnisse in der Stufe, sein Nenner für die Zahl der möglichen Ergebnisse. Da beide Brüche unterschiedliche Nenner haben, handelt es sich um ein Ziehen ohne Zurücklegen.

Lösung: Für die volle Lostrommel gilt:
Gewinn eines Fußballtrikots: 3 günstige Ergebnisse
Nieten: 180 günstige Ergebnisse
Anzahl aller Lose: 200 Ergebnisse insgesamt

Ein Ereignis mit der Wahrscheinlichkeit $P = \frac{3}{200} \cdot \frac{180}{199}$ ist:

„Aus der vollen Lostrommel wird zuerst ein Los für ein Fußballtrikot und dann (ohne Zurücklegen) eine Niete gezogen."

W 3e

Die Gewinnwahrscheinlichkeit bleibt gleich, wenn das Verhältnis von Nieten und Gewinnlosen gleich bleibt. Bestimme die notwendige Gesamtzahl der Nieten mithilfe des Dreisatzes. Ziehe diese dann von der Zahl der bereits vorhandenen Nieten ab.
Berechne alternativ die Gewinnwahrscheinlichkeit, wenn einmal gezogen wird.

Lösung: Mit dem Dreisatz:

Gewinnlose	Gesamtzahl Lose
20	200
1	10
21	210

$:20$ und $\cdot 21$ (Gewinnlose); $:20$ und $\cdot 21$ (Gesamtzahl Lose)

Bei 21 Gewinnlosen müssen insgesamt 210 Lose vorhanden sein, damit sich die Gewinnwahrscheinlichkeit nicht ändert.

210 Gesamtlose − 21 Gewinne = 189 Nieten

Da zuvor 180 Nieten in der vollen Lostrommel waren, müssen **9 Nieten** hinzugelegt werden.

Alternativer Lösungsweg:

Gewinnwahrscheinlichkeit:

$$P(\text{Gewinn}) = \frac{20}{200} = \frac{1}{10} = 0,1 = 10\ \%$$

Auf jedes Gewinnlos kommen 10 Gesamtlose. Wird ein Gewinnlos dazugegeben, müssten also auch $10 - 1 = \textbf{9 Nieten}$ in die Lostrommel gegeben werden, damit die Gewinnwahrscheinlichkeit gleich bleibt.

Aufgabe W 4 (Wahlteil A)

W 4a

Um rechnerisch zu zeigen, dass das Volumen vom Milchschaum nach einer Minute um 20 % abgenommen hat, kannst du mit dem Dreisatz oder der Lösungsformel der Prozentrechnung rechnen.

Lösung: Mithilfe vom Dreisatz:

Volumenabnahme nach einer Minute:

$60\ \text{cm}^3 - 48\ \text{cm}^3 = 12\ \text{cm}^3$

Volumen in cm³	Prozentsatz
60	100 %
1	$\frac{100\ \%}{60}$
12	20 %

: 60 ⟍ ⟋ : 60

· 12 ⟍ ⟋ · 12

Das Milchschaumvolumen hat nach einer Minute um 20 % abgenommen.

Alternative Lösungsmöglichkeit:

Volumen vom Milchschaum nach einer Minute:

Volumen in cm³	Prozentsatz
60	100 %
1	$\frac{100\ \%}{60}$
48	80 %

: 60 ⟍ ⟋ : 60

· 48 ⟍ ⟋ · 48

Da nach einer Minute noch 80 % des Ursprungsvolumens vorhanden sind, hat dieses um $100\ \% - 80\ \% = 20\ \%$ abgenommen.

Lösung mit der Lösungsformel:

    geg.: Grundwert G = 60 cm³; Prozentwert P = 48 cm³

    ges.: Prozentsatz p %

$$p\% = \frac{P}{G} \cdot 100\%$$

$$p\% = \frac{48\,\text{cm}^3}{60\,\text{cm}^3} \cdot 100\%$$

$$p\% = 80\%$$

Da nach einer Minute noch 80 % des Ursprungsvolumens vorhanden sind, hat dieses um 100 % − 80 % = 20 % abgenommen.

W 4b

In jeder Minute nimmt das Volumen des Milchschaums um 20 % ab. 80 % des Ausgangswertes bleiben also erhalten. Berechne das Volumen nach zwei Minuten und nach drei Minuten mit dem Dreisatz oder der Lösungsformel. Gehe anschließend weiter schrittweise vor, bis du die Zeit b erreicht hast, zu der das Milchschaumvolumen 19,7 cm³ beträgt.

Lösung: Mithilfe vom Dreisatz:

Das Volumen des Milchschaums beträgt nach einer Minute 48 cm³.

Volumen des Milchschaums nach zwei Minuten:

Prozentsatz	Volumen in cm³
100 %	48
1 %	$\frac{48}{100}$
80 %	38,4

: 100 — · 80 — : 100 — · 80

Volumen des Milchschaums nach drei Minuten:

Prozentsatz	Volumen in cm³
100 %	38,4
1 %	$\frac{38,4}{100}$
80 %	30,72

: 100 — · 80 — : 100 — · 80

a = 30,72 cm³

Volumen des Milchschaums nach vier Minuten:

Prozentsatz	Volumen in cm^3
100 %	30,72
1 %	$\dfrac{30,72}{100}$
80 %	24,576

$: 100$ (links oben), $\cdot 80$ (links unten), $: 100$ (rechts oben), $\cdot 80$ (rechts unten)

Volumen des Milchschaums nach fünf Minuten:

Prozentsatz	Volumen in cm^3
100 %	24,576
1 %	$\dfrac{24,576}{100}$
80 %	19,6608

$: 100$ (links oben), $\cdot 80$ (links unten), $: 100$ (rechts oben), $\cdot 80$ (rechts unten)

Runden: $19,6608 \approx 19,7 \;\Rightarrow\; \mathbf{b = 5\ min}$

Du kannst alternativ auch jeweils 20 % des momentanen Volumens mithilfe des Dreisatzes berechnen und diese dann vom Ausgangswert abziehen.

Alternativer Lösungsweg mit der Lösungsformel und anschließender Subtraktion:

Volumen des Milchschaums nach zwei Minuten:

geg.: Grundwert G = 48 cm^3; Prozentsatz p % = 20 %
ges.: Prozentwert P

$$P = \frac{G \cdot p}{100}$$

$$P = \frac{48\,cm^3 \cdot 20}{100}$$

$$P = 9,6\,cm^3$$

$$48\,cm^3 - 9,6\,cm^3 = 38,4\,cm^3$$

Volumen des Milchschaums nach drei Minuten:

geg.: Grundwert $G = 38{,}4 \text{ cm}^3$; Prozentsatz $p\% = 20\%$

ges.: Prozentwert P

$$P = \frac{G \cdot p}{100}$$

$$P = \frac{38{,}4 \text{ cm}^3 \cdot 20}{100}$$

$$P = 7{,}68 \text{ cm}^3$$

$a = 38{,}4 \text{ cm}^3 - 7{,}68 \text{ cm}^3 = \mathbf{30{,}72 \text{ cm}^3}$

Das Volumen des Milchschaums beträgt nach drei Minuten $30{,}72 \text{ cm}^3$.

Volumen des Milchschaums nach vier Minuten:

geg.: Grundwert $G = 30{,}72 \text{ cm}^3$; Prozentsatz $p\% = 20\%$

ges.: Prozentwert P

$$P = \frac{G \cdot p}{100}$$

$$P = \frac{30{,}72 \text{ cm}^3 \cdot 20}{100}$$

$$P = 6{,}144 \text{ cm}^3$$

$30{,}72 \text{ cm}^3 - 6{,}144 \text{ cm}^3 = 24{,}576 \text{ cm}^3 \approx 24{,}58 \text{ cm}^3$

Volumen des Milchschaums nach fünf Minuten:

geg.: Grundwert $G = 24{,}58 \text{ cm}^3$; Prozentsatz $p\% = 20\%$

ges.: Prozentwert P

$$P = \frac{G \cdot p}{100}$$

$$P = \frac{24{,}58 \text{ cm}^3 \cdot 20}{100}$$

$$P = 4{,}916 \text{ cm}^3$$

$24{,}58 \text{ cm}^3 - 4{,}916 \text{ cm}^3 = 19{,}664 \text{ cm}^3 \approx 19{,}7 \text{ cm}^3 \quad \Rightarrow \quad \mathbf{b = 5}$

Es ist ebenfalls möglich, direkt mit den verbliebenen 80 % des Volumens und der Lösungsformel zu rechnen.

W 4c 1

Die Formel beschreibt eine exponentielle Abnahme: Das Milchschaumvolumen sinkt jede Minute um p % = 20 %. Berechne zunächst den Abnahmefaktor q mit der Formel $q = 1 - \frac{p}{100}$.

Hinweis: Bekannt ist die Funktionsgleichung für Wachstumsprozesse meist in der Form $y = c \cdot a^x$. Die Form $V = V_0 \cdot q^t$ ist vergleichbar, sodass V_0 für den Anfangswert, q für den Abnahmefaktor und t für die Anzahl der Minuten steht.

Lösung: Abnahmefaktor:

$$q = 1 - \frac{p}{100} = 1 - \frac{20}{100} = \mathbf{0,8}$$

Startwert V_0 (Volumen des Milchschaums bei Minute 0): $\mathbf{V_0 = 60\ cm^3}$

Die Abnahme des Milchschaumvolumens wird also durch die Funktionsgleichung $V = 60\ cm^3 \cdot 0,8^t$ beschrieben.

W 4c 2

Setze t = 7 in die Gleichung für das Milchschaumvolumen ein. Achte darauf, dein Ergebnis auf eine Nachkommastelle zu runden.

Hinweis: Solltest du Probleme beim Aufstellen der Funktionsgleichung haben, kannst du für diese und die folgende Teilaufgabe wieder mit Dreisatz, Lösungs-formel oder Abnahmefaktor rechnen. Das ist jedoch deutlich aufwendiger.

Lösung: Einsetzen von t = 7 in die Funktionsgleichung:

$$V = V_0 \cdot q^t = 60\ cm^3 \cdot 0,8^7 \approx \mathbf{12,6\ cm^3}$$

Nach 7 Minuten beträgt das Volumen des Milchschaums rund 12,6 cm³.

W 4c 3

Berechne schrittweise mithilfe der Funktionsgleichung das Milchschaum-volumen, bis dieses unter 2 cm³ fällt. Du kannst zunächst auch in größeren Schritten vorgehen, bis du in die Nähe eines Volumens von 2 cm³ kommst.

Lösung: Mithilfe der Funktionsgleichung:

Nach 8 Minuten: $V_8 = 60\ cm^3 \cdot 0,8^8 \approx 10,1\ cm^3$

Nach 9 Minuten: $V_9 = 60\ cm^3 \cdot 0,8^9 \approx 8,1\ cm^3$

Nach 10 Minuten: $V_{10} = 60\ cm^3 \cdot 0,8^{10} \approx 6,4\ cm^3$

Nach 11 Minuten: $V_{11} = 60\ cm^3 \cdot 0,8^{11} \approx 5,2\ cm^3$

Nach 12 Minuten: $V_{12} = 60\ cm^3 \cdot 0,8^{12} \approx 4,1\ cm^3$

Nach 13 Minuten: $V_{13} = 60 \text{ cm}^3 \cdot 0,8^{13} \approx 3,3 \text{ cm}^3$

Nach 14 Minuten: $V_{14} = 60 \text{ cm}^3 \cdot 0,8^{14} \approx 2,6 \text{ cm}^3$

Nach 15 Minuten: $V_{15} = 60 \text{ cm}^3 \cdot 0,8^{15} \approx 2,1 \text{ cm}^3$

Nach 16 Minuten: $V_{16} = 60 \text{ cm}^3 \cdot 0,8^{16} \approx 1,7 \text{ cm}^3$

Nach 16 Minuten sind erstmals weniger als 2 cm³ Milchschaum vorhanden.

W 4d

Beim Sinken des Milchschaumvolumens handelt es sich um eine exponentielle Abnahme. Der zugehörige Graph schmiegt sich für größer werdende x-Werte immer mehr an die x-Achse an.

Schließe alle Graphen aus, die nicht passen:

- Graph B und D gehören zu linearen Funktionen und sind somit falsch.
- Graph A fällt mit zunehmenden x-Werten immer steiler und scheint die x-Achse zu schneiden, ähnlich dem Ast einer nach unten geöffneten Parabel. Graph A ist ebenfalls falsch.

Lösung: **Graph C**

Aufgabe W 5 (Wahlteil A)

W 5a

Addiere zunächst die gegebenen Teilstrecken, um die Grundseite a des Trapezes zu erhalten. Das Volumen des Prismas ist dann gleich dem Produkt seiner trapezförmigen Grundfläche und der Körperhöhe $h_K = 10$ cm. Setze für die Grundfläche die Formel für den Flächeninhalt eines Trapezes ein.

Lösung: $a = 5 \text{ cm} + 6 \text{ cm} + 3,5 \text{ cm} = 14,5 \text{ cm}$

$$V_{Prisma} = G \cdot h_K$$

$$V_{Prisma} = \left(\frac{a+c}{2} \cdot h \right) \cdot h_K$$

$$V_{Prisma} = \left(\frac{14,5 \text{ cm} + 6 \text{ cm}}{2} \cdot 12 \text{ cm} \right) \cdot h_K$$

$$V_{Prisma} = 123 \text{ cm}^2 \cdot 10 \text{ cm}$$

$$V_{Prisma} = \mathbf{1\,230 \text{ cm}^3}$$

Das Prisma hat ein Volumen von 1 230 cm³.

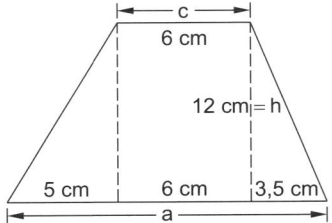

W 5b

Zähle alle Ecken, Kanten und Flächen. Wenn es dir hilft, kannst du dazu eine Skizze anfertigen. Denke auch an die in der Skizze verdeckten Flächen und Kanten. Bei der abgedruckten Skizze ist die trapezförmige Grundfläche vorne und das Prisma liegt auf einer der Mantelflächen.

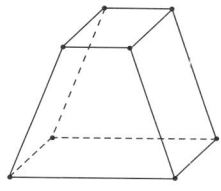

Lösung: $e = 8$ (jeweils 4 Ecken für Grund- und
               Deckfläche)

         $k = 12$ (4 Kanten oben, 4 Kanten unten,
               4 Kanten seitlich)

         $f = 6$ (trapezförmige Grund- und Deckflächen
               und 4 Mantelflächen)

W 5c 1

Die Mantelfläche M eines Körpers ist die Summe seiner Seitenflächen. Es gilt: $M = u \cdot h_K$, wobei u der Umfang der Grundfläche ist.
Zur Bestimmung von u fehlt die Seite x (siehe Skizze), die du mithilfe des Satzes von Pythagoras berechnen kannst.

Lösung: $x^2 = (12 \text{ cm})^2 + (3,5 \text{ cm})^2$

         $x^2 = 156,25 \text{ cm}^2$ $| \sqrt{}$

         $x = 12,5 \text{ cm}$

         Berechnung der Mantelfläche:
         $M = u \cdot h_K$
         $M = (13 \text{ cm} + 6 \text{ cm} + 12,5 \text{ cm} + 14,5 \text{ cm}) \cdot 10 \text{ cm}$
         $M = 46 \text{ cm} \cdot 10 \text{ cm}$
         $M = \mathbf{460 \text{ cm}^2}$

12 cm

x

3,5 cm

W 5c 2

Um herauszufinden, wievielmal die Mantelfläche nach der Verdopplung aller Seiten der Grundfläche und der Körperhöhe größer ist, kannst du einfach mit den verdoppelten Werten rechnen. Vergleiche dein Ergebnis mit dem Wert aus Aufgabe W 5c 1.
Alternativ kannst du die Formel für die Mantelfläche anpassen und vergleichen, ohne konkrete Längen einzusetzen.

Lösung: Mantelfläche bei Verdopplung aller Seitenlängen:

$$M' = u' \cdot h_K'$$
$$M' = (2 \cdot 13\,\text{cm} + 2 \cdot 6\,\text{cm} + 2 \cdot 12,5\,\text{cm} + 2 \cdot 14,5\,\text{cm}) \cdot 2 \cdot 10\,\text{cm}$$
$$M' = (26\,\text{cm} + 12\,\text{cm} + 25\,\text{cm} + 29\,\text{cm}) \cdot 20\,\text{cm}$$
$$M' = 92\,\text{cm} \cdot 20\,\text{cm}$$
$$M' = 1\,840\,\text{cm}^2$$

Vergleich mit alter Mantelfläche $M = 460\,\text{cm}^2$:

$$\frac{M'}{M} = \frac{1\,840\,\text{cm}^2}{460\,\text{cm}^2} = 4$$

Die Mantelfläche vervierfacht sich.

Alternative Lösung über die Formel:

$$M = u \cdot h_K$$

Bei Verdopplung des Umfangs und der Körperhöhe ergibt sich:

$$M' = 2 \cdot u \cdot 2 \cdot h_K = 2 \cdot 2 \cdot u \cdot h_K = 4 \cdot u \cdot h_K$$

Die Mantelfläche vervierfacht sich.

Aufgabe W 4 (Wahlteil B)

W 4a 1

Wende das Potenzgesetz $a^m \cdot a^n = a^{m+n}$ an.

Lösung:
$$11^{-8} \cdot 11^{12} = 11^a$$
$$11^{-8+12} = 11^a$$
$$11^4 = 11^a$$

$$a = 4$$

W 4a 2

Wende das Potenzgesetz $(a^m)^n = a^{m \cdot n}$ an.

Lösung:
$$(7,5^4)^b = 7,5^8$$
$$7,5^{4 \cdot b} = 7,5^8$$
$$\Rightarrow \quad 4 \cdot b = 8$$

$$b = 2$$

W 4a 3

✎ Wende das Potenzgesetz $a^m : a^n = a^{m-n}$ an.

Lösung: $\quad x^c : x^9 = x^{-6}$

$\qquad\qquad x^{c-9} = x^{-6}$

$\qquad\quad \Rightarrow\ c - 9 = -6 \qquad |+9$

$\qquad\quad \mathbf{c = 3}$

W 4b 1

✎ Zerlege die Zahl 8 in Primfaktoren, um sie als Potenz schreiben zu können.
✎ Oder schreibe die Zahl 8 alternativ als Potenz mit dem Exponenten 1.

Lösung: $\quad 8 = 2 \cdot 2 \cdot 2 = \mathbf{2^3}$

Alternative Lösung:

$\qquad\quad 8 = \mathbf{8^1}$

W 4b 2

✎ Wende das Potenzgesetz $\frac{1}{a^n} = a^{-n}$ an. Es gibt wieder verschiedene Lösungen.

Lösung: $\quad \dfrac{1}{25} = \mathbf{25^{-1}}$

Alternative Lösung:

$\qquad\quad \dfrac{1}{25} = \dfrac{1}{5 \cdot 5} = \dfrac{1}{5^2} = \mathbf{5^{-2}}$

W 4c

✎ Probiere sinnvoll aus, für welche Zahlen $x > 0$ die Ungleichung wahr ist.
✎ Teile alternativ die Ungleichung auf beiden Seiten durch x^2. Da x^2 immer positiv
✎ ist, bleibt die Richtung des Ungleichheitszeichens erhalten.

Lösung: Ausprobieren von $x = 2$: $\qquad$ Ausprobieren von $x = 1$:

$\qquad\quad x^2 > x^3 \qquad\qquad\qquad\qquad x^2 > x^3$

$\qquad\quad 2^2 \not> 2^3 \qquad\qquad\qquad\qquad 1^2 = 1^3$

$\qquad\quad 4 \not> 8 \ \text{ falsch!} \qquad\qquad\quad 1 = 1 \ \text{ falsch!}$

$\qquad\quad$ Ausprobieren von $x = 0{,}5$: $\qquad$ Ausprobieren von $x = 0{,}1$:

$$x^2 > x^3 \qquad\qquad\qquad x^2 > x^3$$
$$0,5^2 > 0,5^3 \qquad\qquad 0,1^2 > 0,1^3$$
$$0,25 > 0,125 \;\checkmark \qquad\quad 0,01 > 0,001 \;\checkmark$$

Mögliche Zahlen: *z. B.* $x = 0,5$ *oder* $x = 0,1$

Alternative Lösungsmöglichkeit:
$$x^2 > x^3 \quad \big|\, : x^2$$
$$1 > x$$

Die Aussage ist also wahr für alle Zahlen $0 < x < 1$.

Mögliche Zahlen: *z. B.* $x = 0,5$ *oder* $x = 0,1$

W 4d 1

Gib die Werte in den Taschenrechner ein und notiere das Ergebnis.
Wende alternativ das Kommutativgesetz sowie das Potenzgesetz $a^m \cdot a^n = a^{m+n}$
an und fasse zusammen.

Lösung: Eingabe in den Taschenrechner:
$$7,5 \cdot 10^{25} \cdot 1,2 \cdot 10^{-17} = \mathbf{9 \cdot 10^8}$$

Alternative Lösung mit dem Kommutativgesetz:
$$7,5 \cdot 10^{25} \cdot 1,2 \cdot 10^{-17} = \underbrace{7,5 \cdot 1,2}\; \cdot \; \underbrace{10^{25} \cdot 10^{-17}}$$
$$= \quad 9 \quad \cdot \quad 10^{25-17}$$
$$= \quad \mathbf{9} \quad \cdot \quad \mathbf{10^8}$$

W 4d 2

Schreibe die Zahl zunächst aus. Zähle anschließend, um wie viele Stellen du das
Komma nach links verschieben musst, damit nur noch eine Ziffer vor dem
Komma steht. *Beachte:* 1 Milliarde $= 1\,000\,000\,000 = 10^9$

Lösung: $14,3$ Milliarden $= 14\,300\,000\,000 = \underbrace{14\,300\,000\,000}{,}0 = \mathbf{1,43 \cdot 10^{10}}$

10 Stellen

W 4e

Berechne zunächst das Volumen der Sonne mithilfe der Volumenformel für eine Kugel. Berechne dann ihre Masse, indem du das Volumen mit der Dichte ρ (1 m³ der Sonne wiegt 1 408 kg) multiplizierst. Achte auf die korrekte wissenschaftliche Schreibweise und das Runden des Ergebnisses auf zwei Stellen nach dem Komma.

Lösung: Berechnung des Volumens der Sonne ($r = 7 \cdot 10^8$ m):

$$V_{Sonne} = \frac{4}{3} \cdot \pi \cdot r^3 = \frac{4}{3} \cdot \pi \cdot (7 \cdot 10^8 \, \text{m})^3 = \frac{4}{3} \cdot \pi \cdot 7^3 \cdot (10^8 \, \text{m})^3 \approx 1{,}436 \cdot 10^{27} \, \text{m}^3$$

Berechnung der Sonnenmasse mit der Formel $m = V \cdot \rho$:

$$m_{Sonne} = V_{Sonne} \cdot \rho = 1{,}436 \cdot 10^{27} \, \text{m}^3 \cdot 1\,408 \, \frac{\text{kg}}{\text{m}^3} \approx \mathbf{2{,}02 \cdot 10^{30} \, kg}$$

Die Masse der Sonne beträgt rund $2{,}02 \cdot 10^{30}$ kg.

Aufgabe W 5 (Wahlteil B)

W 5a

Die abgebildete Kerze lässt sich als Zylinder modellieren. Schätze mithilfe der abgebildeten Hand die Höhe h_K und den Durchmesser d der Kerze. Berechne mit diesen Maßen und der Volumenformel des Zylinders das Volumen der Kerze. Die Masse der Kerze erhältst du, indem du das Volumen mit der Dichte (1 cm³ Paraffin wiegt 0,9 g) multiplizierst. Die ungefähre Brenndauer der Kerze ergibt sich dann durch Division durch das pro Stunde verbrennende Paraffin. Runde dein Ergebnis auf ganze Stunden.

Lösung: Geschätzte Breite der Hand: ca. 15 cm (mit Daumen)
Geschätzte Länge der Hand: ca. 20 cm

Mit diesen Werten ergeben sich folgende Maße der Kerze:
Durchmessers d: ca. 7 cm   (ca. $\frac{1}{3}$ der Länge der Hand)
Höhe h_K: ca. 15 cm   (entspricht der Breite der Hand)

Berechnung des Volumens der Kerze mithilfe der Formel für Zylinder:
geg.: $r = d : 2 = 3{,}5$ cm; $h_K = 15$ cm

$$V_{Kerze} = \pi \cdot r^2 \cdot h_K$$
$$V_{Kerze} = \pi \cdot (3{,}5 \, \text{cm})^2 \cdot 15 \, \text{cm}$$
$$V_{Kerze} \approx 577{,}267 \, \text{cm}^3$$

Berechnung der Masse der Kerze (1 cm³ Paraffin wiegt 0,9 g):

$$m_{Kerze} = V_{Kerze} \cdot 0,9 \, \frac{g}{cm^3} = 577,267 \, cm^3 \cdot 0,9 \, \frac{g}{cm^3} \approx 519,5408 \, g$$

Brenndauer der Kerze (7,5 g Paraffin verbrennen pro Stunde):

$$t = m_{Kerze} : 7,5 \, \frac{g}{h} = 519,5408 \, g : 7,5 \, \frac{g}{h} \approx \mathbf{69 \, h}$$

Die Brenndauer der Kerze beträgt ca. 69 Stunden.

Die Schätzungen der Größen können variieren. Folgende Abschätzungen können
als richtig gewertet werden:
Durchmesser d der Kerze: $\quad 4 \, cm \leq d \leq 9 \, cm$
Höhe h_K der Kerze: $\qquad 10 \, cm \leq h \leq 18 \, cm$
Daraus ergeben sich folgende zulässige Bereiche für (Zwischen-)Ergebnisse:
V_{Kerze}: $\qquad 125 \, cm^3 \leq V \leq 1\,146 \, cm^3$
m_{Kerze}: $\qquad 112 \, g \leq m \leq 1\,031 \, g$
$t_{Brenndauer}$: $\qquad 15 \, h \leq t \leq 138 \, h$

W 5b

Um herauszufinden, um welchen Faktor sich die Brenndauer erhöht, kannst du
das neue Volumen der Kerze bei verdoppeltem Radius berechnen. Du kannst
sowohl mit der allgemeinen Formel rechnen als auch mit den eingesetzten Werten
die neue Brenndauer bestimmen.
Vergleiche dein Ergebnis jeweils mit dem Wert aus Aufgabe W 5a.

Lösung: Ursprüngliche Volumenformel:

$$V_{Zylinder} = \pi \cdot r^2 \cdot h_K$$

Eine Verdopplung des Radius führt zu folgender Formel:

$$V'_{Zylinder} = \pi \cdot (2 \cdot r)^2 \cdot h_K = \pi \cdot 4 \cdot r^2 \cdot h_K = 4 \cdot \pi \cdot r^2 \cdot h_K = 4 \cdot V_{Zylinder}$$

Da sich das Volumen vervierfacht, vervierfacht sich auch die Brenndauer.

Alternative Lösungsmöglichkeit mit eingesetzten Werten:
Verdopplung des Radius r:
$r = 3,5 \, cm \quad \Rightarrow \quad r' = 7 \, cm$

Neues Volumen der Kerze:

$$V'_{Kerze} = \pi \cdot r'^2 \cdot h_K = \pi \cdot (7 \, cm)^2 \cdot 15 \, cm \approx 2\,309,070 \, cm^3$$

Berechnung der neuen Masse der Kerze:

$$m'_{Kerze} = V'_{Kerze} \cdot \rho = 2\,309{,}070 \cdot 0{,}9 \, \frac{g}{cm^3} \approx 2\,078{,}1635 \, g$$

Berechnung der neuen Brenndauer der Kerze:

$$t' = m'_{Kerze} : 7{,}5 \, \frac{g}{h} = 2\,078{,}1635 \, g : 7{,}5 \, \frac{g}{h} \approx 277 \, h$$

Vergleich mit der ursprünglichen Brenndauer $t = 69 \, h$:

$$\frac{t'}{t} = \frac{277 \, h}{69 \, h} \approx 4$$

Bei einer Verdoppelung des Radius vervierfacht sich die Brenndauer der Kerze.

W 5c

Berechne zuerst die Masse, die eine Kerze haben muss, um 100 Stunden zu brennen. Forme die Massenformel so um, dass du das Volumen berechnen kannst. Setze dieses dann gleich der Volumenformel für eine Kugel und löse nach dem Radius r auf. Runde dein Ergebnis auf ganze Zentimeter.

Lösung: Berechnung der Masse einer Kerze mit 100 Stunden Brenndauer:

$$m_{Kerze} = 100 \, h \cdot 7{,}5 \, \frac{g}{h} = 750 \, g$$

Berechnung des Volumens einer kugelförmigen Kerze:

$$m = V_{Kerze} \cdot \rho \qquad | : \rho$$

$$V_{Kerze} = \frac{m_{Kerze}}{\rho}$$

$$V_{Kerze} = \frac{750 \, g}{0{,}9 \, \frac{g}{cm^3}} \approx 833{,}333 \, cm^3$$

Formel zur Berechnung des Volumens einer Kugel:

$$V_{Kugel} = \frac{4}{3} \cdot \pi \cdot r^3$$

Gleichsetzen der beiden Volumina:

$$V_{Kugel} = V_{Kerze}$$

$$\frac{4}{3} \cdot \pi \cdot r^3 = 833{,}333 \text{ cm}^3 \qquad \Big| : \left(\frac{4}{3} \cdot \pi\right)$$

$$r^3 = \frac{833{,}333 \text{ cm}^3}{\frac{4}{3} \cdot \pi}$$

$$r^3 \approx 198{,}943 \text{ cm}^3 \qquad \Big| \sqrt[3]{\ }$$

$$r \approx 5{,}837 \text{ cm} \approx \mathbf{6 \, cm}$$

Der Radius einer kugelförmigen Kerze mit einer Brenndauer von 100 Stunden beträgt rund 6 cm.

Um dir die Lösungen zur Prüfung 2023 schnellstmöglich zur Verfügung stellen zu können, bringen wir sie in digitaler Form heraus.
Sobald die Original-Prüfungsaufgaben 2023 zur Veröffentlichung freigegeben sind, können sie als PDF auf der Plattform **MyStark** heruntergeladen werden (Zugangscode vgl. Umschlaginnenseite).

Aktuelle Prüfung

www.stark-verlag.de/mystark

Bist du bereit für deinen Einstellungstest?

Hier kannst du testen, wie gut du in einem Einstellungstest zurechtkommen würdest.

1. **Allgemeinwissen**
Der Baustil des Kölner Doms ist dem/der ... zuzuordnen.

a) Klassizismus   b) Romantizismus
c) Gotik   d) Barock

2. **Wortschatz**
Welches Wort ist das?

N O R I N E T K T A Z N O

3. **Grundrechnen**
-11 + 23 - (-1) =

a) 10   b) 11   c) 12   d) 13

4. **Zahlenreihen**
Welche Zahl ergänzt die Reihe logisch?

17 14 7 21 18 9 ?

5. **Buchstabenreihen**
Welche Auswahlmöglichkeit ergänzt die Reihe logisch?

e d f f e g g f h ? ? ?

a) h i j   b) h g i   c) f g h   d) g h i

Lösungen: 1 c; 2 Konzentration; 3 d; 4 27; 5 b

Alles zum Thema Einstellungstests findest du hier:

www.stark-verlag.de   **STARK**